工科 1+3PBL
教学理念与应用案例

主编/韩秀丽　汪金花　李孟倩

GONGKE 1+3PBL
JIAOXUE LINIAN YU YINGYONG ANLI

电子科技大学出版社
University of Electronic Science and Technology of China Press

·成都·

图书在版编目(CIP)数据

工科1+3PBL教学理念与应用案例／韩秀丽，汪金花，李孟倩主编 . —成都：电子科技大学出版社，2023.1
ISBN 978-7-5647-9902-1

Ⅰ.①工… Ⅱ.①韩… ②汪… ③李… Ⅲ.①工科（教育）－教学研究－高等学校 Ⅳ.①G642.0

中国版本图书馆CIP数据核字(2022)第154024号

内 容 提 要

本书以"一个核心，三个教学法"的理念，提出了工科1+3PBL的教学模式，系统介绍了工科1+3PBL理论、教学设计、实施方法及典型教学应用案例。本书主要内容有1+3PBL理论基本内涵、教学设计框架、教学组织实施、考核元素与评价方式、基于课程思政教学设计与案例示范、基于Problem教学设计与案例、基于Process教学设计与案例、基于Projection教学设计与案例、《遥感原理与应用》1+3PBL综合应用、PBL实践者的经验与心得等。本书为高校教师工科PBL教学改革与实践提供具体教学理念、教学策略和设计范例。

本书可作为高等院校教师培训的课程教材，也可供大学教师、管理人员阅读参考。

工科1+3PBL教学理念与应用案例
韩秀丽　汪金花　李孟倩　主编

策划编辑	曾　艺
责任编辑	曾　艺
出版发行	电子科技大学出版社
	成都市一环路东一段159号电子信息产业大厦九楼　邮编610051
主　页	www.uestcp.com.cn
服务电话	028-83203399
邮购电话	028-83201495
印　刷	三河市文阁印刷有限公司
成品尺寸	185mm×260mm
印　张	14.5
字　数	300千字
版　次	2023年1月第1版
印　次	2023年1月第1次印刷
书　号	ISBN 978-7-5647-9902-1
定　价	58.00元

版权所有，侵权必究

前言

21世纪,世界教育正在发生革命性变化,教育与经济社会发展结合更加紧密,大学教育聚焦在人才核心素质和能力的全面发展上。以学习者为中心,倡导个性化学习、自主学习、终身学习的理念得到广泛认可。教育模式、教育形态正在发生深刻的变革,教育形式呈现合作式、主动参与的特点。《国家教育事业发展"十三五"规划》强调,深化本科教育教学要"推行以学生为中心的启发式、合作式、参与式和研讨式学习方式,要改进教学评价机制和学生考核机制"。在这样的新形势下,如何构建工科的现代教学方法,如何培养大批符合时代发展需求的创新型人才,如何促进学生自主、探究、合作学习能力培养,成为教育工作者共同面临的问题。工科教育培养与教学模式需要面对新形势做出转变,需要建立以学生核心能力培养为目标的教学模式,创新教学策略,开展知识的深度学习,引导学生的工程能力和创新思维。PBL是强调终身学习能力培养,引导探究学习、合作学习的一种教学模式,已经应用在医学、文学、工科等领域。编者针对应用型本科院校的工科人才培养目标和教学特点,为了提高学习活动的效率和质量,培养和发展学生的高阶能力,以工程人才核心素养为导向,对基于问题(Problem-Based Learning)、基于项目(Project-Based Learning)的教学方法进行了拓展,融入课程思政及基于过程(Process-Based Learning)教学法,构建了工科1+3PBL教学模式,为工科教学改革与实践提供新思路。

全书内容分为工科1+3PBL理论与方法、工科1+3PBL设计与应用案例、《遥感原理与应用》1+3PBL综合应用、实践教学感悟与收获四篇,共计12章。第一至五章介绍了PBL教学理念概述、工科1+3PBL教学理论的提出、3PBL教学设计与策略、3PBL教学组织与实施、工科3PBL教学评价。第六至九章围绕1+3PBL实际教学实践展开,介绍基于课程思政的教学设计与案例、基于Problem教学设计与案例、基于Process教学设计与案例、基于Project教学设计与案例。第十至十一章是《遥感原理与应用》课程1+3PBL综合应用与评价。第十二章为教学实践过程中教师的体会感悟及学生感言。

1+3PBL理论在研究与实践过程中,编者与河北省高校紧密合作并分享经验。在本书编写过程中，得到华北理工大学教务处相关领导和教师的鼎力支持，张彦博教授、许莹教授、李昌存教授、李柳林高工提出了许多宝贵的建议。曹冲、陶隆凤、李鸣铎、陈凯江老师参与了部分内容的编写并奉献了他们的教学感悟及相关课程的应用案例。初稿完成后，李昌存教授、许莹教授对文稿进行了审阅并提出了修改建议。此外，工科1+3PBL教学理念还得到了华北理工大学教师发展中心的支持，在我校本科生课程结晶学及矿物学、晶体光学、岩石矿物学基础、工艺矿物学、遥感原理与应用、电气工程设计与实践、路基路面工程，硕士研究生课程地球科学进展、现代矿物学、现代测量数据处理、应用矿物学、摄影遥感前沿进展及全校本科生公共选修课宝石知识与鉴赏、走近遥感进行了具体应用和示范。在课程教学实践中，一线教师执着地追寻育人的理想，勤奋认真地探索着3PBL精神与灵魂，教学过程强调工程情境、复杂问题，注重合作探索、自主学习，完善成果导向和过程考核，核心能力通过"做事"过程中精进，价值品格在"做人"问题中形成，让教育者感受到教学改革的艰辛和快乐！习近平2018年在全国教育大会上的讲话时提到，清代诗人袁枚有一首诗写得很感人："白日不到处，青春恰自来。苔花如米小，也学牡丹开。"教育的目光不能总是盯着花园里耀眼的牡丹花，而要更多投向墙角处不起眼的苔花。做老师就要执着于教书育人，有热爱教育的定力、淡泊名利的坚守。

最后，向在本书成稿过程中给予帮助与支持的所有领导、老师、同学表示诚恳的谢意！

由于编者水平有限，书中的错误和不足之处，敬请专家、读者指正！

编　者

2022 年 3 月

目 录

第一篇　工科 1+3PBL 理论与方法

第一章　PBL 教学理念概述 ·································· (002)
　　第一节　PBL 内涵与发展 ·································· (002)
　　第二节　PBL 教学组织与评价 ······························ (004)
　　第三节　PBL 教学理论基础 ································ (007)

第二章　工科 1+3PBL 教学理论的提出 ······················ (011)
　　第一节　工科一流人才培养理念 ···························· (011)
　　第二节　工科 3PBL 内涵与实质 ···························· (015)
　　第三节　工科 1+3PBL 教学模式 ···························· (017)
　　第四节　KOSEAM 学习形式 ································· (020)
　　第五节　1+3PBL 有效实施的关键点 ························ (023)

第三章　3PBL 教学设计与策略 ······························ (027)
　　第一节　有效学习理论 ···································· (027)
　　第二节　3PBL 主动学习设计 ······························· (031)
　　第三节　基于 3PBL 教学内容重构 ·························· (035)
　　第四节　基于 3PBL 教学方法与策略 ······················· (037)

第四章　3PBL 教学组织及实施 ······························ (043)
　　第一节　3PBL 教学组织要点 ······························· (043)
　　第二节　3PBL 教学组织流程 ······························· (045)
　　第三节　基于 BOPPPS 学习过程 ···························· (046)
　　第四节　基于五星模式的学习过程 ·························· (050)
　　第五节　基于 KOSEAM 学习过程 ···························· (054)

第五章　工科 3PBL 教学评价 ······························· (059)
　　第一节　3PBL 学习评价原则 ······························· (059)

第二节　3PBL 学习过程评价 ……………………………………………………（061）

第三节　3PBL 综合素质评价 ……………………………………………………（063）

第四节　3PBL 教学效果评价 ……………………………………………………（064）

第二篇　工科1＋3PBL 设计与应用案例

第六章　基于课程思政的教学设计与应用案例 ……………………………………（070）

第一节　《宝石知识与鉴赏》课程思政设计与实践 ……………………………（070）

第二节　《数字地形测量学》课程思政设计与实践 ……………………………（074）

第三节　《晶体光学》课程思政设计与实践 ……………………………………（078）

第七章　基于 Problem 教学设计与案例 ……………………………………………（083）

第一节　"双折射率" Problem 教学设计与实践 ………………………………（083）

第二节　"相位测距" Problem 教学设计与实践 ………………………………（088）

第三节　"大气窗口" Problem 教学设计与实践 ………………………………（091）

第八章　基于 Process 教学设计与案例 ……………………………………………（099）

第一节　"几何校正" Process 教学设计与实践 ………………………………（099）

第二节　"矿物消光类型观察与消光角测定" Process 教学设计与实践 ……（104）

第三节　"矿物物理性质认识" Process 教学设计与实践 ……………………（110）

第九章　基于 Project 教学设计与案例 ……………………………………………（117）

第一节　"对未知透明矿物的系统鉴定" Project 教学设计与实践 …………（117）

第二节　"唐山某二级公路路基挡土墙设计" Project 教学设计与实践 ……（123）

第三节　"分户供暖自动监控系统设计" Project 教学设计与实践 …………（131）

第三篇　《遥感原理与应用》1＋3PBL 综合应用

第十章　《遥感原理与应用》1＋3PBL 设计与实践 ………………………………（140）

第一节　《遥感原理与应用》课程概述 …………………………………………（140）

第二节　《遥感原理与应用》课程思政设计与实践 ……………………………（145）

第三节　基于 Problem "地物反射特性曲线"设计与实践 ……………………（150）

第四节　基于 Process "图像增强"设计与实践 ………………………………（162）

第五节　基于 Project "曹妃甸区水稻种植面积动态监测"设计与实践 ……（171）

目 录

第十一章　《遥感原理与应用》教学评价与分析 ……………………（185）
　第一节　《遥感原理与应用》多元化评价 ……………………………（185）
　第二节　《遥感原理与应用》教学达成度分析 ………………………（191）
　第三节　《遥感原理与应用》教学效果反馈及思考 …………………（194）

第四篇　工科1＋3PBL教学感悟与展望

第十二章　工科1＋3PBL教学感悟与展望 …………………………（206）
　第一节　教师对工科1＋3PBL实践的体验与思考 …………………（206）
　第二节　学生对1＋3PBL学习的感想与体会 ………………………（211）
展望 …………………………………………………………………………（217）
参考文献 ……………………………………………………………………（219）

> 教育是发展科学技术、传播先进文化、培养优秀人才、推进人类文明进步的基础,在现代化建设中具有基础性、先导性、全局性作用。必须全面推进素质教育,转变教育观念,改革考试制度,改进教育内容,创新教育方法,提高教师素质,突出培养受教育者的健全人格、创新精神和实践能力,促进德智体美全面发展。——习近平

第一篇 工科1+3PBL理论与方法

习近平2016年在全国高校思想政治工作会议上指出:"办好我国高校,办出世界一流大学,必须牢牢抓住全面提高人才培养能力这个核心点。"随着我国本科教育"双一流"建设、新工科、新医科、新文科、新农科建设质量工程的内涵式发展,要求本科教育的教学内容和教学形式随之发生变化,要推行以学生为中心的启发式、合作式、参与式和研讨式学习方式,要改进教学评价机制和学生考核机制。在这样新形势下,如何构建工科现代教学方法,让教学重心从"如何教"转换到"如何学",激活学生主体意识的学习行为,已然成为教育工作者共同思考的问题。如何有效提升学生的自主、探究、合作学习能力?如何培养学生的创新力、思辨力和协作力?是众多教学研究改革实践的热点方向。

基于问题PBL教学方法,是强调引导探究学习、合作学习的一种教学模式。教学研究团队根据本科院校的教学特点,从提升学习过程主动性、探究性出发,对PBL内涵进行了延伸,经过充分的理论分析和多年教学实践,构建了基于深度学习的1+3PBL教学理论和应用模式,为工科教学改革与实践提供新思路。

第一章　PBL 教学理念概述

基于问题的学习(problem-based learning，PBL)强调培养学生自主学习、终身学习能力目标，注重小组互动学习、主动探究的教学氛围。PBL 教学不是简单的教学方法的改进，而是一种教育理念的革命，是高等教育从精英化向大众化转型过程中探索出来的一种大学教学理念和教学组织模式，被誉为教学改革浪潮中多年来教育领域"最引人注目的革新"。

第一节　PBL 教学内涵与发展

(一)PBL 教学的内涵

关于 PBL 教学内涵的界定，有许多不确定概念和说法。PBL 的原创人美国南伊利诺大学教罗斯(Barrows. H)和他的同事克尔森(Kelson. A)博士给 PBL 做了这样的定义：PBL 既是一种课程又是一种学习方式。作为课程，它包括精心选择和设计的问题，而解决这些问题要求学习者能够获取关键的知识，具备熟练的问题解决技能，自主学习的策略以及参与小组活动的技能；作为一种学习方式，学习者要使用系统的方法去解决问题以及处理在生活和工作中遇到的难题。

在学术界，对于什么是 PBL 教学？不同学者有不同的理解。Duch 用基于问题的学习来定义，认为：PBL 是一种教会学生学会学习，通过分组合作寻求解决真实世界中的问题提出挑战的一种学习方法。通过运用这些问题来吸引学生的好奇心，促进学科知识的学习。Hoffman and Ritchie (1997)定义 PBL 为一种以学生为中心的教学策略，在学生学习知识和发展问题解决能力过程中，为他们创设有意义的、情境化的、真实世界情境，并为他们提供资源，给予引导和指导。James Rhe(1998)认为，PBL 是一种教学策略，它是面对学生的知识概念结构不足等问题，而致力寻找的有意义的解决方法，是一种促进学生积极主动学习的学习策略，有助于培养学生批判性思维和分析能力，以及查找和使用合适的学习资源的能力。

一些国外学者认为，PBL 教学能为学生提供了更多自主和创新的余地，能在过程性学习中建构新的知识体系，促进"认知过程"由低阶思维向高阶思维转化。他们更加主张应该由学生在自主和协作的情境下思考分析问题，有助于培养学生的独立思考能力和协作创造新能力。

PBL理念进入中国后，国内一些学者在参考国外观点的基础上，逐步形成本土化定义。国内学者王济华认为，PBL是指把学习设置于复杂的、有意义的问题情境中，以自主学习和小组学习的形式，在教师的引导下，解决复杂的、实际的或真实性问题，旨在使学生掌握学科基本知识，发展学生的自主学习和终身学习的能力。刘儒德认为，问题式学习是一种与建构主义学习理论及其教学原则非常吻合的教学模式，这种模式以问题为核心，让学生围绕问题展开知识建构过程，借此过程促进学生掌握灵活的知识基础和发展高层次的思维技能、解决问题能力及自主学习能力。还有一些观点认为，PBL教学就是将教学和研究相结合，在教师的指导下，充分发挥学生自主学习的积极性，培养创新意识、创新能力和实践能力。

综上所述，界定PBL教学定义应该包括两点含义：一是教师的教学以研究性为主，这是PBL教学的主体，即在教学过程中运用科学研究的方法（包括思考问题、提出问题、评价事件、动手实验、实地调查、查阅资料、归纳总结等）进行教学，同时，也要附带进行科学研究方法、科学观和科学态度的讲授，从而达到向学生传授科学知识、传授学习方法和科学研究方法、传授科学观和科学态度的目的。二是学生的学习也以探究性学习为主，即学生随着教师的PBL教学开展主动式、合作式的学习，从而获取知识、运用知识、提出问题、探究问题、解决问题，达到培养综合素质、创新意识和实践能力的目的。

（二）PBL教学发展

PBL最早于20世纪60年代在美国的医学教育中启用，是以学生自主学习为主，教师指导为辅的小组教学法。由于它符合以学生为中心、探究式学习的建构主义学习理念，其教学经验和教学理论逐渐被其他院校采纳和接受，并在各个教学领域得到广泛应用。20世纪80年代，美国研究型大学本科生教育人才培养目标出现了历史性的转型，由原来的培养全面发展的人转向培养创新型人才，探究性学习受到重视。1993年，在爱丁堡举行的世界医学教育高峰会议中，PBL得到了推荐，使得这一教学模式开始在国际范围内更为广泛的传播。其适应和普及也早已超越医学教育，在工程学、教育学以及建筑学、法律、管理和一些中小学，也开始采用这种模式进行教学或教学改革。

20世纪90年代，美国伊利诺伊州的数学科学协会成立了基于问题的学习中心（CPBL），针对中学核心科目设计了教学所需要的问题案例以及教师的培训项目，为采用PBL教学的老师在教学内容的准备、课程设计方面提供指导。特拉华大学（Delaware）于1997年在美国科学基金会的资助下成立本科生教育转型研究所，为教师提供培训、资源和支持，推进"基于问题的学习"。澳大利亚弗林德斯大学（Flinders University）教育学院、英国格拉斯哥大学（University of Glasgow）教育学院在本科师范生的教学中也使用了PBL教学。实践表明，PBL对培养学生的自主探究能力、小组合作能力非常有效；学生的学习兴趣、动机、学习责任感、研究能力、记忆能力、对不同意见的包容能力等方面都到了提高。随后，PBL模式在美国研究型大学得到前所未有的发展。

我国最早于1986年由上海第二医科大学和原西安医科大学将PBL引入医科教学中。1997年PBL教学模式正式由香港大学引入，意译为"解难为本学习法"，直译为"以问题为基础的学习法"，强调以学生主动学习为主，逐渐开始在国内高校应用推广。早期，我国大学对PBL教学模式的研究集中在理论研究阶段，主要是针对PBL教学模式的介绍、可行性、必要性以及国外经验等的研究。后期关于PBL模式教学应用主要强调引导"以问题为中心"的自主求知意识，培养学生观察研判、探究思考、解决问题、归纳整合及沟通表达等实际应用能力。随着进一步深入应用，认为PBL教学方法是一种开放情景中教学，通过多渠道主动地获取知识、应用知识、解决问题的过程教学。因此，有些学者将PBL教学称为"基于问题式教学""研究性教学"或"问题导向教学"等等。

PBL的教学模式的应用范围最初主要是医学护理院校，近几年扩大到心理学、英语教学、马克思主义理论教学、MBA教育、程序设计语言、机器人教学，尝试开展不同领域的PBL教学设计。一些工科类基础课程、课程设计或工程实训课程教学也在初步尝试应用PBL教学。在此应用过程中，大多数应用案例强调"求本除末"思想，引进PBL教学的基本原理，除去其繁重的细枝末节，将PBL教学内容简单化。同时，适当融入其他教学模式的优点来完善PBL教学实际应用效果。

第二节　　PBL教学组织与评价

（一）PBL教学模式

PBL教学模式是强调以学生为主体的教学模式，以完成问题目标为主线，通过提出合理的问题，引导学生主动进行思考，进行有效探索后得出一定的结论。通常伴以小组合作讨论的方式，从而提高学生解决问题和团队协作能力的教学模式。

PBL教学具有问题性、情境性、主动性、探究性与合作性特点。PBL模式摒弃传统的以书本和教材为中心、以知识为中心组织教学的模式，将"以教师为中心"转变为"以学生为中心"；利用基于问题建立教学情境来组织教学，并将问题作为学习的驱动力引发学生主动学习，过程强调学生间合作形式；选取的问题是真实的、与专业技能直接相关的，值得学生在学习过程中进一步探讨和分析。

PBL学习是以建构主义为理论基础的。PBL学习认为学习者在一定情境下，借助其他人的帮助、利用相应的学习资料，通过意义建构的方式而获得的。因为只有当学习者完全参与学习活动，经过了问题解决的每一个步骤和知识建构的每一个过程，才能在学习新的知识时,将先前获得的知识和经验很好地整合起来,从而达到对新知识的理解与掌握。

关于PBL教学模式教育学者有诸多描述,较为典型是埃德温等(2002)提出的。他认为PBL教学模式至少应该依赖于六条原则:

①教学的目的和活动应该以应对本领域遇到的问题所需要的知识和技能为基础;

②教学采取合作的方式,教学资源不全是第一线教师;

③学习以自我指导学习为主;

④发展经历时强调合作和团队精神;

⑤教育经历既强调分析与反思,又强调实施;

⑥学生评价强调诊断性反思,意见来自不同层次的人。

(二)PBL教学组织

常用的PBL组织形式有传统自主化PBL教学形式和个性化PBL教学形式。

(1)自主化PBL教学

自主化PBL教学即由教师引导为辅,学生自主组织学习的团体性课外PBL学习活动。当一些学科还未形成成熟的PBL模式应用案例,凭借对PBL精神理解进行课堂延伸改革。常见形式为在课程讲解基础上,增加创新拓展内容。以课外兴趣专题、科研小组或创新项目进行一些自主化PBL讨论。为了保证教学工作正常进行,自主化PBL教学一般会采用课外进行。起初由于教师对PBL教学和改革中存在的问题认识缺乏深度,部分教师采用自主化PBL形式只是为了拓宽学习知识面,引导学生参与科研任务等,以此激发大家思维和活跃度。

自主化PBL教学具体步骤:教师做好宣传工作;将报名参加的学生分为6人一组,每个教师负责4~6组;教师提出问题(问题多少不限),组长分工到个人,小组成员整理资料(突出重点);教师对资料进行批阅(确保正确)评价,6人登台报告。在实际应用过程中,教师应注意出现的问题,定期组织学生交流PBL教学效果,集思广益,从问题中汲取教训,不断优化讨论问题。这种PBL相对比较简单,多为议题或者科普类探讨,类似于讨论课。

(2)个性化PBL教学

个性化PBL教学,即在可以完成正常教学任务的基础上,教师根据需要将PBL教学以多种形式融入课堂中,以提高教学效果。PBL教学形式真正融入课堂需要考虑学生知识背景、课程特点、教师驾驭能力等多种因素,因此可以根据课时需求,实施部分课程段的个性化PBL教学或者部分课堂段的PBL讨论。例如,一门课程是60学时,前40学时基础理论,后 20 学时理论应用或专项应用,就可以在后 20 学时主推 PBL 专题应用背景下的教学形式。例如,如果专业内容知识难度系数不大,可以推举采取 3 + 6 的课堂模式:前 30 分钟进行 PBL 教学,后 60 分钟进行传统教学。

个性化 PBL 教学组织流程是相似的。教材重点知识或问题由教师在前一堂课布置;组长领取问题分工到个人,小组成员整理重点资料;各小组的正确材料交给教师,由教师批阅;下一堂课前 30 分钟由教师任选 1~2 组进行报告,其他组成员根据自己整理的材料听讲,然后讨论提问,最后由教师点评。教研室内组成听课小组,针对教师的问题设置课堂管理等问题定期听课,教研室内讨论,指出问题、提出建议;同时,定期与学生交流听取意见;最后调整完善教学方案。

如果教师根据其所在学校的基本情况,已经形成比较成熟的 PBL 教学模式,也可以建立一定特色本土化 PBL 教学。例如,成立专业性 PBL 教研组,每个专业 PBL 教学模式、成果、问题等都可以统一提交 PBL 教研组,进行统一管理。这可以认为是 PBL 教学模式从"个性化"发展向普及化发展的方向。

(三)PBL 教学评价

传统的 PBL 教学是指问题教学法的教学,形成评价内容包含:某一领域内的知识和技能;解决问题的能力;元认知等高阶思维技能的形成情况。一般评价方式如下:教师或导师采用评价策略是学生学习结果与预期结果的一致程度是多少,一般分别对小组和个人进行评价,采用总结性评价和形成性评价。但是实际评价时,又是灵活多样的,需要结合具体学科和内容来确定。

(1)小组评价

在小组团队演示完要解决的任务之后可以运用总结性评价,将专家的观点和学习者的建议或方案相比较,以此检验小组团队解决问题的准确性。形成性评价是让学习者在纸上写下自己的名字、对问题的理解、小组解决问题的进展情况,这样可以确保所有的学生都能参与到信息加工过程中。针对设计良好的问题评价通常是对问题解决的标准细则评价。比如在卫生领域的学习中,可能是详细陈述了诊断和治疗方案的正式书面报告,这份报告是小组成员共同决定和一致同意的。接下来小组成员会向导师或专家团解释他们的解决方案以及此方案的推理。他们的建议方案会和专家的观点或真实的医疗案例进行比较,并由此展开讨论,分析异同之处,这样可以进一步澄清小组成员的观点以确保他们真正理解了这些有争议的概念。对待这样成果进行评价标准通常是评价方案的可行性和实用性,这也是对小组解决问题过程作出评价的一种方式。要依据完整性、准确性和可行性等指标评价解决问题的方案,并且要考虑学习者的学习动机水平和合作交往程度。

(2)个人评价

如果要评价个人如何能够吸取别人的意见,教师不妨要求任何一位学生能够随时总结出团队学习的内容。为确保团队和个人都能达到理想的学习结果,可以采用汇报会的形式来评价重要的学习点。问题教学法的学习结果来说,对个人采用标准化测试是不太适宜的,可以对个人总结、表现进行评估,也测试学习者运用参考资料解决问题的能力,以及对学科领域的概念、理论和术语的掌握情况。评价可以运用直接提问的方式。对个人提问,被质疑的学习者会对提问内容进行深度思考,让学习者意识到自己在获得和加工信息时,运用了什么样方法更有效。同样的,教师也会通过提问的方式来检验独立进行研究的学习者所掌握知识的深度和质量。

第三节　PBL教学理论基础

以问题为导向的PBL教学是基于多种教育理念而发展起来的一种新型的教学模式。在整个教学过程中,多种基础理论应用于学习行为设计、教学组织和学习效果考核当中。PBL教学过程主张从问题出发,通过互动讨论及概念辩证等方式,培养学生观察研判、探究思考、解决问题、归纳整合及沟通表达等高阶思维和应用能力。PBL整个教学涉及建构主义理论、人本主义理论、交往行为理论等多种思想理念。

(一)建构主义理论

建构主义理论是皮亚杰得出的关于知识与学习的一系列的信条。建构主义学习理论认为,学习不是知识由教师向学生的简单传递,学生不是被动的信息吸收者,而是知识体系的主动建构者。这说明学习具有主动性,学习者要对外部信息做自主的选择和处理,积极主动的学习者会比被动听课的学习者学到更多有用的知识。同时,在这个过程中,社会性的相互作用也非常重要。由于每个学习者的已有知识结构和经验世界都不同,不同学习者之间、师生之间通过沟通和交流,合作解决问题,共同完成学习任务,从而对学习内容产生更加丰富多样的理解,建构知识的过程,也促使学生去看、去问、去沟通、去学习,直至去做。

建构主义学习理论的核心是强调在学习过程中学生的主体性、主动性,认为学习的实质是主体通过自身已有的经验主动地建构起对客体的认识,学习者具有主体地位。建构主义学习观对主动学习教育理念的形成有着重要启示,它强调,在教学中应"以学习者为中心",学习者才是学习活动的"主体"。从建构主义行为特点可以看出,它要求教师主要引导学习探究过程,学生可以自主发现问题,并对所学知识在运用过程实行主动建构,重视学生主体性,重视学习活动中师生之间和学生之间的"协作"。PBL教学模式需要从问题入手,让学生在探究问题的过程中进行知识的初步构建知,让学生在问题解决的过程中进行能力提升和知识同化,是建构主义思想的深度应用。

(二)人本主义理论

人本主义由美国心理学家马斯洛(A. Maslow)、罗杰斯(Carl R. Rogers)在19世纪50—60年代所提出和倡导,人本主义学习理论认为教育应以学生需要的满足为根本出发点,以激发人的潜能和个人意义的自我实现为教育的终极目的,强调知情统一的教学目标观、学生中心的自由学习观,重视情感、人际关系在教学活动中的地位和作用,教师课堂活动的关注点由教师的"教"转移到学生的"学",将学生的思想、情感、行为看作是教学的主体。教师的任务是为学生提供各种学习的资源,提供一种促进学习的气氛,建立一种开放、真诚、平等教学环境,激发学生潜能,让学生自由学习。教师在教学过程中充当学生学习的指导者、促进者的角色。教师应该将教学的重心由学科知识转向学生,将学生的自信、自我意识、价值澄清、创造性作为教学所关注的目标。

PBL教学设计过程中尊重学生的人格尊严和个体差异。制定教学方法和教学策略时,体现学生是学习的主人,设定启发学生自主学习、思考探究情境,充分发挥学生的自觉性、能动性、创造性。整个过程变"填鸭式"教学为"启发式""讨论式"教学,追求课堂的"乐学"情境,引导学生积极主动学习。PBL教学过程中从教学观念、课堂教学设计、教学素材等方面都强调以学生为主体,是人本主义理论的综合应用。

(三)交往行为理论

交往行为理论是德国著名社会学家哈贝马斯提出的。他认为,一个社会文化生活形式中的主体不能彼此没有交往行动,不能不与别人发生理解关系,任何主体不可能独立生存,进行独白,他需要与人交往,与人对话,与人一起生存,因此主体间的交往行为是必然的。基于哈贝马斯的交往行为理论,"交往"可以用来观察整个大学课堂教学过程。课堂就是一个狭小的社会,教师和学生的关系是主体之间的关系,也就是主体间关系。在传统教育模式下,师生关系是主客体之间的关系,教师是主体,学生是被动接受信息的客体。哈贝马斯的主体间性还强调,在交往行为中,每个主体不能任意发挥自己的主体性,而是要相互尊重,把对方看作是和自己具有同等地位的主体,这反映在课堂教学中,就是要将学生看作是课堂的主体。教师和学生之间的相互作用行为是师生互动的基础,师生互动不能没有对话。

哈贝马斯的交往行为理论对PBL教学主动学习过程设计与引导提供了的合理性依据,对课堂教师和学生互动活动设计与重建也有重要意义。在PBL教学活动设计时,教师需要充分考虑交往行为理论,来设计学习过程中的参与式活动,从理论上引导师生互动、生生互动的有效性。教师需要赋予学生主体地位,创建一个融洽的、互动式的环境,丰富课堂形式,结合听课、讨论、思考、观察、总结,通过改变教学情境,促进学生主动学习,允许学生大胆质疑,尊重学生的权利,只有在老师和学生的互动中实现民主、合作的平等关系,学生才会自愿地去学习,参与教师组织的教学活动。

(四)元认知理论

20世纪70年代中叶,美国心理学家弗拉威尔提出了元认知理论。元认知是指人类"对思维进行思考",对自身认知活动的认知,主要包括元认知知识、元认知体验和元认知监控。元认知理论认为,学习过程就是一个积极的可监测调控的元认知过程,强调让学生充分地参与到课堂中去,在学习过程中通过评价反馈,学会对自己的学习过程和思维过程进行推理和调控。从元认知理论出发,我们知道学生对学习问题的分析、学习策略的运用以及学习结果的评价是有意识的,能够监控自己的学习过程,因此教学设计应从更深的层次上去帮助学生回顾解决问题的过程,不断提升其元认知能力。

在PBL学习活动中,教师要学会充分应用元认知理论,采用问题引导、知识讲解、自主探究、知识建构的设计方式,不断提升学生认知深度。学习过程中利用策略激励学生自主发现问题并提出问题,在课堂评价环节中利用技术引导学生自我评价的深度加工。

(五)认知目标分类理论

美国著名教育家布鲁姆(B. S. Bloom)认知目标分类理论在教育领域具有很强的影响力,它冲击了以往课堂教学只凸显认知层面中低阶心理过程的教学理念,并明确指出了认知层面中的高阶心理过程。按照教学目标的分类,并依据思维方式的复杂程度,分为6个层次:知道、理解、应用、分析、评价与创造。1999年,美国课程教学专家安德森等人将认知目标按两个维度分类,即知识维度和认知水平维度。知识的认知水平被分为六级:记忆、理解、运用、分析、评价和创造。其中,"低阶思维"是指知道、领会和应用层次,"高阶思维"是指分析、评价和创造层次。高阶思维是相对于低阶思维所提出的,低阶思维的特征是回忆信息或者在熟悉的情境中应用知识,主要用于学习事实性知识或完成简单任务,高阶思维通常被认为是复杂的、不规则的,通常会产生多种解决方案表现为一种以高层次认知水平为主的综合性能力。

PBL教学的目标设定和实施过程,需要设定本节课的教学目标、教学内容和学生现有的认知水平,去设置问题帮助学生达到相应的学习目标以及评判学生认知发展水平。根据设计好的学习目标,建立知识点预计达到思维类型、能力目标,判断每个问题教学过程达成的认知层次。从而选取对应层次问题素材、背景资料,设计对应教学活动和实施策略。

教育箴言

学而时习之,不亦乐乎? ——《论语》

学习不仅要思考,还要懂得应用,只有学会了应用实践,一个人才算是真正明白、真正懂得。教育的目的不是培养"书呆子",而是培养那些对国家、对社会有益的人,做到学以致用,知行合一。

《论语》作者孔子(公元前551年—公元前479年),名丘,字仲尼,鲁国陬邑(今山东省曲阜市)人。中国古代伟大的思想家、政治家、教育家,儒家学派创始人,"大成至圣先师"。孔子开创私人讲学之风,倡导仁义礼智信。

第二章　工科 1+3PBL 教学理论的提出

当代社会是知识社会、创新社会和协作型社会,多学科交叉信息化时代要求学生具备一流的综合素质和能力。一流人才的能力培养需要打破传统教师主导的教学模式,开展多样化的教学创新,引导学生通过自主学习和团队协作来解决问题。为了提高学习活动的效率和质量,培养和发展学生的高阶能力,项目研究团队在长期实践教学的基础上,对基于问题、基于项目的教学方法进行了拓展,融入了基于程序或过程学习,构建了工科 1+3PBL 教学模式。1+3PBL 教学突出是"一个核心,三个教学法","1"是工程人才核心素养为导向,培养具有社会主义核心价值观的新时代优秀人才,"3"是工科教学过程中采用的方法或手段,是工程人才能力达成度的保障。

第一节　工科一流人才培养理念

21世纪以来,世界前沿科学技术呈现多点突破的新态势,众多新兴的技术既相互支持又深度融合,颠覆性创新呈现几何级扩散的趋势,以革命性的方式激发了新兴产业的蓬勃发展,并对传统产业产生了"归零效应"。在这样的时代背景下,工科教育必将面临无数新挑战,必须响应时代的变革,拥有新内涵、新模式、新面貌。习近平强调,高校立身之本在于立德树人。只有培养出一流人才的高校,才能够成为世界一流大学。要培养拔尖创新人才、提升科学研究水平、传承创新优秀文化,从国家需要出发,培养具有"家国情怀"的世界一流人才,培养价值、能力和知识三位一体的领军人物和行业骨干。对于工科类 1+3PBL 教学理论,在运用科学教学方法引导学生学习之前,首先要厘清工程人才核心素养为导向作用,明确优秀人才需要具备工科道德层面、职业层面两方面的核心素养。

(一)道德层面核心素养

教育思想家蔡元培曾经提出培养青年人需要五育并举,主张"军国民教育、实利主义教育、公民道德教育、世界观教育、美感教育皆近日之教育所不可偏废"的一种思想主张。新时代中国特色社会主义高等教育要求把立德树人内化到大学建设和管理各领域、各方面、各环节,做到以树人为核心,以立德为根本。2021年4月,习近平在清华大学考察时指出,"要坚持把立德树人作为根本任务,把服务国家作为最高追求,把学科建设作为发展根基,把深化改革作为强大动力,把加强党的建设作为坚强保证,不忘初心、牢记使命,为党育人、为国育才"。人无德不立,育人的根本在于立德。可见,人才培养先要学生走正路,立德行。工程人才道德素养一定要突出以德为先,注重培育学生强烈的家国情怀与社会责任感,树立正确的世界观、人生观、价值观。引导学生积淀文化底蕴、涵育文化人格,养成科学精神与求真品格,树立为党为国创新创造的理想信念。

"课程思政"是一种培养人、塑造人的方式和手段,其根本目的就是为了更好地立德树人。从本质上来讲,课程思政的内涵在于立足课堂教学,挖掘课程特色,将思想政治理论知识、价值观念和精神追求等融入每个专业、每门课程中,秉承育人精神,推动思政教育与通识教育、专业教育、实践教育同向同行,培养工科一流人才。

课程思政是道德素养的培养主渠道,存在于育人过程与育人实践之中。教学过程追求"潜移默化""润物无声",按照立德树人的要求,明确政治导向,寓德于课,人文立课,对新时代大学生进行价值引领。

要想做好育人工作,教师们应注重持续提升自身的政治素养和教学技能。教师要率先研读"四史"、学习红色文化,确保思政教学内容的准确无误。教师团队需在认知层面打开思政格局,深入挖掘思政教学资源和课程育人元素。在教材选取、教案设计、案例分析等方面将专业教学与思政教学巧妙融合,积累思政教育的经典案例,探索专业课程思政教育创新方法,使专业课程知识传授与价值引领能够有效结合,既提升学生专业能力教育,又开展职业道德教育。

课程思政教学设计要满足学生个性化需求,充分利用线上教学方式和教学资源,融入思政元素的"微课""微视频""微案例""微实践"等碎片化教学资源。采用案例分析和小组讨论形式,让学生真切感受到思政元素的体现。也可以通过前沿讲座与项目合作等方式,优化课程思政内容供给、创新课程思政的教学手段。

课程思政授课过程中,教师角色呈现多元化特点。既要精于"授业""解惑",更要以"传道"为责任和使命。一方面,抓住并借助合适的机会对学生进行课程思政教育,树立正确的道德标准和努力方向;另一方面,教师扮演好倾听者的角色,加强与学生面对面沟通,及时鼓励或纠正学生的思想波动和行为倾向。教师在讲解专业知识过程中要注意知识性与价值性相统一,就是要秉持知识传授与价值观引领相统一,在解决"知"与"不知"矛盾的基础上,化解"信"与"不信"的矛盾。

(二)工科职业核心素养

关于3PBL教学理念的工科职业层面核心能力,应包含三个层次:专业知识、工程技能、科学思维方面能力,也可以根据工科学习特点、人才发展需要和市场职业需求来综合确定。关于工科职业能力描述,国内外有多种形式定义,在3PBL教学过程中可以根据课程特点,参考这些标准灵活确定人才培养目标。

斯坦福大学是一所著名教学与研究型大学。其教学理念：关于新一轮本科教育关注点不应仅仅指向大学应该教什么，还要关注大学应该怎么教；同时要关注学生应该怎么学、学得怎么样。认为未来人才素质能力是人才培养的基本要求和根本方向。斯坦福大学提出 21 世纪本科教育目标如下。

①掌握知识（Owning Knowledge）：专业教育与通识教育融合，知识的深度与广度融合，包括自然科学、社会科学、文学艺术、分析哲学。

②磨炼能力（Honing Skills and Capacities）：包括口头表达能力、写作能力、批判性阅读能力、美学与审美能力、形式和定量推理能力、历史思考能力、科学分析能力、创新创造能力。

③培养责任感（Cultivating Responsibility）：包括个人和社会责任感、伦理和道德、跨文化跨种族认同能力、团队协作能力、包容慷慨的品质以及富有同情心。

④自适应学习（Adaptive Learning）：掌握知识迁移能力，即运用所学知识能力去创建新的连接，解决新问题，应对各种外界挑战和机遇，逐步形成创新思维、创新意识、创新能力和创新习惯，成为创新型人才。

20 世纪末，美国波音公司为招聘人才，提出了著名的十条标准。这是由多个专业工程师协会和工程科学学会以及美国的工程教育协会组成的 ABET 组织研究确立的。他们认为，工科标准人才应具有经济学、商务实践方面的知识、跨学科的系统视野、出色的交流能力、批判性思维和创造性思维能力等。其中只有符合这些标准的工科人才会被企业认可，也才能称得上合格的工科人才。其 11 条标准如下：

- 能对数学、科学和工程的知识加以运用；
- 能设计一个实验和进行实验并能分析和解释数据；
- 能设计一个系统、元部件或过程并达到预期要求；
- 能在跨学科小组发挥作用；
- 能识别、形成和解决工程问题；
- 能认识专业的责任和专业伦理；
- 能有效地交流；
- 能了解工程结果对全球或社会的影响；
- 能认识终身学习的必要性并有能力为之；
- 能了解种种当代话题；
- 能使用工程实践必需的技艺技能和现代工具。

在这些标准中，主要是强调了未来工科人才的知识运用能力、解决问题能力、交流能力、团队协作能力以及其他的综合能力。

与此同时，《21 世纪工程教育》这份由英国皇家工程院委托英国管理学院所做的调查研究成果,在基于对英国产业界的从业人员及企业开展大规模问卷调查和访谈后,提出了未来工程领域对工科人才的技能需求集中于时间应用能力、对理论的理解力和创新能力。

要求工科类人才具备基础能力:良好沟通技能、自主学习能力、社交能力与责任意识、团队合作能力、解决问题和批判性思维、知识建构能力。人才市场需要学生具有自主学习、思考与分析能力、协同工作能力、创新能力的职业人才。

在德国的"全球工程教育卓越计划"的相关研究中,将德国企业所期望的工程师的典型特质总结为三个方面:

①技术和系统能力在自然科学、工程科学、工程专门技术方面的技术知识和解决问题的能力,以及应用现代信息和通信技术的能力;

②个人能力灵活性、坚实的基础教育背景、主动精神、愿意从事终身学习、流动性、可信度以及愿意承担责任;

③社会能力毅力、直觉、跨文化交流能力、商务谈判能力以及团队工作能力。

21世纪我国《工程专业认证标准》也明确了工科人才基本要求。

①工程能力:能够将数学、自然科学、工程基础和业知识用于解决复杂工程问题。

②道德责任:具备专业和岗位要求专业精神,在工程实践中能够综合考虑法律政策、环境资源和经济可持续发展;具有人文社会科学素养和社会责任感。

③沟通合作:具有团队合作精神和良好的沟通能力,能够在多学科、国际化背景下实现组织沟通、团队协作、项目管理、经济决策,创造性的完成工程目标。

④终身学习:具有自主学习和终身学习的意识,能够不断学习工程领域相关的新技术,适应社会发展对应用型专业技术人才的要求,在工程相关领域具有职场竞争力。

我国"新工科"建设在当下高等工程教育的发展中已然成为基本趋势。教育部明确了"新工科"人才核心素养体现在科学人文素养、强大心理素质、工程技术能力、批判性思维、创新意识和工匠精神。具体描述如下:

①作为一名出色的工科人才,必须具备深厚的科学素养,了解科学基本进程、科学最新成果、科学发展趋势;

②必须具备深厚的人文素质,人文素质已经成为大学生就业的内部隐性竞争力,"新工科"人才要掌握文化常识、历史知识、哲学见识;

③具备强大的心理素质,能够淡然地面对未来可能出现的巨大压力与冲击,能够很好地进行自我疏导和团队引导,成为正能量的传播者和践行者;

④具备出色的工程技术能力,熟悉掌握所在工程技术领域的理论,掌握所在工程技术领域的关键技术与能力,解决可能出现的工程技术难题与困境,满足产业、行业、企业的实际工程技术需要;

⑤具备一定的批判性思维,敢于对现有的工程技术理论、技术、权威进行合理的怀疑与再论证,能够提出与现行标准和要求可能相左的观点与想法;

⑥具备创新意识,能对现有工程技术可能存在的创新空间进行挖掘,能从自身的研究领域或者技术专长角度出发,进行大胆的创新,能够独立主动地参与具有世界影响力的、原创性的、变革性的工程工业技术成果创新性研究中;

⑦具备超凡的工匠精神,在学习、实践、工作中,做到精益求精,做到专注专心,做到坚持不懈,做到敬业奉献,努力成为所在工程技术领域的标杆和翘楚。

第二节 工科1+3PBL内涵与实质

(一)工科1+3PBL内涵界定

与医学、思政类教学不同,工科教学内容具有明显的特点。课程内容理论性强,知识节点之间有严密逻辑,学生如果没有一定理论基础和实践经验,很难开展实质性讨论和探究,并且大部分工程内容需要进行实践操作、仿真练习和数据分析。因此,这就限定了工科PBL教学无法照搬其他学科的应用模式,需要结合PBL教学精神,重新界定工科3PBL内涵。教学团队结合长期的教学实践,认为工科3PBL应包含以下几个层面含义。

(1)工科1+3PBL中1是指牢记一个中心,是为党育人,为国育才,培养德智体美劳全面发展的高素质人才。需要教师以课程建设为基础,潜移默化地对学生的思想意识、行为举止产生影响,提升青年学生的生命价值与道德修养,引导学生从"专业成才"到"德性成人"。

(2)工科1+3PBL中的3PBL教学是一种模式。指在教学过程中由教师创设一种类似探究学习的情境和途径,可以是以问题导向的"基于问题式教学"(problem based learning),是以程序导向的"基于过程教学"(process based learning),以某个关键技术为导向的"基于项目教学"(project based learning)。指导学生吸收并应用知识、分析并解决问题,从而培养学生创造能力和创新精神,提高学生综合素质的一种教学模式。和被动的、机械式的、记忆性浅层学习不一样,这种学习模式,强调的是知识的深层加工、深度理解及长期保持,需要学习实现知识建构、迁移应用及真实情景中的复杂问题解决。

(3)工科1+3PBL教学,不同于传统讲知识为核心的教学模式,它强调以学生学习为中心。通过教学与研究、实践的结合,引导学生创造性地运用知识和经验,自主地发现问题、研究问题和解决问题,在研讨中积累知识、培养能力和锻炼思维。从本质上看,这种学习过程是一种主动的、探究式的、理解性的学习方式,要求学习者掌握非结构化的深层知识,实现对知识主动的建构。

（4）工科1+3PBL教学是主动学习过程。学生应在教师指导下，在开放情景中，通过多渠道主动地获取知识、应用知识、解决问题，模拟研究活动所设计和组织的一种教学形式。在独立的主动探索、主动思考、主动实践的研究过程中，在合作式、参与式、探究式的学习形式下，进行批判性思维、有效的迁移应用及真实问题的解决，进而实现元认知能力、问题解决能力、批判性思维、创造性思维等高阶能力的发展。

（5）工科1+3PBL教学强调充分尊重学生的个性，发展学生创造性人格。1+3PBL教学重视学生的兴趣爱好，通过创造平等、民主、和谐的教学氛围，精心选择和设计教学的内容和方式方法，开展开放性的探究活动，给学生提供更多的独立研究发展的空间，使得学生有较多的表现自我、发展自我的机会。同时，1+3PBL教学关注学生的非智力性因素如动机、情感、意志、理想、信念等的发展，有利于学生鲜明的创造性的个性的培养。

（6）工科1+3PBL教学过程主体地位是交互。教学强调师生同是教学过程中的主体，师生关系由单向传授的关系转变为双向互动的关系。在教师有效地引导下，学生不仅能主动地参与课堂教学活动的全过程，还能通过自主选题、自主研究，并以知识为纽带，开展同学之间、师生之间的合作与交流，达到获得知识和提高能力的目的，学生真正成为学习的主人。与此同时，学生的主体作用的发挥往往需要以教师主体作用的发挥为前提，在这种情况下，特别是教师要克服传统的"师道尊严"的思想，克服"自我中心"的顽固性和长期沿袭的传统惰性，率先在实践探究中学习，同学生交流。

(二)1+3PBL知识建构的实质

与其他工科教学模式相比，工科3PBL教学模式教学过程注重发展分析、综合、逻辑推理、批判性思维和解决问题等核心技能，是在教学互动中促使学习者实现知识经验的获得以及自我主体不断完善的过程，更注重突出学习主动构建过程，强调学习者主动参与。它的生成应具备以下几个要素。

(1)突出自主建构的学习观

学生在3PBL学习中要主动建构客观事物及其关系的表征，也就是通过沟通与交流来主动建构属于自己的理解，通过已有的经验与认知来对新的知识主动进行吸收、重组、创造，不断丰富它的意义，在这个过程中不是简单地将外部知识直接接纳，不是简单的信息传递，不是简单的信息积累，是主动地进行建构而不是一味地采取和接纳。为了让学生能够更好地理解新的信息、新的知识，更好地运用新知识来处理现实生活中出现的种种问题，教师组织3PBL教学活动时要营造具体的学习情境，更有助于学生的理解与接受，也能够让学生更好地实现知识的运用与迁移。

(2)强调非确定性的知识观

在 3PBL 学习过程让学生体会到学习知识可以是显性的,也可能信念、情感的缄默知识,需要结合自身的经验与理解来对进行思考、判断和建构。虽然课本上会出现客观的、形成文字的公式、定理,它们都经受着时间的考验从而得到了绝大多数人的认同,但不能就此盖棺定论,不能百分之百笃定地说以后这些所谓的客观定理公式不会由于时间的推移、新的发现而发生改变,而且每个人所处的情境都有所不同。学习过程需要明确知道面对着同一个问题,可能给出的理解完全不同,通过自己的积极建构才能获得属于自己的真知识。学习过程生成的知识不是对现实的准确表征,也不是问题的最终答案,而是一个知识建构过程中非确定性和探究性。

(3)强调创设情境的教学观

学习过程希望学生能够在相关情境中解决现实问题,逐渐建立起自己的经验与知识。因此 3PBL 教学就应重视学生原有的知识经验背景以及情感态度价值观等种种因素在学生认知学习过程中的所起到的作用。教师不应该被看成"知识的授予者"和"灌输者",而是学生建构知识过程的促进者、组织者和"向导",要学会倾听、学会洞察,利用课内外丰富的教学资源创建学习情境引导、促进学生建构知识,让学生进行合作与交流,在这个具体情境下运用所学的东西,共同探索某一个问题,彼此分享自己的观点与思考,共同成长。让学生与知识之间不是简单的学习——习得的关系,而是一种充满着情感、变动、交往、互动的动态关系。

第三节 工科 1+3PBL 教学模式

1+3PBL 教学属于合作学习的一种类型,体现了以人为本的先进教育思想,是一种符合深度学习的本土化的 PBL 教学模式。以一流人才核心能力为导向,利用工艺流程、工程实践、程序研发、交流讨论等教学情境,通过多样化教学策略充分引导学生学习过程的主动性、积极性,最终达到对所学知识建构的目的。

(一)工科 1+3PBL 模式架构

为了促进学生综合能力的培养、强化工科学生自主学习及合作创新能力,团队结合工科教学特点,对 PBL 内涵进行拓展,构建了适于国内地方应用型本科院校的深度学习的 1+3PBL 教学模式,如图 2-1 所示。该模式以工程一流人才核心素养为导向,以问题、过程和项目工科教学活动为基出,采用自主性、探究性、合作性学习过程,有层次的引导学生对知识的深度建构,多维度地培养学生的道德和职业的综合能力。

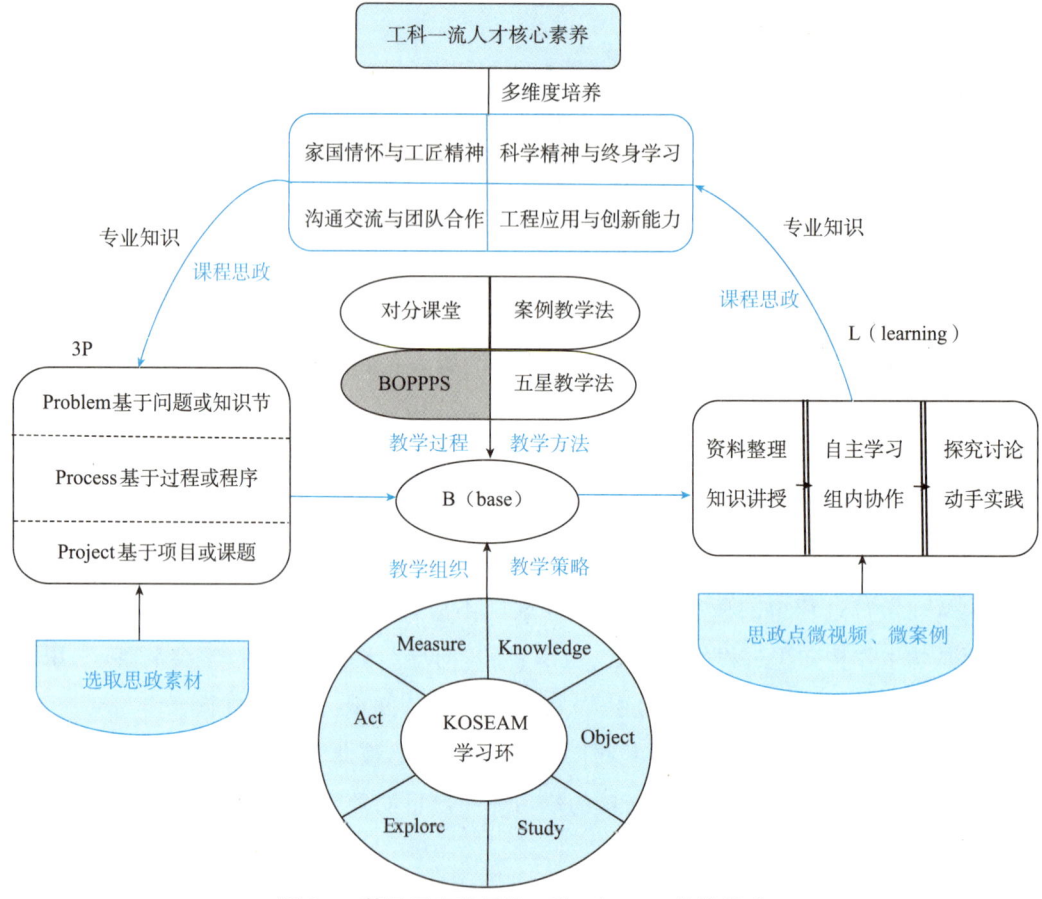

图 2-1 基于深度学习的工科 1+3PBL 教学模式

模式中 1+3PBL，有着深刻内涵和意义，其中，1 是通过 3PBL 模式重点培养"新工科"倡导的工科一流人才的核心素养，包含学生家国情怀与工匠精神、科学精神与终身学习、沟通交流和团队合作，工程应用和创新思维 4 个维度。对应课程知识点有知识、能力和价值三个层次学习成果输出，重点强调工科实践能力、知识技能整合应用，提升学习者树立系统性和整体性的大工程观，引导学生发现、分析和解决问题的逻辑思维，提高学生工程实践和创新能力。

3P 这里分别指知识节点、问题（problem），关键程序或过程（process），工程项目（project）的真实难题或关键技术等；3P 知识点要打破课堂教学局限于教材内容的传统做法，要在教材内容和理论框架的基础上，融入前沿理论、实践案例、专业行业应和背景等内容，重构成可以发散性、探究性的教学主题；对应 3P 实际案例通常是来自工程实际和结构性较低问题，或者接近现实世界或真实情景，具有一定启发性、不确性问题，值得引起讨论、探究的复杂性学习问题，能够拓宽教学内容和学科视野，增加课堂信息量。

B(Base)是工科内容 P 到学习方式 L 的实施途径。这里引申为与让学生进行知识建构过程中教学过程、教学组织、教学方法和教学策略,是能够激发学习者参与热情和主动学习的教学形式。例如,课堂可以参考 BOPPPS 形式,也可以是五星教学方法组织形式,或者单一案例讨论、对分课堂,但是学习形式必须是突出创新性、互动性与参与性为主,突出学生学习过程引导,突出高阶思维形成学习过程。当然也可以参考框架中的 KOSEAM 学习形式。KOSEAM 学习环是研究团队结合大量教学实践,提出一种符合工科特点互动的学习形式,是按照基础理论、建立学习目标、自主学习、交流探究、行动实践、综合考评闭合环组织学习的过程。

L(learning)引申为学习者采用学习方法,或者可以获得学习成果或目标的有效方式。学习方法是在常用传统讲授法的基础上,增加小组资料搜集整理、小组内部的分工协作和自主学习,以及小组间探究讨论、动手操作、工程应用等形式,还可以用集中汇报展示、教师点评等环节。总体上学习形式是在传统学习基础上,融入自主性、探究性学习形式,加大学生交流互动时间,引导学生独立思考,多角度分析问题,培养学生的思维方式逻辑性和发散性的统一。

3PBL 教学是以课程为实践载体,以问题、关键技术和工程项目为导向,适应人才培养核心能力的实际需要,将思维能力训练、价值观提升、实践能力培养和专业学科理论教学及知识目标培养有机结合。整个 3PBL 教学过程中要求以知识点的理论分析与问题或案例进行组合,形成一条知识主线条贯穿学习全过程;以爱国情怀、职业修养和工匠精神等课程思政要素为隐线,两者组合形成一条灵魂线条,通过课堂点点滴滴,引导学生做事需严谨认真,干一行爱一行。两条线全方位、全过程融合到整个学习过程,引导学生知识、能力与价值学习方向。

(二)工科 3PBL 模式特征

基于深度学习的 3PBL 教学模式的关键要点是自主性学习、协作性学习,具有明显的主动学习、高阶思维训练的特点,学习结果强调知识学习、工匠精神、创新思维和实践能力的核心素养培养。实践表明,模式具有多种特征。

(1)以德行培育和价值引导为灵魂

依据学习目标和场景需要,将思政元素、知识框架、案例应用和前沿热点相关内容进行重构和设计,全程全方位融入教学内容、教学方法和教学策略中,培养学生个人和社会责任感、伦理和道德正确思维认同感。关于课程思政内容方面,选取内容应与知识点紧密相关,通过创新人物、工程案例具体应用,促使学生"亲其师,信其道",引导学生从不同角度探求解决问题的思路和方法,达到潜移默化、润物无声、同频共振的立德树人效果。

(2)以复杂问题为驱动力

问题是学习活动的起点,解决复杂问题需要通过一系列相互关联的任务才能达到学习目标。以问题为基础组织教学过程,学习内容涉及工程关键技术或工艺流程,增加问题环境深度,有助于教学过程组织,发挥学生能动性。运用具体案例、现实难题的关键技术可以引导学生独立思考和协作学习,从不同角度找出解决实际问题的多种方法。有助于学习过程中建构知识真识性,激发学生的内在动机,培养学生发现问题、分析问题、解决问题的问题意识。

(3)以工程真实案例为情境

教学过程需要建立丰富复杂工程案例和素材,通过实际案例把实践活动、科研问题和抽象理论联系起来,使学习活动更有主题、有标靶,更具有引导深度学习意义。并且设计问题或案例应该不需要设定"标准答案",可以引导学生从多个角度思考和分析问题,为学生思考和分析问题提供可争议和探究的情境。可以极大释放学生的思维活力,培养学生的发散思维能力,有助于打破传统教学法对学生的思维限制,激发学生的创新意识和创新热情。

(4)以协作学习形式为助力

模式中学习环节的设计,各种技术、流程不是由教学直接强加或传授,而是通过具体问题、案例引导,由学生的学习活动去发现。解决复杂问题往往需要运用多门学科的知识,在共同学习过程中,学生需要将多门学科知识综合起来理解和学习。学生努力寻找材料、知识之间的关联后,以小组合作的形式进行学习。通过自主探究,来理解和建构知识,有助于达到深度学习效果。学生通过问题的引导,分析问题,与同学合作交流逐步解决问题,将课本所教知识内化,进而应用所学知识。让学生通过"积极的学习"达到自己去听、去看、去做、去理解、掌握如何获取知识的方法,可以让学生进行批判性思维,提高合作、交流能力和创造力。

(5)以多元化考核方法为引导

模式中学习需要学生学习书本知识,同时参与实践活动,既吸收前人的科学思维和价值传承,还要敢于批判、大胆探索。这就使得学生的收获知识、能力和价值是多方面的,而且是富有个性的。因此,1+3PBL教学不但要求对学习成果进行评价,同时也强调对学习过程进行评价。结合问卷调查、汇报展示等各种手段进行综合评价。教师不仅需要设计定量评价和定性评价规则,还要设计个人评价、团队评价、自我评价和他人评价多种形式的评价。

第四节 KOSEAM 学习形式

本教学研究团队提出的1+3PBL灵活教学形式,不仅有利于学生应用能力的培养,而且对引导学生增强开放性思维、提高创新能力大有裨益。研究团队在应用过程中,总结出了一个体现互动、参与式的KOSEAM学习形式,将3PBL教学过程中形成一定学习环,运用小组教学、合作学习、实践教学等多种教学组织形式,让每一位学生都自发地全身心投入课堂,发挥应有的主体性,使学生乐于学习、善于学习、学会学习,理解和掌握知识,使他们的学习成为高效的学习,彰显课堂生命活力。

(一)KOSEAM 学习环的基本内涵

3PBL 教学内容是需要进行重构,可以理解为知识与案例集合,任何一个小的案例都基于问题、过程或项目进行研究和分析。3PBL 实际应用可以分解成多个小的项目和多个小的案例,让学生逐级解决。这样,随着问题的逐一解决,学生的综合能力会逐渐得到提高。那么,以教学内容最小单元案例为例,基于深度学习 3PBL 模式认为,都可以根据授课对象特点、重构内容和输出成果的需要,建立了对应的 KOSEAM 学习环。

(1)KOSEAM 学习环是团队提出的一个普适性学习过程,主要是针对探究协作的自主学习方法,从问题导入学习输出的整个过程包含六个学习环节:获取基础理论(knowledge)、建立学习目标(object)、自主学习(study)、交流探究(explore)、行动实践(act)、评价反馈(measure),见表 2-1 所列。这个学习环是以多种教学策略组合,目的是促进学生主动学习。选取教学策略是"教"与"学"的综合与统一,整个学习过程突出以学生为中心,教师在"教"的同时,引导学生"主动"去学。

表 2-1　基于深度学习的 PBL 教学知识建构环节

序号	教学环节	知识建构		学习层次
1	knowledge	知识准备	knows	知识反刍,感受接纳
2	object	建立目标	object	提出问题,分解任务
3	study	自主学习	know how	分析理解,形成基础
4	explore	交流探究	show how	批判对比,认知重构
5	act	行动实践	does	整合技术,学以致用
6	measure	评价反馈	evaluation	评量回馈,知识内化

(2)在 KOSEAM 学习环中,要先建立一个明确目标,让学生围绕目标去收集解决该问题所需理论与技术,自主学习;再通过团队的研讨和探究环节,练习沟通与表达技巧,加深知识理解;最后通过系统实践运用,提高工程能力和创新意识,达到对知识的深度学习。学生的学习方法越深入,学习成果的质量就越高。对应核心能力发展和学习成果的越突出。

(3)选取 KOSEAM 教学的内容,可以是实践操作、仿真练习或数据分析多种类型,但一定要有深度。即使优秀的学生单兵作战也无法解决,需要小组协作探索才能完成。另外,行动实践(act)的内容必须有一定挑战性。挑选的实践内容或情境,使其接近一个"类创造性"的学习过程,既能够让学生应用所学理论和技术,又可能引导学生提出新的学习问题和目标,产生创造性的火花。

(4)KOSEAM 学习环要设计一个两难情境,将学生置于结构不良的工程背景情境中,创造出相互交流机会和情境。学习过程需要通过参与、交流和体验,学生才能获得应对复杂多样、快速多变的世界挑战的能力。在3PBL教学中,学生是自主的学习者,也是合作型的学习者,能够提升较高的元认知和学习技能。

(5)在具体应用KOSEAM每个环节时,在教学内容理论性深、实践性强选题时,只有学生具备一定理论基础后才能开展3PBL教学。根据建构主义理论和心理学研究,3PBL内容只有大部分学生认为对这个问题的解决很有意义和必要,才能产生积极的情感和行为的投入,反之如果学生持不认可或不明白的心态,过程和质量都无法达到预期效果。

(二)KOSEAM学习环特征

KOSEAM学习环节不仅突出了PBL实践性、自主性、合作性、探究性的特点,还符合课程难点重点的教学组织要求(见图2-2)。从整个学习过程看,具有明显特征。

(1)3PBL教学让学生就学习内容形成问题,让学生对知识产生好奇心,要想明白"事情为何是这样的",然后去探索,去找寻答案,消除自身的认知不足和矛盾,帮助学生建构自己对知识的理解和认识。整个认知过程中从直观接纳、批判论证到观点创新,技术上从知识反刍、分析理解到学以致用,符合认知的金字塔上升结构。相对传统PBL应用,KOSEAM学习环加大了知识准备和行动实践的比重,是为了加强学生动手实践和工程应用的能力,更符合认识行为的建构过程。

(2)整个学习环中教师与学生参与度是渐变转换的,六个环节学生参与度是层层递进,逐步上升的。在知识准备和建立目标的环节,教师参与度较高,学生以参与度较低;在自主学习和交流探究的环节,教师与学生参与度基本持平,是一种相互交流,引导学习过程;在行动实践和综合考评环节,学生基本上自主学习,发挥课堂主导作用,教师负责控制整体局面和适当引导。随着问题、过程或项目展开,教师脚手架作用逐渐减弱,参与度随之减小;学生参与度逐渐递增,自主学习比例大幅增加。

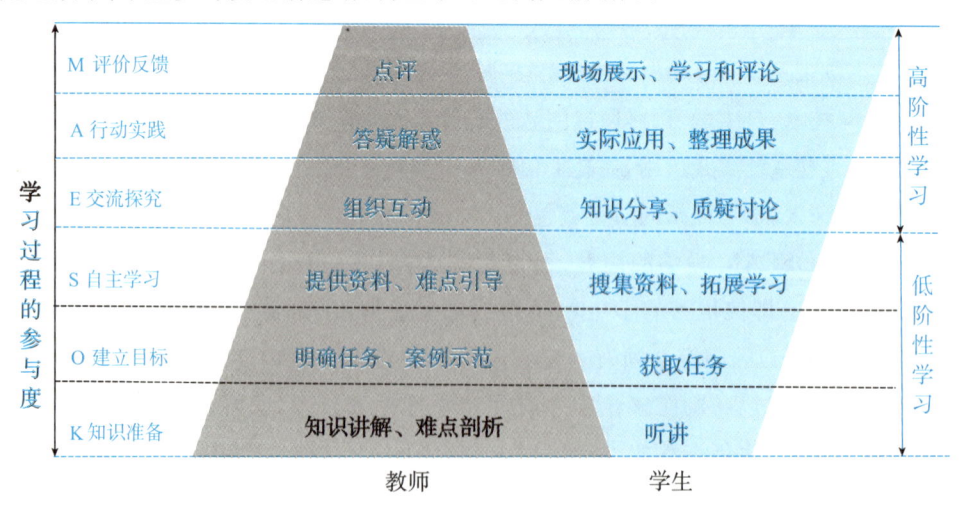

学习过程的参与度	教师	学生	
M 评价反馈	点评	现场展示、学习和评论	高阶性学习
A 行动实践	答疑解惑	实际应用、整理成果	高阶性学习
E 交流探究	组织互动	知识分享、质疑讨论	高阶性学习
S 自主学习	提供资料、难点引导	搜集资料、拓展学习	低阶性学习
O 建立目标	明确任务、案例示范	获取任务	低阶性学习
K 知识准备	知识讲解、难点剖析	听讲	低阶性学习

图2-2 3PBL模式KOSEAM学习参与度

(3)整个学习环的过程中,没有固定学习形式,可以依据具体 problem、process、project 案例和特点来组织课堂教学,如 BOPPPS 结构、对分课堂、专题讨论、海报宣讲等形式。以学生的参与度和学习目标达成度来设计具体的组织过程,让每个学生都能有平等的机会参与到课堂互动中,使课堂师生互动氛围平等开放,只有这样,学生才会积极主动参与师生互动环节,也才能够创造出积极课堂教学氛围,促进学生在参与中主动学习。

(4)师生互动效果是 3PBL 教学的集中体现。理想有效的 3PBL 课堂是学生能够积极地投入课堂教学中,使自身的潜力得到充分的发挥。教师除了激发学生的学习动机,给予学生激励之外,还可以通过课堂互动,组织讨论与提问使学生积极投入学习。师生互动频率、效果和思维发散性是 3PBL 课堂教学有效性的体现。师生互动越好的课堂,学生的专注程度越高,教学效率相对较高。在整个师生交流、生生互动的讨论和争辩中,可以引导学生可以看到问题的不同面,能够迅速发展创造性思维和实践能力。

(5)KOSEAM 学习环应用过程中,需要根据具体 problem、process、project 知识点和学习目标来设计环节。不一定六个环节缺一不可,可以灵活调整,达到预期学习目标就行。例如,基于问题课堂教学可以直接是知识准备(knowledge)、案例分析、参与互动(explore)、学生练习(act)3 个环节,其中增加了知识应用案例分析,分析过程中可以设计成讲授式,也可是讨论互动式。如何应用,最重要的原则是要保证学生的参与度、教学师生互动、生生互动的有效性。

第五节 工科 1+3PBL 有效实施的关键点

工科 1+3PBL 教学应用时可能存在以下问题,例如,3PBL 授课方式与学生传统的受知方式发生冲突;小班教学法 PBL 授课方式,增加教师的工作负担;教室设施教师不足等问题,需要耗费大量资金;学生不习惯合作学习、不主动参与学习互动,难以调动等等。因此,在实际开展 3PBL 教学之前,教师需要投入大量精力,进行教学内容重构、教学方案设计和实施组织等一系列工作,应同时综合考虑以下几个问题。

(一)教师需要升级教学角色,成为学习行为的设计者与引导者

在 3PBL 教学过程中,教师是学生的管理者、组织者、激励者、征询者、指导者,甚至是学生模仿和操作的学习的典范。教师的工作重心不仅是在课堂,而是延拓到了课前、课中及课后,包含了线上及线下的多种形式。教师的身份需要转换,从原来课堂主讲者,转变成为课堂行为的设计者、促进者和引导者。教师应思考如何让学生学得好,促进学生深度分析、大胆质疑、勇于创新意识?如何融合多样化教学技术,进行参与式、互动式、探究式的学习?进而反思和改进课堂教学中的各种问题,而实现课堂创新转型。3PBL 学习过程中,其教学行为主要是引导学生提出问题,探究问题,通过具体事件或工程案例,

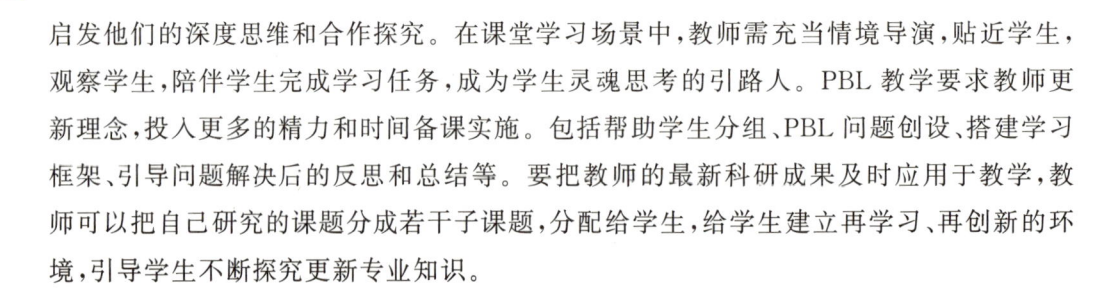

启发他们的深度思维和合作探究。在课堂学习场景中,教师需充当情境导演,贴近学生,观察学生,陪伴学生完成学习任务,成为学生灵魂思考的引路人。PBL 教学要求教师更新理念,投入更多的精力和时间备课实施。包括帮助学生分组、PBL 问题创设、搭建学习框架、引导问题解决后的反思和总结等。要把教师的最新科研成果及时应用于教学,教师可以把自己研究的课题分成若干子课题,分配给学生,给学生建立再学习、再创新的环境,引导学生不断探究更新专业知识。

(二)学生需要转换学习行为,成为课堂学习行为的中心

2016 年发布《高等教育改革的催化剂》,拉斐尔·莱夫指出,高等教育到了一个转折点,我们必须打造以学生为中心的教育改革。只有改变课堂教学之窘,开展创新型课堂,才是提高人才质量最有效的路径。3PBL 教学过程提倡学生参与学习,与其他学生或教师建立合作伙伴;以小组的形式解决问题;学生在多种情境中获取并应用知识;学生自己查找信息,教师起引导作用。教学媒介主要作为学生获取、处理信息和解决学习问题的认知工具。教学策略强调学生的主动探究和研究性学习,强调基于问题解决来建构。

3PBL 课堂应是以建构主义为理论基础,课堂关注的是学生的具体问题、具体事件、学习行为。需要学生行为转型,成为课堂学习行为的中心。在教学活动和创立学习情境,学生需要从教学过程的被动地位中解放出来,成为学习的主人,进行新旧知识有意义的建构。对于学习过程,应强调合作式学习,体验式学习。内容上学生应该是可以选择的,可以进行多样性的、个性化的、互动活泼的学习方式。小组合作学习作为 3PBL 学习最主要的学习方式,使得学生的角色更为多元化。学生可以是资源的提供者,同其他小组成员共享资源;也可以是活动方案的设计者,为问题解决出谋划策;还可是学习帮促者,帮助其他同学答疑解惑。

(三)教师需要接受系统和专业的工作坊培训

3PBL 作为一种引领的教学方法,要求教师不但能够熟练掌握专业内容,把握学科前沿和行业动态,还要具备提出问题、解决问题的能力和良好的组织管理能力,善于调动学生积极性,掌握教学节奏。教师在课前要进行学生分组、教学设计;课中需要讲解、参与互动及引导学生学习,驾驭整个学习场景;课后需要线上指导交流,形成反馈与反思等等。这就要求教师有扎实的专业知识和较广的知识面来应付学生的疑问和困惑,也要求教师有能力科学处理课堂互动。但是目前地方高校教师中部分是非师范类院校毕业的教师,欠缺专业教学技能和方法专业训练,缺乏相应的教学实践经验与课堂组织技巧,课堂组织和实施的方式不理想,缺乏科学驾驭教学活动专项技巧,导致教学活动低效。因此,需要教师经过系统专项训练,了解 PBL 教学流程、教学组织和策略前提下,适当受训并具备驾驭课堂 PBL 教学技巧后,再逐渐开展。另外,教师应充分利用教育技术高速发

展所带来的优势,不断汲取新知识,增强自身专业素质和综合素质,努力为学生提供更多更优质的教学材料,比如视频、案例、学术前沿等等,使教学内容无论是在深度还是广度上都得到拓展,这也在一定程度上实现了教学相长。

(四)课堂需要丰富拓宽,建设混合式、参与式教学形式

3PBL 教学过程中,要改革传统"一言堂""标准答案"的教学模式。以问题为导向,选取典型案例,改变传统的课堂的教师全程讲,学生被动听现象。要拉伸课堂深度,在传统讲授形式基础上,融入参与性互动性的学习形式比例,倡导主动学习、探究式学习、项目学习,让课堂教学"活"起来,让学生从实践中学习、从问题中学习,学会自我学习、同伴互学和团队学习,要兼顾学习过程的互动性和有效性。

结合参与式教学、互动式教学、研究性教学及自主探究性教学方法,引导学生以现实工程问题为载体,在课堂教学中开展讨论、辩论等活动,促进师生互动、生生互动,强调多角度分析问题、多路径解决问题,着力培养学生的创新性思维和批判性思维品质。

要拓展课堂宽度,利用现代教学信息技术手段,将课堂学习推至课前、课中和课后。发挥智慧课堂的广泛辐射和链式反应特点,引入慕课、SPOC、微课堂等网络学习资料,加大线上线下混合式学习的教学比例。这样可以增大课堂容量,延展师生互动环节,既可以保证课堂教学内容完整性,又可以满足学生个性化、自主化的学习需求。

要建立多种灵活的 3PBL 评价方式,包括学生自我评价、同伴评价及教师评价相结合;注重的是过程,而不是结果。要增加课堂参与度、主动性、创新性、发散思维、批判思维的考核比重,突出专业知识的应用能力考核和课堂表现考核,探索适于学科特色、课程特色、实践能力、创新性培养的课程考核方式。

(五)建立丰富 3PBL 学习资源,做好 3PBL 教学的基础保障

相对于传统的课堂教学,3PBL 教学要求有更多的课件、案例、素材等。学习资源可以拓展实体教室、网络学习平台、虚拟技术与仿真平台的"三重场"来构成。教师、学生、实体教室、实际内容等要素组成课堂的内层场,给学生创立学习情境资源;网络学习平台的习题库、视频动画、工程案例库、科研前沿资料的学习资源形成了课堂的中间场;虚拟仿真平台、远程实景互动、生产实验场所构成了课堂教学外延的最外层场。

教学情境设计需要从问题出发,不断探究,不断学习,最终达成知识建构。因此,教师在实际应用 3PBL 教学之前,围绕科研项目、工程课题与课程知识之间关联点,需要建立丰富 3PBL 案例库。可以根据课堂实际需要及知识的更新,筛选并处理具有专业性、科学性和前沿性的教学内容及材料,增加知识讲解前沿性。在关注专业领域的前沿信息和发展趋势同时,拓展知识、人文方面教学内容,使学生在课堂中能领略专业知识的深刻与人类文化知识的浩瀚,也看到人类未来前进的方向。

教育箴言

> 雅斯贝尔斯在《什么是教育》中指出,大学应该培养精神贵族,而不是精神附庸。前者会昼夜不停地思考,并为此形销骨立;后者则要求工作与自由时间分开。前者敢冒风险,静听内心的声音,并随着它的引导走自己的路;后者则需要别人引导,要别人为他定下学习计划。前者有勇气正视失败,后者则要求在他努力之后就有成功的保证。

卡尔·西奥多·雅斯贝尔斯(Karl Theodor Jaspers,1883—1969),德国存在主义哲学家。雅斯贝尔斯主要探讨内在自我的现象学描述、自我分析及自我考察等问题,强调每个人存在的独特和自由性。

第三章 工科 3PBL 教学设计与策略

《国家中长期教育改革和发展规划纲要(2010—2020)》指出,实现"以学生为中心"的教育理念,关键在于课堂教学模式的转变,最大程度地调动学生的学习积极性和主动性。富兰和史莫克等认为,"仅限于宏观的策略规划和学校整体变革的努力大多是无效的,只有每个课堂的教学有所改善,教育改革才会有真的突破"。工科 3PBL 教学要想让学生体验到学习中的快乐,充分发挥学生的潜能,需要教师在先进的教育理念基础上,对知识内容进行提炼编辑和科学重构,精心设计教学过程,选取科学的教学策略,才能促进学生的主动学习,这样的课堂改革才会是有效的。

第一节 有效学习理论

柯林斯《教育辞典》认为,主动有效的学习是使学生参与到学习活动中,从而能够进行思考、参与行动的学习过程。同时,使学生通过某些活动,比如整理信息、思考和解决问题,让他们在学习过程中更加积极的过程。如何使学习有效,就是让学生主动性、能动性、独立性不断生成、张扬、发展、提升的过程。

(一)布鲁姆学习金字塔

布鲁姆(Bloom)学习金塔是美国缅因州的国家训练实验室研究成果。它是一种现代学习方式的理论,也是有效学习支撑理论之一。我们先来看一下学习金字塔,如图 3-1 所示。它用数字形式形象显示了:采用不同的学习方式,学习者在两周以后还能记住内容(平均学习保持率)的多少。某种程度上,它也可以说明,教学活动中,学生参与性越多,学生激发更多脑功能区,似乎保留下记忆越多,教学有效性越明显。

第一种学习方式——"听讲",在塔尖,也就是老师在上面说,学生在下面听,这是我们最熟悉最常用的方式,学习效果却是最低的,两周以后学习的内容只能留下 5%。第二种学习方式,通过"阅读"方式学到的内容,可以保留 10%。第三种学习方式,用"声音、图片"的方式学习,可以达到 20%。第四种学习方式,是"示范",采用这种学习方式,可以记住 30%。第五种学习方式,"小组讨论",可以记住 50%的内容。第六种学习方式,"做中学"或"实际演练",可以达到 75%。爱德加·戴尔提出,学习效果在 30%以下的几种传统方式,都是个人学习或被动学习;而学习效果在 50%以上的,都是团队学习、主动学习和参与式学习。从表3-1可以看出,激活脑功能数量越多,相应学习留存率越高。最后一种在金字塔基座位置的学习方式,是"教别人"或者"马上应用",可以记住90%的学习内容。

学习金字塔

		学习内容平均留存率
被动学习	听讲（Lecture）	5%
	阅读（Reading）	10%
	视听（Audiovisual）	20%
	演示（Demonstration）	30%
主动学习	讨论（Discussion）	50%
	实践（Practice Doing）	75%
	教授给他人（Teach Others）	90%

图3-1 学习金字塔

这种形式与脑科中所提到教学活动刺激脑神经数量是成正比的。教学活动相对复杂,学生学习越主动,激活脑功能区越多,学习留存率越高,效果也是最好的,见表3-1所列。因此,可以认为,通过有目的驾驭和设计课堂,能让学习过程充满了"情感、态度与价值观"。

在实际教学设计过程,设计学习活动,让学生主动去学习,乐于去学习,这个教学意义对学生知识建构尤为重要。在信息爆炸的时代,学生在数学情境中能否进行学习,组织自己的知识结构,影响着教学的深度和质量。从表中可以看出,讲授法是传统教学形式中最常用的,也应该是留存率较低的。因为其刺激脑功能区最少。当学生如果注意力不集中时候,教学有效性将更加降低。讨论法和演示法的教学活动需要激活多个脑功能区,有听、说、操作与思考,所以相对效果较好。特别是启发式和角色扮演等活动,都有学生自己学习、思考、分析加工的全过程,自然激活脑功能区最多,那么学习有效达成度应更高。

表3-1 学习形式与脑活动关系

序号	学习形式	激活脑功能数量	学习留存率
1	被动听讲,阅读	1	5%～10%
2	用"声音、图片"的方式学习,如视听,演示	2	20%～3%
3	学生讨论,具体操作	3～4	50%～75%
4	教授给他人,学生当老师	所有	90%

(二)加涅信息加工学习理论

加涅认为,学习的模式是用来训练学习的结构与过程的,它对于理解教学和教学过程,以及如何安排教学事件具有极大的应用意义,最典型的学习模式是信息加工学习模式。

根据现代信息加工理论,加涅提出了学习过程的基本模式。他认为,学习是学生与其环境之间相互作用的结果,学习过程是由一系列事件构成的。把学生的学习过程划分为八个阶段,即动机阶段、领会阶段、习得阶段、保持阶段、回忆阶段、概括阶段、作业阶段和反馈阶段,如图3-2所示。认为一个完整的学习行动需要经历这八个阶段,每一个阶段又对应着不同的教学事件。

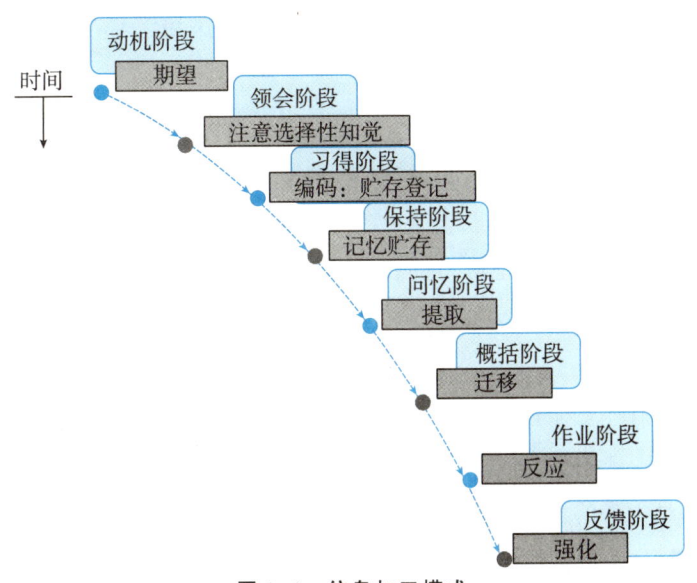

图 3-2 信息加工模式

(1)动机阶段

学习者的学习是受动机推动的,学习者的动机或期望对整个学习过程都有影响。加涅认为,通过学生内部形成种期望,可以使学生形成动机。期望是指学生对完成学习任务后将会得到满意结果的一种预期。加涅指出,理想的期望只有通过学生自己的体会才能形成,光凭外界条件是不行的。形成动机或期望,是整个学习过程的预备阶段。

(2)领会阶段

有了学习动机的学生,首先必须注意与学习有关的刺激。例如,在阅读教材时,必须注意句子的意义,而不是字体或版面设计。当学生把所注意的刺激特征从其他刺激中分化出来时,这些刺激特征就被进行知觉编码,储存在短时记忆中。这个过程就是加涅所讲的选择性知觉。

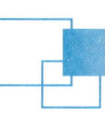

(3)习得阶段

只有当学生注意或知觉外部情况之后,学习过程才真正开始。习得阶段涉及知识获得的刺激进行知觉编码后储存在短时记忆中,然后再把它们进一步编码加工后转入长时记忆中。

(4)保持阶段

学生习得的信息经过编码过程后,即进入长时记忆贮存阶段,这种储存可能是永久的。加涅认为,相对于其他阶段,我们对保持阶段了解得最少,因为最不容易对它进行调查。

(5)回忆阶段

即信息的检索阶段,学生习得的信息要通过作业表现出来,信息的提取是其中必需的环节。在这一阶段中,提取线索很重要,提供检索的方法和策略有利于回忆。

(6)概括阶段

学生提取习得信息的过程,并不始终是在与最初学习信息时相同的情境中进行的,况且学习需要举一反三。因此,学习过程中必然有一个概括的阶段。这里的概括,就是指人们通常所讲的学习迁移。一般说来,学生学习某件事物的经历的情境越多,就越容易迁移。在教学中提供有利于把学习内容用于新情境的提示,或让学生在不同的情境中学习,都有利于迁移的发生。

(7)作业阶段

学习过程需要有作业阶段是很明显的,因为只有通过作业才能反映学生是否已习得了所学习的内容。一般来说,仅凭一次作业是很难对学生做出判断的,因此,教师需要根据几次作业才能对学生的成绩做出推断。

(8)反馈阶段

当学生完成作业后,他马上意识到自己已经达到了预期的目标。这时,教师需要给予反馈,让学生及时知道自己的作业是否正确。加涅所讲的信息反馈,类似于其他理学家所讲的强化。信息反馈时,教师可以使用"对""错"等词汇,也可以使用体态语言,如点头、微笑等。另外,信息反馈也可以从学生内部获得。如学生可以根据已学过的概念和规则,知道自己的答案是否正确。

教师可以预测分析学生在八大学习阶段中各个阶段所遇到的困难,在所对应的教学事件中研究出具体详细的解决方案。通过分析教学主体的学习过程,而不从学习者的角度分析考虑,调节自己教学方案的技巧,优化教学方式和策略,达到教学过程的有效性,从而实现从学生出发,以学生为本的教学理念。

第二节 工科 3PBL 主动学习设计

(一)主动有效学习原则

主动有效学习是多数西方国家大学课堂所推崇的理念。Bonwell 和 Eison 认为,主动有效学习是教师在教学中运用的促使学生积极参与到教与学过程中的教学指导方法。它要求学生去"做"有意义的学习活动,并且思考所"做"的。主动有效学习的核心元素就是"让学生参与到课堂活动中",指学生不仅要积极主动地去学习,还要学会合理管理自己的行为。学习不仅有教师讲学生听,还有交流和互动,实现师生之间、生生之间的信息双向传递和流动。Barnes 认为,教学设计如果要促进学生主动有效的学习,应该包含以下基本原则:

- 具有目的性,设计的教学任务将和学生关心的事物相联系;
- 能够引起反思,引导学生能够深入思考其学习知识的意义;
- 有共同协商性,设计的学习目标和学习方法是由师生一起制定的;
- 可以自由评判,教学环节允许和鼓励学生及时反馈;
- 有一定的复杂性,可以引导学生将学习任务和实际生活中存在的类似性事件的复杂性进行对比,并进行反思和分析;
- 设有一定的情境驱动,可以通过设计一些情景来让教学更生动;
- 有参与性环节,让学习活动融入学生实际学习和生活中。

要使学习成为有意义的学习,有效学习。教师要激发起学生进行意义学习的动力,培养学生的有意义学习的良好习惯。同时,采取种种措施,合理教学设计理念和教学策略,通过问题抛锚式求解,对学生的学习态度和价值观进行引导,使新知识与学生认知结构中已有的有关知识联系起来。

(二)工科 3PBL 教学设计原则

3PBL 教学如何实现学习主动、有效?在教学活动中如何标定师生位置?如何驾驭和设计课堂?设计过程中至少包含以下原则,才能让学习过程体现主动探究,充满了"情感、态度与价值观"。

(1)强调以学生为中心

教学设计要体现"以学生为中心",要在学习过程中充分发挥学生的主动性,要能体现出学生的首创精神;要让学生有多种机会在不同的情境下去应用他们所学的知识(将知识"外化");要让学生能根据自身行动的反馈信息来形成对客观事物的认识和解决实际问题的方案(实现自我反馈)。

(2)突出学习"情境"作用

3PBL学习主要是在建构主义学习环境下,对问题、关键技术和项目进行教学,需要建立丰富真实案例库,建立工程案例与项目相联系或相类似的"情境"。在这样问题相关的情境下进行学习,会促进学习内容的理解或对知识意义的建构。可以使学习者能利用自己原有认知结构中的有关经验去同化和索引当前学习到的新知识,从而赋予新知识以某种意义。

(3)强调协作学习环境

教学活动设计需要有一定比例的合作探究、相互讨论等类似协作学习。3PBL要建立学习群体,在教师的组织和引导下一起讨论和交流。在这样的学习环境中,共同批判地考察各种理论、观点、信仰和假说;进行协商和辩论,先内部讨论,然后再相互协商(即对当前问题摆出各自的看法、论据及有关材料并对别人的观点作出分析和评论)。通过这样的协作学习环境,学习者群体(包括教师和每位学生)的思维与智慧就可以被整个群体所共享,即整个学习群体共同完成对所学知识的意义建构,而不是其中的某一位或某几位学生完成意义建构。

(三)3PBL教学设计因素

学生在教学情境中能否进行学习,组织自己的知识结构,影响着教学的深度和质量。那么,在逆向教学设计中,设计学习活动需要考察哪些因素呢?学生的学习活动和教师的教学行为是相互影响的,教师的"教"往往也就约定了学生的"学",但在确定学习活动时,教师要做好充足的准备。

根据奥苏贝尔等人的研究,能否让学习变得有意义,取决于学生能否将新的知识与自己的认知结构中原有的有关知识建立起实质性的联系。因为,只有当学生能把新知识与其已有的有关知识实质性地联系起来时,才能真正理解新知识。要使学习变得有意义、有效,需要考虑以下5个因素。

(1)学习主体分析

主要是针对学生原有认知水平、学习风格、个性特征等进行分析,这是学习活动设计的重要基点,也是体现以学生为中心的教育理念。

(2)活动内容确定

活动内容的选择和组织是教学准备的基本工作,教材是一个非常重要的来源。教师应熟悉教材内容,为学习活动任务的设计提供资源。学习活动设计的核心是活动任务的设计,活动任务体现了学习活动的目标与内容。活动任务往往决定了学生的学习方式,如制作一个模型,就要求学生采取探究性学习方式。

(3)活动组织方式

为确保活动顺利开展，活动的开展需要一定的流程或程序。如果设计了多个活动，安排活动顺序是必不可少的。对此，教师要事先规划好，必要时也可提前告诉学生。根据人员组织、空间大小和教学时长限制，教师要确定组织学生的活动形式和策略以及制订活动"契约"。如对于小组合作学习，教师和学生或者学生小组内部要制定一种合约。

(4)活动工具

也就是开展活动所需的一些器具，它是活动得以进行的一些物化载体，如多媒体平台、学习通平台或者道具等，也可以学生制作实体模型，编剧等等。

(5)学习活动成果

活动成果，就是学习结束后的"产品"，它的质量直接反映了学习活动的质量，如对于实验探究，学生往往要撰写实验报告，或者制作出某种模型。

在实际教学设计过程，上述 5 类因素都会影响教学效果和有效性。研究团队在 3PBL 实际应用过程中发现，根据 3P 主题教学内容重构、教学策略选取、具体实施过程教学组织都会影响最终学习效果。例如，为了提高教学留存率，在基础教学基础上，在设计高效参与协作学习活动同时，传统讲授教学是必不可少的。在内容重构过程，知识点与情境资料有效重构可以很好地调动学生积极性，参与度，让学生主动去学习，乐于去学习，这个教学意义对学生知识建构尤为重要。

(四)3PBL 教学设计的步骤

一个教学完整的教学设计通常包含教学情况分析、教学目标设定、教学策略选择、实施过程设计、评价设计等多个方面内容，如图 3-3 所示。

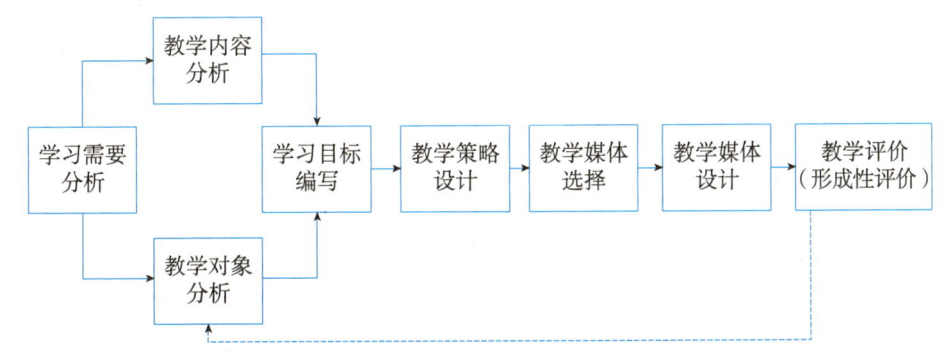

图 3-3 3PBL 教学设计的主要环节

(1)教学情况分析

教学情况分析包含分析学习需求、分析学习者需求及对具体教学内容分析。分析学习的需求包含了解教学中存在的问题,学生的实际情况与期望水平之间的差距。教师需要了解学生的一般特征、学生对本次课的知识的理解能力以及学生的学习兴趣、学习风格等;还要分析学生在知识、技能、学习方法、情感态度等方面的特征,对学习本次课所产生的作用或影响。教学内容分析是指考虑课程、单元及课时的教学内容的选择和安排,分析所学习内容具有什么样的知识和技能。

(2)明确教学目标

根据该班学生的实际情况及教材的要求具体分析,设定本次课的教学目标。包括知识与技能目标,过程与方法目标,情感、态度与价值观目标。教师应该根据课程目标、教学大纲和学情确定具有可实施性、可检测性的教学目标。注意设立的目标应该表述正确规范;内容全面准确;具体可测;设计要关注差异。

(3)制定教学策略

教学策略的制定就是根据特定的教学目标、教学内容、教学对象以及当地的条件等,考虑如何实现学习目标或教学目标的途径,合理地选择相应的教学顺序、教学方法。教学组织形式以及相应的媒体。教学策略的制定是根据具体的目标、内容、对象等来确定的,要具体问题具体分析。教师应将学习和学生作为焦点,通过合理选择教学方法、恰当运用教学媒体、灵活制定教学策略等手段,真正做到以教导学、以教促学。

(4)教学过程的设计

教学过程也称教学步骤,是课堂教学设计的核心,也是最能体现一个设计者的设计水平的环节,如图3-4所示。一个完整的教学过程应该有复习旧知、课堂导入、讲授新知,提高拓展和总结分析几个环节。并且整个过程应与教学目标、教学任务、教学对象的分析、教学媒体的选择相一致和融合。在实际设计过程中不仅需要将教学内容融入进去,还要分析内容呈现的先后顺序、呈现方式、所占时长,使教学内容有层次、有条不紊地呈现出来。

(5)教学评价的设计

对学和教的行为做出评价,是教学设计中一个必不可少的环节。在行为评价时,一方面要以目标为标准进行评价,另一方面评价提供了关于教学效果的反馈信息。具体内容包括:评价出教学设计的实施效果,对教学设计进行及时修改、补充、完善,写出教学感想、心得、体会等。比如,本节教学设计最突出的亮点是什么,存在的问题和症结在哪里等。写教学评价和反思时应注意:简明扼要、及时记载、不能空洞。

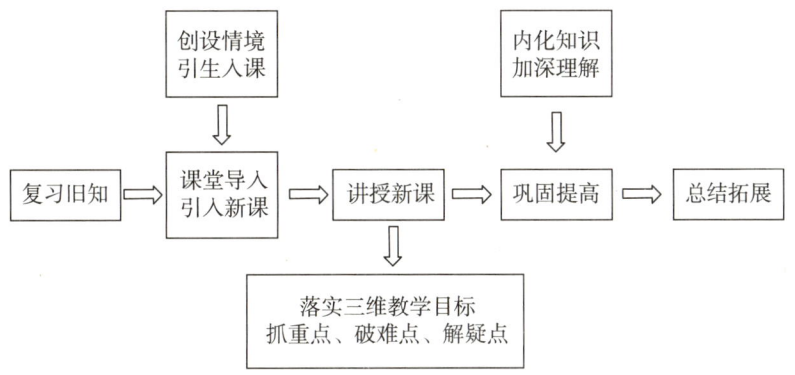

图 3-4　3PBL 教学过程的设计与分析

第三节　基于工科 3PBL 内容重构

工科 3PBL 教学应用时,通过问题导向来培养学生的发散思维和批判思维能力,将不同学科的理论和实践问题融入课堂教学问题设置之中,彰显不同学科课程教学的专业特色。要促进学习互动性和有效性的达成,突出课程思政与知识能力同向同行。3PBL 教学设计需要从重点、难点出发,明确课堂教学目标,设置问题情境,在课本基础上对教学内容进行重构。

(一)明确教学目标

教师教学行为应突出学校培养目标和专业培养目标,在实际教学中突出德为先、立学为基。重塑课堂内容之前,需要明确课堂教学具体的目标。从学科或专业人才培养方案中毕业目标、课程教学大纲,再结合学情分析的结果,分析课程设置先修后续知识架构,按照布鲁姆层次指明课堂学习的这门课程的目标。然后再从知识、能力和价值三个层次,建立每节课堂需要达成有效学习目标。3PBL 教学注重"高素质、重应用、强能力"目标导向,培养学生"树理想、讲诚信、强意志"的价值导向,培养工程实践动手能力和解决复杂问题应用能力。其中价值目标是隐含在各类目标之中,每个知识点和环节都应包含新时代的价值观重建内容,培养学生的专业精神与专业素养,发挥学生主体作用,注重培养学生的综合能力。

另外,3PBL 学习目标设定也可从认知、能力、个人角度来设定。在认知领域,可以确立一些目标来促进学生更好地掌握核心学科知识和培养学生的批判性思维。具体包括:如何让学习内容与真实世界相联系,如何寻找和利用信息,如何解决问题和批判性思考,如何辨别事实以及如何推理和分析问题等;在能力领域,可以设定一些综合能力指标作为重要的教学目标,来培养学生的综合素养。如具体案例理解和学习迁移能力、工程剖析与综合应用能力、有效的沟通和团队合作能力、寻找新知识和关键技术能力等等;在个人领域,可以将培养学生的学习毅力和学会学习作为重要目标。具体包括:培养学生个人的自我效能感、适应能力(Resilience)、学习毅力、自主学习、自我管理、自我激励,逐渐培养学生的终身学习观等。

(二)设置问题情境

建构主义学习理论认为,"知识是由学习者个人或集体共同构建的,并且是建立在他们对客观世界的真实体验之上的"。因此,教师在传递新知的过程中,要以学生对客观世界的现实经历为基础,创设与新知密切相关的教学情境,让学生个人或集体在体验中共同完成知识的构建。在体验新知环节,教师的任务就是要创设与现实尽可能接近的教学情境,设计体验活动。情境越真实,体验越好,知识构建的成效也就越好。教育家马丘斯金提出,问题情境是主体要完成未知或未具备的知识及技能时产生的一种心理状态,由主体和客体在思维上相互作用实现。毕华林认为,所谓的问题情境是指个人自己觉察到的一种"有目的但不知如何达到"的心理困境。

工科3PBL是以问题、关键技术和项目过程为基础,教师通过设置问题情境,把学生学习置于复杂、有意义、真实的问题及案例的情境之中。现实世界都是由问题组成的,人们的学习、生活就是在问题解决的过程中进行。根据认知弹性理论,一个案例的情境中包含有一个或多个疑难问题和可能解决这些问题的方法。成功的问题解决案例能帮助学习者对类似解决方法的问题进行归类,构建有用的问题图式,并以类推的方式对新问题构建解决方法。

工科3PBL教学通常是在教师的指导下,由学生组成小组进行讨论探究,学生对问题的基本过程进行头脑风暴和探究讨论,并确定可能的解决方案。在这种学习环境中,问题作为触发因素被提出。这种问题情境是让学生想要解决其中存在的问题却又不知如何解决时所产生困惑、疑虑的一种心理状态。教师应设置真实的问题情境来调动学生原有认知结构的某一部分,经过思维整合,学生就会产生顿悟,然后通过有目的、有计划地尝试一种又一种解决方案来实现问题解决。当学生学习的新的知识不能顺应原有认知时,学生就会产生一种急需通达解决、同化知识的心理状态,从而引导学生开启自主探究、合作学习的模式。学生学习需要运用知识经验及相关信息的实践活动,经历这样一个解决复杂问题的思维过程。

因此,如何提炼课本中知识点、如何引入产学研中优秀案例,如何设置科学研究两难有争议创新问题,是3PBL实际教学中最需要关注的重点。首先3P问题具有很强的实用性、现实性,可以是工作环境中遇到的项目管理、专业技术等问题,也可以理论推导中数学分析和应用案例。特别是选取有些问题可以具有可争议性,答案可能不是唯一的,可以从不同角度进行探究,不同思维会带来不同的答案。通过让学生去思考解决这类工程问题不确定性,来学习隐含于问题背后的理论知识,形成解决问题的技能和思维,发现其中难点和关键技术,达到激活学生创新思维的目的。

(三)重构教学内容

有效学习就必须具备两个条件:一是学生要具有进行意义学习的心意或心向;二是学习材料对学生具有潜在意义,即学习材料具有逻辑意义。因此3PBL教学内容非常重要,既来源于课本知识框框,还需囿于其范畴,是教师花费精力重构或重塑后内容。

内容重构主旨既要符合学科整体思维、全局观念的培养,又要跨学科和跨地域交融。重新组织内容既注重学生的学习过程知识可行性,又兼顾课程前沿和创新性。内容重构应是以"提出问题、分析问题、解决问题"的线条进行组织的。以问题主线的学习来代替以知识主线的学习;用学用合一的学习来代替先学后用的学习。这种内容重构突出一种思维过程和实践活动过程且不同学科问题解决过程,有利于学生在问题解决过程中认知水平与创新思维的发展。

内容重构是依据学习目标和场景需要,选取思政元素、知识框架、案例应用、前沿热点和教材中知识点进行组合的过程。关于思政要素的重构内容,应选取与知识点紧密相关的思政内容。可以是创新人物、工程案例应用等,在重构时可以把科学素养、科学思维、科学道德、评价能力、批判精神、合作精神、敬业精神、严谨作风结合到教学中去,要注意融合方式应恰到好处,才能达到潜移默化、润物无声、同频共振的立德树人教学效果。关于知识内容的重构方面,需要在原有课本知识基础上,扩展知识面,加大学科的前沿性内容,增加创新性、综合性案例,引入"新工科"的关键技术研究等内容,再根据学情需要,可以突破专业边界,增加学科交叉内容,引导学生专业交叉的学习思路。根据重构知识需求,有时教学团队也需要跨学科的整合,可以采用分段分模块授课,每个教师讲解某一个模块,保证知识点的开放性、多样化,做好学科融合,团队协作的示范,提升课堂的张力和魅力。

第四节 基于工科3PBL教学策略

2016年发布《高等教育改革的催化剂》,拉斐尔·莱夫院士指出,高等教育到了一个转折点,我们必须打造以学生为中心的教育,要让学生学会反思、自学、学科思维、与同伴讨论。按照现代教育要求,教学应坚持以学生为本,一切为了学生的发展,建设积极课堂。在教学中需要教师结合教学内容,选取科学合理教学策略引导学生充分参与课堂教学。

(一)教学策略选取维度

有学者指出:最有效的课堂是高度互动的课堂,教师不是满堂灌地传授教学内容,而是生生之间、师生之间的对话和互动。基于大学课堂教学策略的独特性,大学教师在选择运用课堂教学策略时,应该从认知性、参与性、趣味性这三个维度进行综合考虑。

认知性是指在教学中学生要达成一定要求的知识、能力、价值观。认知性是指在教学中学生要达成一定要求的知识、能力、价值观。认知性要求教师必须明确课堂教学的目标,向学生阐明学习目标,并在整个教学过程中以教学目标为导向开展教学活动。但当我们只顾着追求认知性的时候,课堂教学就很有可能出现过程与方法的游离、知识与技能的缺位等问题。因此,还要同时注重参与性和趣味性。

参与性是指教师在课堂教学中组织能让学生参与其中的师生、生生互动活动,培养学生积极主动、善于合作、独立探究的素养。教育家杜威也认为:"互动是自然存在的普遍特性。"学生是学习的主人,教师课堂教学过程中要有意识地增加师生互动环节,让学生有更多机会参与到课堂教学活动中。

趣味性是指教师的教学活动在以教学目标为导向的前提下,必须还要具有一定的趣味,能够有效引起学生对知识的兴趣和求知欲望。在课堂教学中,教师个人广博的学识、生动的语言艺术、学生乐于参与的教学互动以及选择的教学内容和材料等,都是引发学习兴趣和热情的重要因素,只有引起他们的学习兴趣和热情,学生才会自发地、主动地配合教师组织的教学活动。

在课堂中,教师要多组织师生互动活动和学生与学生之间的互动环节,营造积极的课堂教学氛围,促进学生主动参与到课堂教学中来,从而产生高级思维活动。教师所起的作用,重点是为学生提供建构知识的机会,通过情景塑造,借助提问、反馈和讨论等方式,帮助学生理解并重构所学知识。通过教师和学生在课堂上的互动,使学生和教师参与到其中的沟通交流及合作过程,学生可以提出问题和教师共同探讨,这样就从内心深处和教师达成了共识,并将知识内化于心。

(二)主动学习的教学策略

实现"以学生为中心"的教育理念关键在于课堂教学模式的转变。大学课堂要从单一的"注入式"课堂,转向以培养学生能力为主要目标、促进学生主动参与的课堂,转变课堂教学模式的关键又在于教师运用怎样的课堂教学策略以及如何运用。教学策略是指基于一定的理论基础,为完成特定的教学目标而制订的教学程序、方法、技术和措施,是师生调控教学活动的所采用的一系列问题解决行为。

随着"以学生为中心"的教学改革的推进,一些学者提出一些促进学生主动学习的课堂教学策略。李伟胜认为,主动学习教学策略应包含以下特征:教师在为学生展现知识内容时,尽可能地为学生开放发展空间,使他们能够主动理解并创造文化意义;在教学过程中组织教学活动时,让学生能够参与这些活动;多构建师生互动的集体学习氛围,使学生获得更严密的思维模式和更全面的信息。陈雨青认为,主动学习主张教与学的有机结合,通过教师有准备的启发和利用有意义的学习材料,唤起学习者的求知欲和积极性,培养学生的综合分析能力。同时他提出了一些可供参考的促进学生主动学习的教学策略:主动式听课;多动笔记;基于视觉的主动学习;合作学习;基于问题的学习;班级讨论;案例研究。

一些研究根据实际教学活动、创设交互环境、促进学生主动参与的程度,把主动学习的教学策略分为简单、中等和复杂三个层面。简单层面的主动学习教学策略有教学停顿、回应纸条;中等层面的有同伴教学法;复杂层面的主动学习教学策略主要采用了协作学习、基于问题的学习等。吴剑、罗晓琴也提出培养学生主动学习可以从以下几种教学策略入手:改进演讲式的授课方式;通过提问和讨论激发主动学习兴趣;小组互动合作学习方式;角色扮演和案例分析方式。

麻省理工学院专家认为,传统的课堂教师授课(Chalk and talk)属于被动学习,为了体现以人为本,符合知识建构,应当推动教学方法改革,倡导主动学习(Active learning)、探究式学习(Discovery learning)、项目学习(Project-based learning)、从做中学(Learning by making)、实践学习(Hands-on learning)、问题导向学习(Problem-based learning)、自我学习(Selfdirected learning)、同伴互学(Peer learning)和团队学习(Team learning)等多样化教学策略。

综合以上研究可以发现,所谓主动学习教学策略,指的是教师不是单一地向学生传授教学内容,而是在教学过程中采用提问、小组讨论与辩论、小组合作学习、行动学习、演讲与实践教学等教学策略,目的是引导学生主动参与各种教学活动,让课堂将变得更加吸引人。让学生去"做"有意义的学习活动,并且思考所"做"的。

(三)基于工科 3PBL 教学策略

所谓教学策略是以一定教学观念与理论为指导,为了完成特定的教学目标或教学任务,充分关注学生的学习,对影响教学的各个要素进行系统化的总体研究,并最终形成可具体操作、可调控的整体化实施方案。基于 3PBL 模式强调以学生为中心,主动学习。在主动学习的模式下,教师在教学中运用策略,促使学生积极参与到教与学过程中,学生的学习不只是听课和接受知识,而是随着教学展开主动学习。在实际教学过程中应坚持多样化、参与式教学策略,建设效能型课堂。

(1)提问

提问是任课教师最常用的教学策略之一,也是课堂教学互动中最重要的方式之一。教师提问需要根据教学目标以及教学内容的重点和难点,确定提问内容和提问思路,或设计一些有争议问题;也可以让学生设问,使问题成为学生自己的问题。实际上学生提问是比回答问题具有更高层次的主动精神与认知卷入,这样学生才能做出积极的思考。

同时,教师设计提问的问题要考虑到学生学习的实际情况,考虑到学生已有的生活经验、兴趣爱好、知识技能及其认知发展水平;提问的表达形式尽量地简练、明确,避免学生在理解上的模糊性和随意性。

提问还应考虑何时是最佳时机,不同提问发生的情境,其效果是不一样的。当教室里

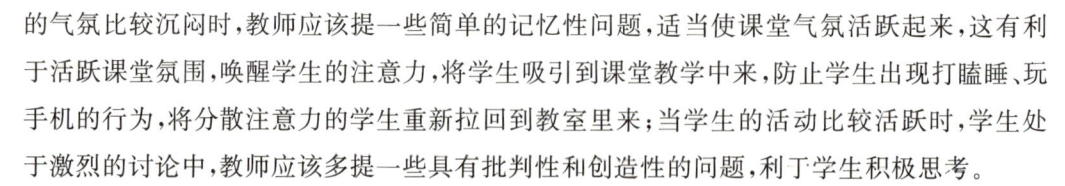

的气氛比较沉闷时,教师应该提一些简单的记忆性问题,适当使课堂气氛活跃起来,这有利于活跃课堂氛围,唤醒学生的注意力,将学生吸引到课堂教学中来,防止学生出现打瞌睡、玩手机的行为,将分散注意力的学生重新拉回到教室里来;当学生的活动比较活跃时,学生处于激烈的讨论中,教师应该多提一些具有批判性和创造性的问题,利于学生积极思考。

(2) 课堂讨论

课堂讨论是让学生在放松的氛围中,表达出自己的见解,听取、反驳他人的意见,分析、综合多人的观点,从而激发学生的思维活力。讨论对于发挥学习者的主观能动性、提高课堂教学的参与度是极好的,大学教师应精心设计课堂讨论的话题,引导学生表达出自己的观点。课堂讨论的主题和内容要认真设计,这关系到课堂讨论是否能起到良好效果。过于浅显的问题会让讨论活动缺乏意义,深奥的话题又会使讨论活动没有活跃性。所以,讨论话题的难易程度应当适中,和实际生活相联系,这能够拓展学生的思维,引导学生发散思维。教师组织课堂讨论的形式也可以是多种多样的,如提问式、对话式、交流式等,但无论采用哪种,都要提前给学生一定的时间来准备,使讨论建立在有充分准备的基础上。

因此,大学教师不仅要重视课堂互动,更要重视课堂互动的质量,使教师与学生形成双向互动传播,让学生在课堂中知识与能力自然生成,提高课堂教学有效性。积极参与问题分析和解决问题方案制定的发散性讨论,启发学生从不同角度对教学案例和理论与实践问题进行分析探讨,提出富于个性特色和独创性的见解和主张,鼓励学生大胆思考,发散思维,不拘泥于某种既定的思维方式、理论见解和分析框架,既有助于理论和知识目标的讲解和教学,又培养学生的批判精神和独立思考能力。

(3) 演示与练习

教师先进行演示,学生跟着练习,是很多工程类学习中经常提到的一种方法,特别适合于技能的学习,如工程设备等动作技能训练或批判性思维等认知训练。在技能学习中,教师的角色和作用就是演示和训练。例如,在仪器操作学习活动中,教师先在课堂上演示仪器操作全部流程、关键要点及注意事项。然后指定一些特定任务,学习者按照任务进行练习,练习过程中教师会边指导边让学生独立操作,强化这些技能的练习,接下来,当学生具备基本熟练程度时,教师就应该避免大包大揽,逐渐减少指导时间,及时实现从指导者向促进者的角色转换。也可以让小组内学生互相指导,提问交流,练习操作。

(4) 合作学习

对于大多数 3PBL 教学过程,小组合作已是必备的教学策略。教学中小组合作学习和工程实践,是培养学生有效沟通和合作能力的重要策略。教师按照选取 3P 主题需求,将学生分成 4~6 人的小组,来共同完成任务。小组内部可以分工协作学习,共同探究任务关键技术和要点。但是老师在分组过程可以有以下三种:一是学生按照自己的意愿挑选合作伙伴;二是老师随机分组,让学生学会与不同的人合作;三是采用异质分组,依据学生的学业成绩、性别、智力、兴趣爱好等进行分组。在小组合作的过程中,每个学生面对某个问题或任务有一个独立思考阶段。给学生充分的独立思考、探究的时间。通过思考可以和老师或同伴进行咨询、交流。在交流过程中,除同伴互助和相互反馈具体知识外,学生还可以向同伴学习,从而培养沟通与合作能力。小组合作学习既能培养学生的批判精神和独立思考能力,提高学生分析解决现实问题的能力,还能激发学生的积极性、创造性和参与精神。

(5)行动学习

行动学习自20世纪40年代首次在威尔士煤矿提出以来,它就一直秉承着"用真实的人,在真实的时间,解决真实的问题并取得真实的结果"这一宗旨,即在解决问题的过程中学习是开发突破性思维和取得重大成功的关键。因此在3PBL教学过程中,如果学习环境和学习者实际情况允许,教学活动可以在工作场景中进行,模拟工程实际情况,现场教学和讨论,让学生从中得到相应的工作体验,这种学习称为行动学习。在行动学习中,先是小组成员在一起商量解决问题的办法,设计解决问题的方案,然后返回到正常的工作环境中执行计划,最后再把小组成员召集在一起汇报整个体验。通过"学习—采取行动"这样一个迭代的过程,在适当的时刻,参与者能够捕捉到那些对问题解决来说具有一定影响力的突破性的想法和方案。这些突破性的时刻帮助小组成员理解团体动力学在提升创造力方面的重要性,以及团体动力学是如何为合作性探询提供机会的,这些探询包括概念化、实验和评估。

(6)演讲或展演

为了保证学生3PBL学习的深度,需要完成一些集成化、综合性作品。这些作品可以以展览(Exhibitions)或作品集(Portfolios)形式进行汇报。作品展示过程中,需要学生进行讲解或演讲形式(Presentations)。在演讲过程中,其他学生可以向演讲的学生提出问题和提供反馈,这个过程可以帮助演讲者学会接纳他人的反馈和观点;而对于听众学生来说,可以学习如何提出建设性的意见,如何恰当的提问并讨论,如何提出有帮助性的、具体的问题和友善的反馈。因此,讲解或演讲策略既可训练学生沟通与合作能力的重要途径,也可提高学生语言表达能力、沟通水平的手段。

目前在实际应用过程中发现,部分学生对于基于3PBL教学形式和策略还不太适应,一方面学生本身认识水平有限,另一方面习惯了被动式接受知识,参与主动性不足。工科3PBL教学策略实际应用仍然存在诸多的障碍。教师要保证按照教学计划的顺利实施,应必须对学生互动活动留出应有的时间,让学生提前做好充足知识准备和问题准备。教师应当创建宽松、民主、愉快、自由的教学气氛使学生在课堂上能抬起头、爱答问、敢提问和会交流,而教师的态度和蔼、语言亲切是创造良好的课堂气氛的重要条件,它会消除学生害怕回答问题的心理障碍,使学生情绪高涨、思维活跃、学习主动。

教育箴言

> 教育科学的主要对象是在教育过程中研究人,"将教育学称为艺术,且是一切艺术中最广泛、最复杂、最崇高和最必要的一种艺术"。教育中的一切都应该以教育者的人格为基础,因为只有人格才能影响人格,只有性格才能形成性格。这里人格是从伦理学的角度看,人格即道德人格,是个体人格的道德性规定,是个人尊严、道德品格的总和。——乌申斯基

康斯坦丁·德米特里耶维奇·乌申斯基(1824—1871),毕业于莫斯科大学,曾任法律专科学校教师、孤儿院教师、斯莫尔尼贵族女子学院学监,是19世纪俄国教育家,被称为"俄罗斯教育心理学的奠基人",代表作《论公共教育的民族性》《人是教育的对象》等。

第四章 工科 3PBL 教学组织与实施

一种教学模式的灵活实施、发挥成效,需要借助与之配套的教学组织手段。有效的教学组织形式和实施方法会对学生的行为、思维或感受方式产生持续、积极和实质性的影响。将 3PBL 理念融入工科教学中,实现学习过程深度化与高阶性,需要借助科学系统的组织实施方案。工科 3PBL 教学组织与实施是从人才培养需求进行战略思考,研究"教什么"与"如何教"教学关系和实施策略。

第一节 工科 3PBL 教学组织要点

(一)3PBL 教学组织特点

工科 3PBL 教学组织过程中,需要创建工程问题、基础理论及应用型问题的教学情境。通过一系列问题,学生会充分利用解决问题的导向作用,深化对所学知识的理解,提升解决实际问题的综合能力。针对问题解决过程的教学组织要点,美国教育学家杜威提出了五阶段论,认为思维的功能在于"求得一个新环境,把困难解决、疑虑排除、问题解决,并以此为出发点"。

第一阶段:感知问题,由于身处不确定的情境中而感到困惑、迷乱和怀疑,开始意识到难题的存在但是难以解决问题;

第二阶段:界定问题,确定疑难究竟在什么地方,包括不太具体地指出所追求的目的、需要填补的缺口或要达到的目标;

第三阶段:提出假设,收集材料并分类整理,提出解决问题的种种假设;

第四阶段:检验假设,如有必要,连续检验这些假设,并对问题重新加以阐述;

第五阶段:验证假设,用行动检验这些假设,进行验证,证实、驳斥或改正假设。

根据杜威提出五阶段论和 3PBL 深度学习的认知过程,通过教学实践,研究团队认为,工科内容是理论性与实践性复杂组合,单纯模仿解决问题五阶段,采用小组讨论或分组汇报形式组织教学,显然无法达到预期的教学效果。在实际 3PBL 教学过程中,组织形式的设计应该考虑以下几点。

(1)组织形式通常要将学生分成若干个小组。分组时按照"组内异同,组间同质"的要求进行划分人员。每个小组承担一定任务,在任务驱动下进行自主学习、合作学习和交流探究,让学习者拥有更多的学习自主权,培养学生的沟通和管理能力。需要设计一定比例的工程背景的实践训练环节,培养工科学生实际应用的能力。不同专业3PBL具体组织方式有所不同,但是都需要精细化组织流程来实现。

(2)组织过程根据工程情境需要,设置一系列有层次问题,对学习者形成刺激性思考。建构的工程情境是一个穿插整体教学过程的结构性低或两难的问题,可以引导学生批判性的思考和学习问题,是利于刺激学生进一步探究学习、思考某一主题内容。这种工程情境组织方式,需要引导学生发言讨论,在组内和组间听取不同的观点。

(3)组织过程中,需要安排知识资料学习、展示环节,这些材料尽可能是直观的图片、视频,能够启发学生思考的表现形式;需要鼓励小组内部每一位学生,让他们形成积极态度,搜索大量信息;要加强小组内部合作学习,让小组每个人都必须发挥作用,参与其中每个环节,引导小组集体共同努力解决这个问题。

(4)组织过程要让每个学生体会到,可以脑洞大开,可以将实际研究主题在允许范围内应用化和趣味化,尽可能将所学知识点与日常生活中的应用联系起来;要学会批判性地思考问题,学会与他人合作;要给学生思考问题空间和时间去做好准备。面对情境中具体问题,让学生意识到"如果我有机会发表我的意见,我还需要知道我知道什么,并确定解决问题所需的东西"。

(5)组织过程中各个环节要允许时间的灵活性。课堂讨论环节、课下自主学习等要设置相对宽松,这样学生自主学习过程将更加独立和无压力。需要教师设置多种方式进行指导,课堂内外、线上线下,需要安排指导和交流时间及空间,保证任务有效达成。

(二)3PBL教学组织要素

PBL教学组织通常是一组学习者按一定程序对某个问题展开学习,确定解决问题方法的关键点,分头进行研习,然后集体探究解决问题的教学模式。特里·巴莱特认为,PBL是这样一种学习,由5~8个人在一个导师指导下共同学习解决真实世界结构不良问题。现代医学PBL教学通常是给学生发放病例和材料,通过分组讨论探究学习后,教师考评小组讨论结果,点评病例要点。思政类PBL教学通常围绕时事热点或综合性案例分组讨论或辩论展开。

比较经典PBL的组成大致包括:组成学习小组;根据具体场景提出具体问题;归纳面临问题;提出各种假设;展开热烈讨论;提供反馈信息;寻求问题答案或解决方案;提出新的问题。针对一个教学模块中包含的核心知识或问题展开主动学习,可以按照"提出问题→建立假设→自学解疑→论证假设"的逻辑过程而获取知识。3PBL组织过程没有特别固定流程,但是至少应包含几个要素,简称3PBL教学的WAKE要求。

(1) W—Wondering 质疑

整个过程中应该合理设置一个或多个设疑、质疑、解疑的过程。可以是教学活动之前,也可以是实际应用之后,教师需要创立多层次问题,让学生思考问题。这种质疑内部促发机制会使学习者注意到自身的知识系统中的内容和储备,更好地感知和加工新知识的输入,这有利于他们知识体系的建构。

(2) A—Activating 激活

在被接收到质疑问题,或者学生观摩优秀案例之后,学生原先的知识很快被搜寻到,旧的知识迅速被激活,产生学习兴趣。此时,学生带着自己的想法去查找相关资料,会具有寻找解决问题,实现想法的强烈愿望,这就是自主学习的愿望。

(3) R—Responding 反馈

学生通过阅读资料等多种渠道在头脑中构建自己独到的理解。每个学生会自己记笔记,找到适合自己的答案。这种建构新知识的过程就是学习者对所学资料的反馈。同时需要得到同伴、老师认可,这就需要讨论、探究,需要将不同信息进行有效的反馈。

(4) E—Evaluating 评估

评估分别来自教师和同学。教师可以对研究报告、展示作品进行评估,同学间也可以对这些内容发表观点。3PBL评估应是多给予鼓励和支持,多给学生指出问题,诱导他们进一步思考,让他们减少对老师的依赖。

从上面4个要素可以看出,3PBL整个教学组织过程一定要引发学生质疑、讨论环节。学习过程中,学生只有经过了调研、思考、分析、讨论和交流等活动,才会引发学生深度学习和高阶思维的形成。

第二节 工科3PBL教学组织流程

3PBL流程应该形成这样一种共性认知:根据具体教学内容的教学设计,结合专业需要和课程特点,从人员组织、学习形式、教学策略等方面进行组织设计。例如,以理论学习、案例应用或项目实践为主线来设计情境。教师需要对相关理论进行初步讲解,剖析优秀案例示范,给学生树立标靶;按照某种原则对学生分组,每个小组承担一个任务进行一段时间的自主学习;当学生对理论认识达到一定层次时,进行资料研习和技术交流;学生通过交流讨论,加深对理论理解,进行二次的认知重构。最后学以致用,以分组或集体对某个案例进行系统的应用,使学习者在实际动手"做"的过程中理解、掌握和创新知识或技能。

参考图4-1的框架进行具体教学设计时,应结合课程的讲授内容灵活掌握。偏重理论知识理解的部分,工科3PBL教学设计可以选取其中一部分环节,突出资料搜集、交流讨论的部分,强化学生自主学习,交流表达的水平。偏重工程应用的教学内容,可以增加"行动实践"环节的比重,进行多次工程案例训练、汇报、讨论,培养学生的动手能力和创新思维。另外,由于思维、习惯和基础的不同,每个学生都会有不同的设想、构思,3PBL教学设计需要加大学生交流、师生交流环节,培养学生的交流合作能力,同时通过倾听他人的想法和意见,有助于学生深层次的知识内化。3PBL教学设计要强调整个过程是一种"从做中学""从活动中学"的情境,强调学习者与导师组成学习共同体或知识建构共同体,通过交流、协作等认知活动,获得实践技能和社会技能的过程。

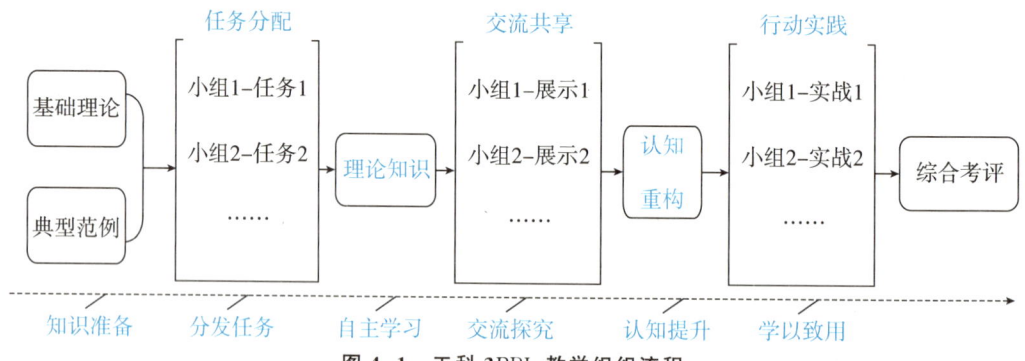

图 4-1 工科 3PBL 教学组织流程

在这样一个教学组织流程中,学生的学习活动和教师的教学行为是相互影响的,教师的"教"往往也就约定了学生的"学"。具体组织过程中,要强调"用知识、做工程";突出综合性和应用性学习。组织形式可以多样化,可以采用 BOPPBS 结构组织教学,也可以采用五星教学法引导学生完成任务,或者引入 KOSEAM 学习环,激发学习兴趣,让学生探究自主学习。

组织过程要体现个体、群体之间认知交流,让整个学习过程存在于"个体+群体/共同体+目标情境"之间。组织形式需要渗透"以人为本"思想,引入人文精神、终身学习、团队合作和创新意识等综合素养的培养内容,逐步将学生引向更深层次的理解和更高级的思维技能。

第三节　工科 3PBL 与 BOPPPS 教学模式的结合

BOPPPS 教学模式是加拿大广泛推行的教师技能培训体系 ISW 的理论基础,该模式强调以学生为中心的教学理念,对课堂教学过程进行模块化分解,从而确保既定课程教学目标的有效实现。BOPPPS 教学模式充分应用了建构主义理论,高度重视在教学过程中学生的主体地位,在课堂中创设真实情境,通过设计小组讨论、角色扮演等各种交互方式让学生完成任务,达到让学生主动完成新知识构建的目标。

(一)BOPPBS 教学模式

"BOPPPS"教学模式有六大基本要素,每个要素的英文首字母"B""O""P""P""P""S"连在一起即组成了的英文缩写,通过上述六个模块的连贯构成一个有效的完整课堂过程。具体来说,BOPPPS 模式将课堂教学环节依次切分为六个阶段。

(1)B(Bridge-in)

即正式进入课程教学之前的引言环节。作为一节课开头,设置引言环节的目的在于更好地吸引学生注意力,引导学生产生强烈的学习兴趣和学习动力,促使学生关注即将开展的核心教学内容。在该阶段教师需要重点解释此次课程学习的重要性,讲述与核心教学内容密切相关的故事、时事或不寻常的事实来提供一个吸引人的引言,或者讲述上次课堂教学内容与此次内容的连贯性,将学生已有的基础和将要学习的内容有机联系起来,并提出与教学主题相关的问题来引导学生顺利进入核心内容教学环节。

(2)O(Objective)

即建立该课程的学习目标和预期达到的结果。教师言简意赅地阐明学习目的、传达教学目标,特别是课程的重点知识和学习价值,通过明确告知学生通过这节课能够懂得什么或者即将学会做什么,从而让学生明确掌握学习的方向。课程目标的实现不仅是教师关注的焦点,同时也是学生学习时优先考虑的重点,因此在实践过程中需要针对对象是谁(Who)、将学到什么(Will do what)、在什么情况下(Under what condition)及学得如何(How well)等核心环节进行明确的表述。显然,明确的教学目标有助于教师结合学生特点更好的设计相应的教学过程并改进教学方法。

(3)P(Pre-assessment)

即在建立学习目标之后对学生开展的先测或摸底。摸底可以通过问卷、考试、作业、提问甚至讨论等各种方式来开展,其目的在于准确掌握学生的知识基础以及对课堂讲授教学内容的了解程度,并根据课程目标的需要和学生的状况及时调整讲课思路。对于教师来说,通过摸底有助于了解学生的兴趣与能力,协助调整讲课内容的深度与进度;对于学生来说,通过摸底有助于向教师准确传达其基础能力和学习愿望,促进教师授课方式的及时改进,从而通过师生双方的密切配合奠定课堂教学目标有效达成的基础。

(4)P(Participatory Learning)

即师生参与式学习,该环节主要通过师生互动来实现课程核心内容的交互式学习。参与式学习环节作为课堂教学的核心,要求教师能够随机应变、灵活运用各种教学媒体和资源,善于采用各种合理的教学策略来创造一个轻松活泼的学习环境,鼓励更多的学生主动参与到教学环节,从而帮助学生达到既定学习目的,实现课堂教学目标。在该环节中,无论是采用学生分组讨论问题,还是在讲课中停顿一下让学生进行思考,甚至是设计模拟情境让课堂成员开展互动交流,其目的都在于增强参与式学习的课堂氛围,达到师生交互式学习的真正效果。

(5) P(Post-assessment)

即在此次课堂快要结束之际及时对学生开展的检验或评估。通过有针对性的测评方式检验学生的学习状况,了解学生本次课程的学习效果是否达成上课时既定的教学目标。为了针对不同的课程性质和每节课教学内容的差异,对知识理解型的课程可采用选择题或简答题进行测评,对应用分析型的课程可以通过特定情境的独立分析进行考核,对技能传授的课程则可简单地采用现场展示,而对态度价值型的课程则需要结合短文撰写等方式来有效开展,该测评本身并不是课堂学习的目的,关键在于促进教学过程的设计、改进与完善,因此对于教学目标达成度的评价至关重要。

(6) S(Summary)

即对本次课堂进行总结。通过用简练的总结课堂教学的知识点或技能要点,整理并回顾授课内容以进一步巩固学习目标。课堂总结起着承前启后的作用,任课教师带领学生总结课堂内容、整合学习要点、布置课后作业、预告下次课的教学内容并对下一次课堂教学所需要准备的工作提出要求,因此课堂总结既是对本次讲课内容的小结也是下次课内容的引言。课堂总结环节的时间不宜太长,同时也可以针对本次课讲课目标的达成度情况进行简要的分析,并对下次课的教学过程提出新的期望和要求。

该模式针对教学目标的达成,将教学过程分解为"B""O""P""P""P""S"六个前后衔接的模块。每个模块都是在为目标的如何达成而服务的,完整的教学过程充分考虑了教师教和学生学的特点,强调师生参与式互动学习的核心环节,因此对于不同学科来说都具有很强的适应性和可操作性。

(二)基于 problem 教学与 BOPPBS 组合

对于基于问题的学习内容,可以参考 BOPPPS 教学组织形式,设计成 BOPPPS 与 PBL 组合形式,从问题引入、问题分析、问题解决和问题引申等方面引导学生学习。也可以按照案例引入、陈述对比、理论推导、案例分析及拓展应用分层次讲解。特别是课堂部分的教学参与性活动设计,前测、参与式学习、后测环节可以很好促进师生互动,生生互动,来唤醒学生专注力,提升课堂焦点知识的注意度。

当基于 problem 教学与 BOPPPS 结构组合时,可以在 BOPPPS 的对应环节的基础上,融合问题导入、分析、讨论探究及解决问题过程,如图 4-2 所示。重点强调"B 凤头(引出问题)、P 猪肚(参与式学习)、S 豹尾(解决问题)"。

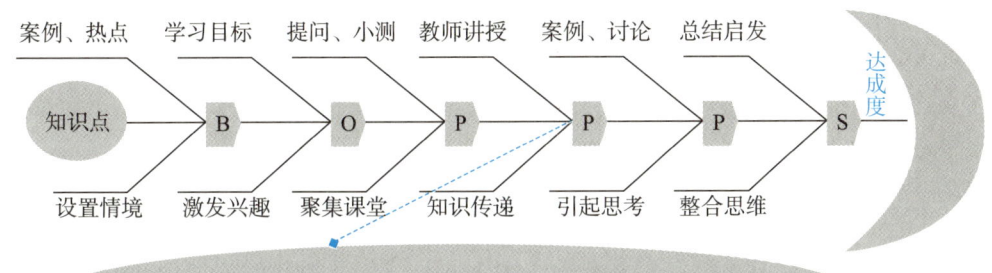

第四章　工科3PBL教学组织与实施

```
案例、热点  学习目标  提问、小测  教师讲授  案例、讨论  总结启发
知识点 → B → O → P → P → P → S    达成度
        设置情境  激发兴趣  聚集课堂  知识传递  引起思考  整合思维

        教师按照 案例引入、陈述对比、理论推导、案例分析及拓展应用 分层次讲解
```

图4-2　基于problem与BOPPPS组合的教学组织

B部分需要引出问题,通过讲解与知识点相关故事或播放视频/音频/图片,提出挑战性问题,或者陈列惊人的数据、有争议的论点,引出有争议问题。凤头是做到要吸引学生注意力,强调激活学生学习热情和主动性。

参与式学习猪肚P是关键环节,是整个BOPPPS教学模式的精髓所在。设计教学内容要有深度,有层次,介绍理论要多,丰富一点,注重学生参与。教师需要提前重点设计精准案例和教学策略,结合多媒体演示分析,引导学生思考、讨论出可行结果。在教学过程中不停地变换身份,让学习者感受到积极宽松的学习环境。特别是教师需要设置有层次提部引导学生参加讨论,提高课堂学生参与度和教学有效性。

S豹尾是指总结应该简洁有力,既强调教学重点难点,又有适度引申。可以给出解决问题答案,还可以提出下一个问题,诱导学生整合知识点,激发学生反思。

BOPPPS模型强调学生、学习和参与式互动在教学增效过程中的重要作用,重视打破传统课堂教学组织的局限,试图创建一种形式多样和气氛活跃的课堂教学新形态。BOPPPS课堂教学模型的六个组成元素也可以根据具体的教学目标和教学内容灵活配置来使用,不能将课堂教学活动组织僵化,局限于某个固定框架或模型之下。

这样教学组织过程,不仅引导学生具备分析问题的能力,具有批判的思维,有探究的欲望和兴趣,还要促进动手动眼动脑的欲望,进一步促进师生对问题的探讨及解决,活跃课堂氛围。不同的教学活动组织策略所采用的知识呈现方式不同,学生借以知识获取的感官体验也不相同。因此,教师在教学过程中,可以根据教学目标和教学内容,在突出一个主题或问题基础上,综合多种教学活动组织策略,诸如案例教学法、小组研讨法、师生角色反转法等多种教学组织方法,最终使课堂具有创新性、开放性、实践性、趣味性和反馈及时性的特点。

第四节 工科3PBL与五星教学模式的结合

（一）五星教学法

五星教学原理或首要教学原理（five star principle of instruction/first principle of instruction）是美国著名教学设计专家 Memill 倡导的教学模式。其内涵包括针对问题求解、激活原有知识、展示论证新知、尝试练习应用、融会贯通掌握5大原理和15个要素。Memill 认为，在"针对问题求解"的宗旨下，教学应该由不断重复的4个阶段 循环圈构成——激活原有知识、展示论证新知、尝试练习应用、融会贯通掌握。

(1)面向完整任务

"五星教学模式"实施的关键是把教学问题转化为若干个有联系的案例。克罗德纳指出，"案例包括问题解决方案以及执行解决方案的结果"。让学生通过对案例的学习将经验有效迁移到当前的问题解决之中。具体的教学任务（事实、概念、程序或原理等）应被置于循序渐进的实际问题情境中来完成，即先向学习者呈现问题，然后针对各项具体任务展开教学，接着再展示如何将学到的具体知识运用到解决实际问题或完成整体任务中去。

(2)激活旧知

激活旧知是开展教学活动的重要环节，也是整个教学过程的导入阶段。教师在这个环节铺垫相关原有知识，让学习者达到在学习新知识时没有任何阻碍的这样一种状态。所谓的铺垫，就是帮助学习者复习已学过的有关知识内容，也就是让学习者将有关的旧知识从长时记忆中提取出来。当学习者面对需要铺垫的知识没学过或没学会的时候，激活旧知就很难起到应有的作用，这就需要重新对这些内容进行学习。

(3)示证新知

示证新知是实施教学活动的重要步骤。教师需要运用一系列的讲解演示来使学习者了解并掌握新的知识与技能。梅瑞尔在谈到五星教学的示证新知环节时，尤其强调这个环节要给部分或全部任务呈现出一个以上的示例来辅助你的讲解与演示。如果设计问题或题目本身不是非常清晰的良构问题，答案往往不止一种呈现方式。因此，可以在这里加入互动交流讨论环节，借助头脑风暴、集思广益和畅所欲言，教师可以随机引导，评价学生们不同的解题思路。

(4)尝试应用

尝试应用的关键在于紧扣目标操练。要求教学中必须有变式问题的练习，并且在这个环节，老师会逐渐地降低引导学生次数，慢慢地减少教学支架。通常来说，学习者在尝试应用环节要通过形成性的、及时的评价才能获得操练的效果，否则这个环节的效果就会大打折扣。在解决非良构问题时,示证新知环节会得到各种各样的解决方式,而本环节要做的就是验证这些方式是否正确。如果能够解决问题,那么只需要进行一些调整与修改;如果不成功,那就换下一种方式继续尝试,直到成功为止。

(5)融会贯通

融会贯通是在前一个环节的反馈之后,学习者争取能够进一步熟练和迁移新知识,并根据情境的变化来灵活运用新知识的环节。融会贯通是激发学习者继续学习动机的关键一步。同时,这一环节还需要学习者做到实际表现业绩。如果说面向完整任务环节是"attract me";激活旧知环节是"lead me";示证新知环节是"show me";尝试应用环节是"coach me";那么,融会贯通环节就是"watch me",以确保最终可以得到"I can, I win"的结果。实际表现业绩也就是通常所说的展示自我的学习成果,这一步通常是在一个需要互相鼓励、自我反思完善的环境中进行的。实际表现业绩除了让学习者能够更加熟悉所学的知识,还有一个作用就是分享与交流,以便让所有的学习者都能够参与其中。

"五星教学模式"注重把教学内容放置在问题情境之中供学生学习,教学内容以问题的呈现方式影响着学生学习的效果和接受度。克罗德纳指出,"案例包括问题解决方案以及执行解决方案的结果"。让学生通过对案例的学习将经验有效迁移到当前的问题解决之中。

(二)process-based learning 与五星教学组合

针对一些检测过程、程序设计或者工程流程的教学内容,3PBL 教学可以引入五星教学法相互融合。在实施五星教学模式时,在聚焦问题基础上不断重复"激活旧知""论证新知""应用新知"和"融会贯通"循环,符合基本认知规律,还要同时考虑导航(navigation)、动机(motivation)、协作(collaboration)和互动(interaction)的学习环境创设,如图 4-3 所示。这 4 个学习环境情境需要利用基于 process 的 PBL 方式进行学习。

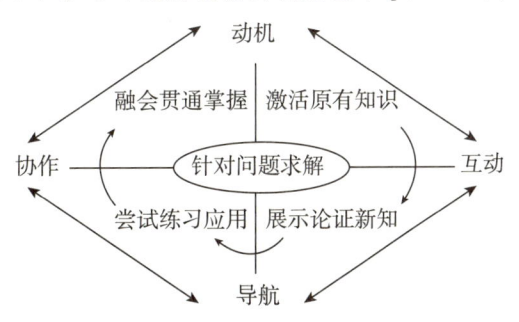

图 1 五星教学模式

图 4-3 五星教学法原理与内涵

(1)导航使学习者明确教学/学习目标,理解学习内容的组织结构,使学习者预先知晓学习过程,为学习者提供反馈、修正或调节学习过程的机会。

(2)动机为学习者创设吸引力、挑战性、难度合理、针对性强的学习环境,为学习者提供公开交流和表现的机会,让学习者在真实情境(真实用途)中学习(模拟知识和技能应用的情境,联系实际,学以致用)。

(3)协作对学习者进行异质分组,学习者通过小组/团队的方式,针对共同任务,分工协作,取长补短,相得益彰。

(4)互动并非是一种表面形式,通过学生之间互动合作,将学习过程转换为为生生互动、师生互动、生师互动的互动环节。

在"面向一个具体完整任务"引导下,教学由不断重复的激活原有知识、展示论证新知、尝试练习应用、融会贯通掌握4个阶段循环圈构成。每个单元都是一个独立完整任务,需要结合具体任务设计案例,从4方面进行参与互动式设计,见表4-1所列是以遥感图像几何校正为例的五星教学组织设计。

表 4-1 遥感专题应用 PBL 互动式教学设计

	五星目标	教学作用	内容设计	教师活动	学生活动
1	激活旧识	导入环节,梳理旧知结构,引入新知结点	几何校正数学原理,控制点数量要求,选点方法	讲解示范,组织讨论	参与讨论
2	示证新知	关键环节,为整个任务提供一个样例示范	示范图像导入、选取控制点、设置数学模型、调整误差等步骤	教师讲解案例、提问、展示操作	观摩与提问
3	尝试应用	薄弱环节,学习者一知半解,需适当指导	分组选取不同图像练习规定图像几何校正	教师随机指导	动手操作、师生交流
4	融会贯通	提升环节,培养学习者进一步学习关键时机	教师抛出校正难点,组织交流	组织讨论和点评总结	发表观点、生生讨论

在遥感课程应用五星教学与PBL融合过程发现:示证新知环节非常重要,占任务教学时长的30%左右。它至少包含以下环节:向学生明确展示几何校正任务完成前后图像发生变化;展示任务操作知识路径、每一步必要操作和过程结果,并对各个步骤后果进行总结。还需要讲解过程中设计一些提问或示错做法,将学生注意力引到操作具体细节,激发学习参与兴趣。

通过运用五星教学思想设计上机教学内容时,需要准备多样式、多工程背景的遥感图像和具体案例,不同小组选取不同类型练习数据,可以激发学习者主观学习热情;同时小组间工程问题差异性,能够产生组间相互学习和讨论可能性,更能促进学生形成高阶思维模式,建立批判性思维。

(三)Process 与五星结合在教学应用中注意问题

(1)案例选取与设计

"五星教学模式"实施的关键是把教学问题转化为若干个有联系的案例,但是,各个案例并不是散乱地组织起来。完整任务,必须要以解决实际中碰到的情境问题为目的,真实有效的问题情境能够自然地引发学生的思考,使学生对所学内容进行自主建构。为体现教学内容的逻辑性和整体性,课前教师进行教学成分分析,将案例序列化,即清晰呈现各个案例之间的逻辑关系,各个案例要解决的教学内容是什么?包含着哪些知识点?各个知识点之间的关系是怎样的?为了追求学习成效,即为完成整体任务或解决实际问题而创设的学习环境条件。对于面向完整任务这一步,教师需要考虑教学的内容是什么,应该如何施教,如何评价学习者的学习效果。

(2)变式教学问题设计

所谓变式问题,就是变化问题情境,在不超出问题空间的前提下进一步地呈现和凸显问题的本质要素。学生通过解答变式问题,做不同类型的题目、案例、交流等,从而从各个视角来认识和领会教学内容。基于变式案例的教学交互是学生进行变式问题操练的一种较好的形式,学生通过对改编案例进行研讨,将知识点的内容融入真实的生活情境中,小组成员结合案例陈述自己的观点,对案例的内容、知识点和解决方案进行分析和话语表达,对他人的观点进行反应、反馈、交互、质疑,形成集体层面的深入辩论和高层次协作知识建构。通过变式案例的讨论,在交互中实现变式问题的操练,从而加深对教学内容的理解。

(3)五星教学组织

"五星教学模式"强调在协同合作和多项互动的环境中实施。课前,教师应把教学内容置于复杂、有意义的问题情境中,把学生置于学习共同体之中,利用其自身的知识和技能共同参与协作解决问题。这样,学生就有了看问题的不同角度,可以吸收别人的观点和看法,来拓展自己的思维空间、弥补不足,从而对问题的求解更为深刻。课前,教师宜把班级学生分为若干个学习小组,每个小组应由不同学习层次、学习能力和风格的学生组成。学习者通过协作参与问题解决等形式建构出一个具有独特文化氛围的动态学习结构,随着学习和合作的深入,慢慢形成了共同合作的文化氛围、从反思到实践的循环学习方式、共同意识和归属感,通过个体建构和协作建构的方式,促进知识和观点共享。

(4)基于 process+五星教学融合

基于 process 过程学习与五星教学法组合教学,简单、有效、易操作,有利于吸引学生注意力,解决学生缺乏学习动力和兴趣的问题。为了达到基于 process 过程学习与五星教学法的融合,教师应将"聚焦问题"为核心,以 process 案例或过程作为载体,将过程学习和知识点有机融合,通过设计问题激活学生思维,引发学生讨论并进行深度思考,将教学知识点目标转化为案例分析讨论的问题。

教师在 PBL 教学过程中将讲授转化为点拨和质疑,分析案例中知识点多、杂、散的关键点,通过讨论、实验设计、案例分析逐步引导学生思考,解决案例中理论抽象、深奥的问题。另外,教师在组合应用过程中,一定要立足自身和学生拥有的资源和条件,大胆创新,设计与学习者当前已有知识经验和需求匹配,且具备教育作用的体验活动,可以采用角色扮演法、课堂讨论、游戏法、行动学习项目、访谈、案例分析法等教学策略。

第五节　工科 3PBL 与 KOSEAM 学习形式的结合

(一)基于 project 教学组织

基于项目教学组织通常包括以下环节:确定项目的关键问题、组建学习小组、制订研究计划、学生自主学习、专题讲座与现场讨论和学习过程的评价和反馈。

(1)确定项目的关键问题

基于项目教学首先要确定项目学习的关键问题。这些问题通常是开放性、复杂的、非结构化的,学生在未来的真实工程情景中可能会遇到。问题没有固定的答案,需要教师鼓励学生主动思考,引导学生综合运用多学科的知识,正确地识别问题。教师可以提供一些相关问题情境或真实案例,学生根据自己的兴趣去寻找相关问题,确定主题。教师参与学生团队的讨论,引导头脑风暴,形成假设以及可能的解决方案。教师需要把握选题进度与难度之间的关系,考虑项目难度与开展阶段性评价的可行性。

(2)组建 project 学习小组

合作学习是基于 project 学习形式的主要特征之一,也是培养学生团队合作能力的最佳途径。小组建设和项目选题同时进行,小组规模一般为 3~4 人,可以来自不同的班级或专业。在小组建设初期,教师需要带领学生开展趣味性较强的团建活动,同时开展专题讲座并提供丰富的案例,这对于增进小组成员间的深入了解,学习人际交往的技巧,提高学习效率是大有裨益的。大部分学习小组能在 2 周之内进入规范阶段,保持良好的小组学习状态。

(3)制订明确的课程计划

基于 project 学习对学生和教师来说都是巨大的挑战,需要投入大量的时间和精力,实施是一个复杂、漫长的过程。学生需要合理支配时间,参与项目每个阶段的活动,例如问题设计、项目选题、资料搜集、技术手段的选择、小组讨论以及汇报工作进展等,同时,教师必须精心设计一个总体计划,协助学生制订进度表,确保不同学习小组的进度与总体课程计划相一致。

(4)引导学生自主学习

在组建学习小组之后,小组成员开始进行广泛的交流,学生之间自由的提问,分享知识,并识别那些能够应用到项目上的重要知识。同时,学生逐渐形成自我引导的学习方式,例如,自我设置每个阶段的学习目标,借助一定的技术工具和研究方法来收集、整理、分析学习资料,辩证理解其他小组成员的观点,对相关的知识、信息进行加工处理。项目整个问题的解决过程,实质上也是学生自我学习与自我检验的过程,是小组成员逐渐成为自主学习者的过程,问题的最终解决也促使小组成员成为独立自主的思考者和学习者。

(5)专题讲座与现场讨论

教师可以安排一些必要的专题讲座,可以包含研究热点视角、创新关键技术以及案例剖析。这种类似集中授课的方式有利于相关知识的衔接、技能的传授,可以促进学生顺利完成项目。小组可以将阶段性成果以报告、活页形式进行口头陈述,既是对书面材料和口头表述的训练,也是学习共享一种形态。同时,可以针对研究小组存在的共性问题,进行现场分析和讨论。可以是同小组之间专业问题的争论,也可以陈述自己解决问题的建议,对其他学生的建议,教师也可以点评和引导。

(6)学习过程的评价和反馈

项目汇报即以报告或论文向其他小组展示研究探索过程中的思路、策略、阶段性成果和最终学习成果。对过程的评价强调对各种原始数据、活动记录表、学习反馈、调查表等的评价。评价指标包括项目选题、团队中学生的表现、时间安排、项目计划、成果展示和项目汇报等方面。评价方式可以为学生自我评价、同伴评价、组间评价及教师评价相结合,评价结果应是定量与定性相结合。

(二)基于 project 与 KOSEAM 组合

基于 project 的教学通常可以选用 KOSEAM 学习环来组织实施。基于深度学习的 project 教学的 KOSEAM 每个环节需要采用不同的教学组织和教学策略,见表4-2所列。如知识准备环节,可以采用直接讲授法、SPOC、案例讨论法让学生接受知识要点;建立目标环节,可以采用问题学习法、任务导向学习法的师生互动交流;在自主学习环节,建议采用知识分段学习,合作学习等形式,来提升学生自主学习和团队合作能力;在交流分享环节,为了提高学生沟通交流、写作表达能力,建议采用分组讨论、答辩汇报等形式。综合考评环节,可以采用汇报展示、教师点评、小组互评、个人自评等多种形式,来强化学生思辨能力。

在老师的指导下,学生组队完成某个具体任务项目,从信息的收集、方案的设计到项目实施及最终评价都由小组协作完成。学生通过该项目的进行,了解并把握整个过程及每一个环节中的基本要求。在整个学习过程中,强调学生在学习过程中的主体地位,提倡"个性化"的学习,主张以学生学习为主,教师指导为辅。注重理论与实践相结合,注重调动发掘学生的创造潜能,提高学生解决实际问题的综合能力。教师要考虑如何体现学生在学习过程中的主体作用。如何充分利用情境、协作、会话等学习环境要素,激发学生的学习兴趣和学习动机;如何创设符合教学内容的情境,提示新旧知识之间联系的线索,组织协作学习,提出适当的问题以引起学生的思考和讨论;如何在讨论中把问题一步步引向深入,启发学生自己发现规律、自己纠正错误的认识等等。

表4-2 基于project与KOSEAM组合教学

环节	组织形式	安排	人员	培养目标
知识准备	直接讲授、SPOC、案例讨论法	课上	教师为主	认知接受能力
建立目标	任务导向学习、问题学习法	课上下结合	师生互动	发现问题能力、沟通能力
自主学习	合作学习法、分段学习法	课下	学生为主	自主学习、团队协作能力
交流探究	分组讨论、热点辩论、成果汇报	课上下结合	学生为主	交流能力、写作能力
行动实践	完成大作业、实验验证	课下	学生为主	工程能力、创新能力
综合考评	教师点评、小组互评、个人自评	课上	教师为主	批判性思维、表达能力

(三)基于project与KOSEAM有效融合的关键点

在基于project与KOSEAM组合过程中,项目关键问题和案例是学习主线,KOSEAM是引导学习策略和手段。在这个过程中,教师和学生的角色是不断变换的。教师在教案设计时是设计师、编剧,设计项目内容存在结构不良的问题,应引导学生讨论、探究,促进学生对知识的迁移;在知识讲解环节,教师是专家,负责讲解示范、分析要点,传递显性知识;在其他环节,教师是学习向导、合作学习者和顾问等角色,负责总结点评和指引释疑关键问题,传递隐性知识。

学生在整个KOSEAM过程中,一直是学习的主体,承担学习责任或任务。例如,在自主学习环节,需要认真思考问题、查询资料、完成资料整理、文本加工等工作;在交流探究环节,需要协同合作去分析案例的流程和技术问题,完成深层次的沟通讨论;在行动实践环节,需要完成实验操作、数据分析以及成果展示等多方面任务。

　　基于project与KOSEAM组合教学时,学习时间安排是灵活的,不一定单独使用课堂上时间,可以采用课上课下结合学习的方式。理论上难点探究需要2～3次课堂教学来完成一个主题内容,综合性项目内容需要2—3周。导师应当注意在自主学习、交流探究、行动实践环节,各小组之间的进度会有很大的差别,导师要定期询问各小组进度,指导小组发现难点和要点,引导学生在规定的时间内完成目标。另外,基于项目的教学需要有一个配套的开放性环境或实验室,每个小组可以根据自己任务进度灵活开展活动或进行实验研究。

教育箴言

善学者,师逸而功倍,又从而庸之;不善学者,师勤而功半,又从而怨之。——《礼记·学记》

善于学习的人,能够寻求根本,举一反三,所以老师很轻松,教育效果却加倍的好,学生还会感激老师。不善于学习的人,不懂得融会贯通,老师教得很辛苦,效果却仅得其半。

《学记》是中国古代的一篇教育论文,是古代中国典章制度专著《礼记》中的一篇文章,是世界历史上最早专门论述教育和教学问题的文献。文章阐明了教育的目的及作用,教育和教学的制度、原则和方法,教师的地位和作用,教育过程中的师生关系以及同学之间的关系,比较系统而全面地总结和概括了中国先秦时期的教育经验。

第五章 工科 3PBL 教学评价

教学评价对教师的教学活动起着重要的导向作用,是提高课堂教学有效性的重要手段。3PBL 教学模式注重培养学生综合素质,如何科学评价学习效果是 3PBL 教学研究的关键问题。3PBL 教学采用学习过程评价和综合素质评价相结合的方式,充分体现了"量化与质化并重"的特点。过程评价主要是对整个课程学习过程的各个环节进行评价,分层次、分阶段地跟踪评价;综合素质评价是对学生成果、行为表现和最终能力变化等方面进行评价。

第一节 工科 3PBL 学习评价原则

(一)工科 3PBL 学习评价特点

确定学习目标即预期要达成的学习结果是学习评价的出发点和依据。在传统的教育目标分类框架中,将教育目标分为认知、动作技能和情感三大领域。实际上就是根据学习者的学习方式及其所达到的理解层次而划分出类型,它们在记忆方式、知识体系、学习投入程度、学习中的反思状态、思维层次和学习结果的迁移能力等方面皆有明显的差异。不同领域目标考核方法应该是一样的,有时很难具体考核。一些高校转向对学习过程进行评价,根据课程学习层次分别采用不同评价方法。这种方法首先要将课程认知目标划分出不同层次目标。例如,可以参考布鲁姆的教育认知目标分类体系,整合为"记忆、分析、综合、评估、运用、创新"多个层次(见表 5-1 所列)。

表 5-1 教学认知目标层次

记忆	记忆课堂或阅读中的事实、观点或方法	低阶认知目标
分析	分析某个观点、经验或理论的基本要素,以了解其构成	
综合	综合不同观点、信息或经验,以形成新的或更复杂的解释	中阶认知目标
评估	判断信息、论点或方法的价值	
运用	运用理论或概念解决实际问题或将其运用于新的情境	高阶认知目标
创新	根据已有知识进行技术或方法创新	

有的研究认为,将记忆、分析归属低层次学习行为,综合、评估归属中层次学习行为,

运用、创新是高阶性学习行为。也有研究将记忆、分析和综合划分为低层次学习行为,将评估、运用和创新划为高层次学习行为。这个没有明确界定,教师根据自己课程适当进行微调,使其符合实际学习达成即可。但是对于不同层次学习,需要采用不同评价和考核方法,对应的达成度分析内容也是不一样的。例如,记忆、分析可以采用理论测试,现场问答形式,对于运用、创新需要从查找资料、过程研究和成果汇报等多个阶段进行评价和考核。

3PBL是学习者根据学习兴趣和课程需求,运用多样化的学习策略来深度加工知识信息的一种学习形式。包括少数低层次学习行为,但大多数需要高层次学习。需要学生在理解理论知识的基础上,主动地、批判性地学习新思想和新知识,建构个人知识体系并有效迁移应用到真实情景中来解决复杂问题的学习。因此,对3PBL学习的评价与一般学习评价基本一致,从认知、动作技能和情感这三个角度出发,评估学习目标、调控学习过程及考核学习结果,也可以从学习行为"记忆、分析、综合、评估、运用、创新"6个层次评价达成度。但是教学应用3PBL模式后,其对应学习评价要更强调评价的自主性、真实性、过程性和反馈性,要侧重学习者在对真实任务的主动探究、不断反思中提升高阶思维能力、问题解决能力等高阶能力评价。

(二)3PBL学习评价原则

习近平在全国高校思想政治工作会议上指出:"办好我国高校,办出世界一流大学,必须牢牢抓住全面提高人才培养能力这个核心点。"培养人才就是要教会学生做好4件事情:学会做人、学会做事、学会求知、学会共处。3PBL教学理念是在教学过程中引导学生学知识、学技能、学思维,科学合理地去评价这个学习过程能更好地促进学习目标达成。因此,3PBL教学需要通过多种灵活化、多样化的方式评价学生,并且以过程、结果和能力多层维度进行评价。

(1)强调学习目标输出的评价

学习评价是以学习目标为依据,运用观察、反思、调查、测验等方法,来收集学习过程及学习结果等方面的客观资料,并进行相应的处理,进而对学习效果做出鉴定和价值判断,对学习目标进行反思和修订的活动。3PBL教学属于深度学习方式,应该以学习目标解析为导向,让学习者在对真实任务的主动探究、在不断反思过程中逐渐提升辩证思维、沟通与合作、问题解决等高阶能力。因此,评价内容要更侧重分析、综合、评价、创造等较高认知水平层次,突出评价的自主性、真实性、过程性和反馈性。

(2)关注形成性过程的评价

形成性评价目标是在教育活动过程中不断了解活动进行的状况以便能及时对活动进行调整,进而提高活动质量。过程性评价应该根据教学过程让学习者参与目标或子目标的提出,强调学习过程和学习知识获得是主动建构。3PBL 教学的评价既要关注结果,也要关注学生知识建构的活动过程,还要关注过程中学生的学习状态、学习态度、合作能力、信息素养等,对学习过程做跟踪、检测、反馈和指导,从中发现问题,及时反馈并对学生学习活动提出改进建议。3PBL 学习评价是以深度学习目标为依据,运用调查、测验、作品展示、实际操作、分析报告等方法,来评价学习过程及学习结果。

(3)融合多维度、多层次的评价

与传统教学相比较,3PBL 教学扩展了学习空间、学习时间和学习资源,使学习不再局限于课堂的教学环境。为了更好地评估学生综合能力和整体素质,从知识、能力、品质、态度等多项指标衡量学生,需要采用多种考核形式组合评价,科学、客观、全面地对学生进行评价,通过考核方式多样化提高评价的科学性、客观性和全面性。间接激发学生潜意识中的学习兴趣,充分发挥他们的积极性、主动性和创造性。例如,考核形式可以是口试、海报展览、小组汇报、书面考试、项目报告及开放性讨论等,每种形式的评价量化指标和权值需要根据学习过程来设定,要考虑内容难度、学生评价可信度等因素来设计评价细节和指标。可以有学生自我评价、同伴评价、组间评价及教师评价相结合,最终考核结果中每种评价方式权值是不一样的,要灵活安排设计。

第二节　工科 3PBL 学习过程评价

(一)过程评价

当前的教学评价体系主要以考试为主要的评价手段。以完成某种特定的任务来评定成绩;教师是唯一的评价者并按成绩把学生分成不同的等级,重结果轻过程。形成性评价也称为过程性评价,主要是关注学习过程成绩与反馈内容的综合性评价。西方的建构主义强调"以学生为中心"的教学,我国学者则强调"教师主导、学生主体"的教学,无论哪种观点,学生都是教学活动的主体。因此,基于建构主义的形成性教学评价需要将学生纳入评价主体,将学生的自我评价、学生互评和交流互动纳入评价指标。学生自我评价有利于学习者成就感的形成、目标的明确、个性化的培养,使学生由评价客体变成评价主体,提高学生的参与性,并增强自我评价能力。交流互动有助于促进学生对知识的深度理解和高阶思维能力的提升。同伴互评有助于培养学生批判性思维能力,激发学生学习兴趣,降低学习焦虑感,增强其纠错能力,进而提高学习效率。同伴互评能有效促进交流和互动过程,并增强学习过程的监控与反馈,是学生自我评价的一部分。

因此,在 3PBL 教学过程中采用多维度考核评价,既要强调学习过程阶段性成果,强调学习者的参与性,又要关注个体发展差异等。3PBL 过程成绩要全方位体现学生学习全过程,让学生参与评价,强化学生的参与感。可以采用学生评价、教师评价及系统评价相结合的多元评价模式,使评价更合理和客观。

运用真实的评价练习来检验知识内容的学习、问题解决技能和高价思维能力(包括自我反思),学习者应该以研究者和参与者的双重身份来进行自我评价。学习者应该对过程和习得知识进行反思,并将习得知识与先前知识进行整合。

(二)过程评价指标

一门课程可能有多个 PBL 专题组成。但是每个 PBL 专题考核都可以采用过程性评价方式。可以从 PBL 专题知识学习、自主学习、交流探究、行动实践等阶段进行评价,每个阶段可以设置单独考核点与考核形式。除了正常课堂测试,课堂提问,小测之外,还增加了自主学习知识考核、交流汇报等,以定性与定量结合方式进行评价,见表 5-2 所列。这个过程性评价主要关注学生的学习过程,重点考核学生的求知过程、探究过程规范性和完整度。评价策略允许学生展示他们积累的知识和能力以及他们在学习上的进步;在测验学生对概念的理解方面,学校会采取总结性评价,如考试等;而形成性的评价会在学生日常的学习过程中采用进行。

表 5-2　一个 PBL 教学的过程评价一级指标

学习过程	学习形式	考核形式
知识学习阶段(10%)	直接讲授法	课前阅读测试,小测,课堂提问等
自主学习阶段(20%)	合作学习法	阅读文献数量,学习总结,课堂提问等
交流探究阶段(30%)	分组讨论与汇报	汇报 PPT,总结报告,讨论准确性等
行动实践阶段(40%)	编程或试验	动手操作规范性,试验成果及创新

在过程评价多元化分析中,首先需要确定每个环节的评价指标。整个 PBL 专题学习可以按照学习阶段设立一级指标,如知识学习阶段(10%),自主学习阶段(20%),交流探究阶段(30%),行动实践阶段(40%)。每个阶段需要根据这个阶段培养和任务量灵活设计考核二级指标。例如,自主学习阶段,可以设立阅读资料数量和质量,阅读文献总结报告,小组内部交流的活跃度和思维创新度等指标,见表 5-3 所列。

表 5-3　自主学习过程评价二级指标

指标	学习态度	阅读资料	文献分析报告	组内探究活跃度	创新理念提出
比例	10%	30%	30%	20%	10%

交流探究阶段重点是要培养学生的思辨能力、组间合作分析能力、展示成果水平以及相互探究过程是否有创新理念等,因此,这个阶段可以参与学习活跃度,汇报相关资料及后期总结进行适当评价,见表 5-4 所列。

表 5-4　交流探究阶段过程评价二级指标

指标	交流活跃度	汇报 PPT 或成果	参与讨论次数	阶段学习总结	创新理念提出
比例	10%	30%	30%	20%	10%

"做中学"的行动实践阶段是过程性评价的主要内容，对比 PBL 专题的行动实践阶段是学习工程实践能力、团队合作以及创新思维形成提升的一个重要阶段。可以考查学生实践内容质量和创新性、研究试验方案科学性、实验成果或论文撰写规范度及这个过程中学生团队内部合作程度、团队意识等等，形成评价二级指标体系，见表 5-5 所列。

表 5-5　行动实践阶段过程评价二级指标

指标	选题难度	试验方案科学性	试验阶段成果	团队合作态度	汇报交流效果
比例	10%	20%	30%	20%	20%

整个评价指标内容，可以根据 PBL 专项内容灵活设定。

第三节　工科 3PBL 综合素质评价

教学评价应该重视学生知识建构过程和知识建构中的探索和创新能力等。因此，教学的目的除了让学生掌握相应的知识技能外，还需要培养学生的自主学习能力、交流与协作能力、创新能力、独立思考能力等，评价体系很难全部反映所有要素。鉴于此，在设计评价体系的过程中，既要着眼于课程知识技能掌握程度，又要突出评价的重点，最大程度上以发展性评价观来评价学生综合素养的提升。综合素质评价是考核学生学习过程中的学习态度、学习感悟、学习体验、创新思维等与学习相关的方面。需要从试验阶段、探究阶段等学习过程中不同阶段分别评价考核。

综合素质评价与大学生综合能力目标是相仿的。一是考核学生将所学专业理论知识应用于实践的能力，评价学生解决问题能力和创新应用思维的提升情况；二是考查学生在具体问题的动手操作或者编程实现情况；三是学生的文献阅读能力，学生的自学能力，见表 5-6 所列。该表中内容是笔者在实际应用过程中建立的综合素质的评价点，其中部分考核指标或者评价点，不是客观评价指标。需要教师通过观察来定性评价，有一定主观成分。例如，学生的自主学习能力，老师可能根据其表现来打分。分配他一个新任务，需要他自己查找资料自学。可以根据学生学习时长，或汇报结果来综合分析学生自主学习的效果；也可以根据学生阅读科技文献的数量、辩论论据的充分性，讨论观点的创新程度来评价。整个评价具体的形式可以多样化，可以采用是学生自评、小组互评、教师评价等多样的开放式的评价或考核。

表 5-6　工科 3PBL 教学综合素质评价点

指标	比例	评价点
文献阅读能力	10%	参考阅读文献数量多,中英文比例合理
分析研究	20%	能运用专业基本原理和知识设计实验、通过论证、分析和仿真解决问题
工程设计	30%	能运用专业技术知识设计方案、并通过工程设计验证方案的合理性、有效性
沟通交流	10%	团队合作能力,语言论述逻辑清晰、语言通顺,PPT 展示效果
文本技术规范	15%	图表和工程设计符合行业标准和规范
创新思维能力	5%	在研究过程能够已有知识,产生科学想法和建议
自我学习能力	10%	能够在本科专业基础上,进行多学科知识自主、针对性学习

另外,在这样的一个综合素质形成过程中,教师对学生引导是非常重要的。教师不断传递给学生隐性知识或默会知识的多少是提升学生素质的关键。教师需要给学生设计好各个环节任务、流程及交流过程中学习活动,要分析学生原有认知水平、学习风格、个性特征等,还要分析 PBL 专题会给学生产生哪些能力提高？创新思维如何启发,团队意识如何形成？设计交流专题时,如何引导？教师要根据小组人员构成、空间大小和研究任务,确定组织学生的活动形式和策略,如小组合作学习方式,辩论探究还是实验论证等。最终在毕业设计学习结束后的"产品",用什么来考量？整个学习过程或活动设计要合理,要确保学习环境的挑战性、新异性,让学生感觉到难度,但通过努力还可以实现,切实提高教学的有效性。只有在教师精心设计全部过程并完整实施之后,对学生综合素质变化评价才是有效的。

第四节　3PBL 教学效果评价

在 3PBL 教学实施过程中,可以采用提交课堂问卷、PBL 任务、主题讨论以及学生自评互评、组内组间互评等互动教学环节设计。教学环节需要进行常态化评价反馈并提出改进建议,常评常改,构建课程目标达成度形成性评价档案,建立一种良性循环教学"评价—反馈—改进"运行机制。

(一)调查问卷

3PBL 教学效果调查可以通过多种方式进行,如问卷调查、课后咨询等形式。

(1)课后咨询

课后咨询是由教师自由开展,一般是在课前课后去询问学生感受,了解教学策略适用性和效果，总结教学实践应该优化地方。通常做法是：在每次3PBL专题结束后，教师会主动邀请同学进行询问，针对这次案例设计、小组讨论、同学互动或者教师表现，让学生谈谈总体的体会，提出具体的改进建议。

(2)问卷调查

问卷调查主要是调查课堂氛围和学生的学习感受，相关专业知识的理解能力及运用相关知识解决实际问题的综合分析能力。通常做法是：课堂教学前后，或者课程结束时，发放纸质调查问卷或在线评价系统，让参与学习的学生对教学过程进行评价和反馈。以下是课程结束时，发放给学生参与调查的问卷内容模板。主要从学生主动学习、参与度和自我评价几方面进行调查。

××课程教学评价调查问卷

亲爱的同学：

您好！本问卷的目的在于了解同学们对××课程的教学建议和学习要求，以便为做好教学改革和教学质量持续改进提供依据。请认真填好以下调查问卷，您的真实回答将为我们的课程教学提供建设性的信息，并将据此做进一步改进。

感谢大家对我们工作的大力支持与配合！

1.您认为本课程的课程教学内容是否能够让你掌握遥感基础知识、各行业应用的技术基础？

  A.课程信息量大，有一定的深度和难度

  B.课程信息量一般

  C.课程信息量较小

  其他_____

2.您认为本课程内容是否具有先进性？能否将本专业的核心理论和最新成果引入课堂教学？

  A.非常好   B.较好   C.一般   D.非常

3.任课老师专业知识、严谨治学、言传身教方面做得（　　　）

  A.非常好   B.较好   C.一般   D.非常差

4.您认为本课程的理论、PBL、××等教学环节的安排是否合理？

  A.合理，每一环节教学目标明确，理论、实践、自主学习模式相结合的教学方式，充分调动了学生的主观能动性，并具有一定的挑战度。

  B.存在不合理，比如_____

5.您认为本课程的教学设计能够引起你主动学习的愿望吗？

  A.适合我的学习需要，多数能激发我的学习愿望

  B.偶尔让我感到很期待接下来的学习

C. 不能吸引我继续学下去

6. 本课程能否通过线下或者微信、学习通等线上平台及时解答同学们的疑问？（　　）

A. 是　　　　　　　　B. 否

7. 本课程教师与同学的互动情况（　　）

A. 很多,学习氛围活跃

B. 较多,学习氛围活跃

C. 一般,学习氛围较沉闷

8. 您认为本课程中 PBL 问题的内容、深度是否合理？有什么建议？

A. 合理,能够引导我更深入地了解和学习遥感的理论知识和技术应用

B. 不合理,PBL 问题较难,部分问题无法解决

C. 其他,比如_____

建议：_____

9. 在本课堂的 PBL 教学中,您认为有什么优缺点？能否调动学习的学习兴趣？

A. 优点：_____

B. 缺点：_____

建议：_____

从历年教学得到调查结果来看,同学们总体上对 3PBL 教学模式感到有兴趣。最满意内容、觉得最有收获部分是经过自学或小组讨论后,任课或指导老师对每次小组讨论后总结和分析,普遍认为方向性指点是最有感触和收获的。另外,对平行班教学效果的对比试验中发现,当采用 3PBL 现代教学方法,如讨论,案例和探究式课堂活动时,理论知识点的教学有效性会更好。特别是小课堂,知识难度更深,教学效果更加突出。课堂教学过程中,学生参与度越高,如加入学生讲话,演示,探讨和多样性考核时,后期调查结果显示学习留存率更多,印象更具体。

（二）达成度分析

调查问卷只能定性地分析出课程教学效果总体情况,但很难给出直观的、量化的描述。特别针对课程不同模块学生掌握程度,还需要一个具体指标。达成度分析是在课程评价、考核和调查结束后,通过数据具体分析课程认知目标实际达成情况。课程目标达成度评价应紧扣课程大纲,对每项课程目标达成情况进行定量评价,据此判断某项课程目标的达成度。为了便于评价和反馈"学"和"教"的问题和成效,动态监控、持续改进,分别对学生个人和授课班级的课程目标达成度进行评价。整个达成度分析需要完成以下几个步骤。

(1)对一个课程进行达成度分析,首先要将课程认知目标划分出不同层次目标。例

如,可以参考布鲁姆的教育认知目标分类体系,整合为"记忆、分析、综合、评估、运用、创新"多个层次。针对不同层次学习可以有不同评价和考核方法,对应的达成度分析也是不一样的。

(2)在开展课程达成度评价前,每个学习行为确认一个合理的评价依据。主要是基于课程各类考核形式是否合理包括试卷、大作业、报告、设计等考核形式进行确认。课程考核内容难度、分值、覆盖面等是否完整,体现了对相应课程要求指标点的考核。

(3)课程达成度考核评价方法。获取学习态度、笔试、作业、研讨、技能、操作、报告、创新实验等项目的具体数据,数据可以是某个人或是某一班某一项样本的平均分值。指标点达成度的评价值就是支撑某指标点的权重值,即为实际样本中相关考核环节的平均得分与考核环节的设计分值的比值,见表5-6所列。

表5-6 教学达成度评价依据

课程目标	作业(总评比重10%)		态度(总评比重10%)		研讨(总评比重20%)		笔试(总评比重60%)		目标权重总计(%)
	目标贡献分	目标权重(%)	目标贡献分	目标权重(%)	目标贡献分	目标权重(%)	目标贡献分	目标权重(%)	
目标1	10	50	15	50	0	0	0	0	100
目标2	20	10	20	10	20	20	30	60	100
目标3	20	10	20	10	20	20	30	60	100
目标4	20	10	15	10	20	20	30	60	100
目标5	15	10	15	10	20	20	10	60	100
目标6	15	10	15	10	20	20	10	60	100
总计	100	—	100	—	100	—	100	—	

这种对学生个人和授课班级的目标达成分析,主要是用于引导教师发现反思"教"和"学"的问题,即从课程目标的合理性、教学及考核内容与课程目标的兼容性、教学方式方法手段的适应性、成绩评定方法的科学性、学生个体的差异性等"五性"方面进行反思。特别是对3PBL教学,整个过程有多个环节多种形式考核,利用达成度分析,可以直接点醒教师如何开展下一步的整改措施,并纳入授课计划。

教育箴言

博学之,审问之,慎思之,明辨之,笃行之。——《礼记·中庸》

在确定学习目标以后,学习和思考、学习和实践是相辅相成的。学习要广泛涉猎,有针对性地提问请教,学会周全地思考,形成清晰的判断力,用学习得来的知识和思想指导具体的实践。

《中庸》是《礼记》的篇目之一,在南宋前从未单独刊印,相传为战国时孔子之孙子思所作。宋代朱熹将其与《大学》《论语》《孟子》并称"四书"。"中庸"主张处理事情不偏不倚,认为过犹不及,是儒家核心观念之一。全书集中讲述性情与封建道德修养,肯定"中庸"是道德行为的最高准则,"至诚无息",将"诚"看作是世界的本体。

> 自主创新的基础就在于素质教育。基础教育要做到以人为本,就是要加强素质教育,不仅使学生德智体美全面发展,而且使学生的人格、个性也得到和谐发展;不仅要开发学生的智力,而且要培养学生的创新和实践能力;不仅要"授人以鱼"、教授学生"学会",而且要"授之以渔"、教授学生"会学";不仅要教学生学习文化知识,而且还要教学生懂得立身做人的基本道理,使学生心智健全、人格完善、体格健康,得到全面发展和整体发展。——习近平

第二篇　工科1+3PBL设计与应用案例

　　人们认识事物需要理论方法的思维引导,接触感知的体验接受,更需要在实践中进一步应用深化。研究团队将工科1+3PBL教学模式与人才培养目标、课程特点相结合,形成了深度学习的1+3PBL应用范式。在我校《晶体光学》《走进遥感》《宝石知识与鉴赏》《遥感原理与应用》《岩石矿物学基础》《路基路面工程设计》《电气工程课程设计》等课程进行了具体应用。以理论课堂、试验展示、上机操作和课程设计等工科教学环节为例,建立了基于价值导向的课程思政案例、基于问题学习(problem-based learning)、基于过程学习(process-based learning)和基于项目学习(project-based learning)的教学设计和应用案例。这些典型的示范案例强调以学为本的理念,注重互动引导,强化学生自主学习、探究思考及沟通表达能力,增强学生开放性思维。为地方高校工程人才培养的教学改革提供一点参考。

第六章　基于课程思政的教学设计与应用案例

2019年3月18日，习近平主持召开学校思想政治理论课教师座谈会，强调学校思想政治工作本质上是做人的工作，必须始终把立德树人的根本任务贯穿全过程。要坚持显性教育与隐性教育相统一，挖掘其他课程与教学中蕴含的思想政治教育资源，实现全员全程全方位的三全育人。每个专业课程教育需要结合各自课程特点，做好课程思政的内涵渗透和教学应用。从立德树人角度，发挥教师队伍"主力军"、课程建设"主阵地"、课堂教学"主渠道"作用。

基于课程思政的教学设计，是将思政教育融入教学过程。要在认知、技能和情感目标中增加价值导向的学习目标，结合问题、案例等"德育"素材，引导学生形成正确的价值观、人生观。整个融入过程应该把握"隐性与显性相统一"。显性的线条是课程知识点内容、工程案例、创新故事或者实践情境；隐性的线条是人文素养、科学价值、做人做事道理；统一过程就是将课程相关的德育元素融入学习情境、真实案例、学习环节的过程。为了实现课程思政教育的润物无声，育人过程的入心、入脑、入行，教师需要思考在讲解"什么原理""什么技术""如何去做""如何评价"环节，如何有意创建一些情境，让学生在学习知识的同时，无意中获得情感价值的提升。多年来，教学研究团队结合工科课程的特点及3PBL教学模式，进行了10多门课程的思政点建设。本章重点介绍"宝石知识与鉴赏""数字地形测量学""晶体光学"课程思政案例的设计及实践。

第一节　《宝石知识与鉴赏》课程思政设计与实践

（一）思政融入总体架构

《宝石知识与鉴赏》是华北理工大学面向全校本科学生开设的一门通识选修课。本课程的教学目标是帮助学生掌握宝石学与矿物学相关的基本概念，熟悉常见珠宝玉石的化学成分、晶体结构及物理性质等基本知识，培养学生初步鉴别常见天然珠宝玉石的技能。将与珠宝玉石相关的"工匠精神""名家事迹""古诗词""成语"等内容融入课堂教学过程中，使传统玉文化和社会主义核心价值观无声地与相关宝石基本知识相有机融合，激发学生们学习的兴趣，促进高阶思维和品鉴能力的提升，培养学生中华玉文化中蕴含的"仁义礼智信"的美好品德，提升其文化素养、审美情趣、艺术修养。具体设计方案见

表 6-1 所列。

表 6-1 《宝石知识与鉴赏》课程思政元素及教学设计

章节与知识点	思政元素	教学策略
第二章 宝石之王——钻石鉴赏	结合钻石的属性与评价标准,通过讨论某钻戒在某平台的推广+客户买钻石的具体案例,引导学生树立正确的价值观、爱情观,不盲目跟风,提高明辨是非的能力	视频案例+课堂讨论
第三章 四大宝石鉴赏——红宝石、蓝宝石、祖母绿、猫眼	以红宝石和蓝宝石等天然宝石的形成、开采、加工为例,剖析其鉴定特征和质量评价的同时,从科学技术水平、经济发展等因素对其价值影响的分析,讲解宝石从无价值→低价值→高附加值以及质变到量变的辩证关系,自然切入矿产资源开发的现状,科学看待宝石资源的不可再生性	案例分析+提问引导
第五章 硬玉——翡翠鉴赏	讲解翡翠漫长的历史过程,明确翡翠是一件艺术品。分析我国人民通过雕琢将自己的理想、情感反映在玉石翡翠作品上,引导学生认识中国玉雕工艺,弘扬中国玉雕文化及精益求精的精神	问题引导+课堂讨论
第七章 其他玉石鉴赏——红玛瑙、绿松石等	以战国南红玛瑙经济价值分析为例,讲解开采时露天采场、地下采空区给大地上留下的巨大伤疤——裸露岩石边坡及地面沉降等,对自然环境造成的严重破坏,引导学生应该采取什么措施实现资源开发与环境保护的平衡呢,强调资源开发与环境保护的平衡发展理念	原理讲解+课堂讨论
第八章 有机宝石鉴赏——珍珠	讲解珍珠是世界上唯一一种由生命孕育的宝石,将珍珠的形成与生命的诞生相联系,让同学们认识到生命的来之不易,鼓励同学们不怕困难艰险,在任何环境下都要珍惜生命,找到幸福的方向并为之而努力	实际案例+课堂讨论

《宝石知识与鉴赏》课程思政元素紧扣社会主义核心价值观,将"资源开发与环境保护的平衡发展理念""中华民族优秀的文化发扬传播""大国情怀与工匠精神""生命的美好"等思政元素以一个个案例和故事的形式融入专业知识中,让学生认识到宝玉石是不可再生资源,在开发利用过程中需要落实环境保护与资源开发平衡的绿色发展理念。同时课程以中国玉石文化内涵与雕刻技艺为媒介,引导学生领悟宝玉石蕴含的优秀传统文化,形成文化自信、健康审美的价值取向。

(二)思政案例设计与组织

和田玉是我国最受欢迎的玉石品种,其温润、细腻、坚韧、洁净的优良品质在新石器时代就受到先民的青睐,称为玉器制作的重要材料。经过岁月的洗礼,和田玉已经成为文明世界的"东方瑰宝"。本小节通过和田玉鉴赏知识的学习,引导学生认识和田玉作为中国玉王的重要性,学会不同产地、不同种类和田玉的主要鉴赏依据。通过课堂讨论、探究,引导学生形成"和田玉文化与雕刻技艺是中华民族的灿烂文化"意识,并结合案例引导学生科学的辩证思维,引申为做人做事的准则,在现实生活中需要增加风险意识等。

思政点1:"和田玉喻义"——一种心意与生活态度

课前,教师通过学习通发布和田玉鉴赏知识学习任务,学生通过线上教学资源预习知识要点。课上,结合和田玉发现及生命史的故事案例,教师从历史的角度,对和田玉的生命史进行讲解。

案例:我们都知道,和田玉在翡翠出现之前,引领了几千年的玉文化,是中国古代的玉石之王。中国也是世界上开采和应用和田玉最早的国家。据考古发现,早在7000多年前的河姆渡文化中就已发现人们使用和田玉的痕迹,5000多年前的屈家岭文化中就出现了和田玉制作成鱼的造型,到明清时期,各种和田玉制品琳琅满目,已经完全融入人们的生活中,并形成了中国成熟而独特的艺术风格。和田玉在华夏的历史文化上扮演着重要的角色,是新石器时期的东西方文化交流瑰宝,是最早的"丝绸之路"文化的缩影,从良渚文化青玉制品,再到商周时期最重要的殷墟妇好墓玉质陪葬品,和田玉在汉代之前,有着帝王之玉的美称。

【分析引导1】引导学生认识到和田玉文化与雕刻技艺是中华民族灿烂文化的组成部分,也是人类艺术史上的辉煌成就。用和田玉的文化内涵来表现一种品质,一种心意,一种对于生活的态度。

【分析引导2】和田玉是中国使用最早的玉石,它身上承载了中华民族很多优良品德,而中国人历来重视这些品德,例如,和田玉寓意的仁、义、智、勇、洁的高尚品质。引导同学对和田玉文化有深刻的认识和理解,并在生活中对其进行弘扬和传播。

思政点2:"和田玉特征"——科学的思维和辩证的方法

教师从和田玉的组成进行讲解,先介绍和田玉是指以透闪石、阳起石为主要矿物组成的具有宝石价值的矿物集合体。目前市场上,我们常见的和田玉主要产自新疆、青海和俄罗斯三个地方,这三个产地的和田玉主要矿物成分均为透闪石,杂质矿物常见磷灰石、磁铁矿等,结构上都毛毡状结构为主。紧接着介绍和田玉的种类,根据颜色对和田玉进行分类。

案例资料:目前和田玉主要有以下几种类型:(1)白玉:主体颜色调呈白色,常带有轻微的灰绿、淡青、褐黄、肉红、紫灰等色调。其中质地细腻、光泽温润如脂肪者称羊脂玉,为上品。(2)青玉:主题颜色呈中等至深的青、灰青、黄绿等色调。(3)青白玉:主体颜色介于白玉和青玉之间,呈浅至中等的青白、灰青白等色调。(4)碧玉:主体颜色浅至深的绿、灰绿、青绿、暗绿、黑绿等色调,且由铁、铬、镍等元素致色,大部分碧玉结构不均匀,常见磁铁矿等黑色铁矿物散布;多数碧玉主要因Fe^{2+}致色,因此其绿色沉闷;少数碧玉的组成矿物含有$Cr3+$,可使碧玉呈翠绿色。(5)黄玉:主体颜色呈浅至中等的黄、绿黄、栗黄等色调,其中以栗黄色和蜜蜡黄色为上品。(6)糖玉:主体颜色呈糖色,且糖色的百分比不低于85％,表现为浅至深的红褐色、褐色、褐黄色或黑褐色等色调。(7)墨玉:主体颜色呈灰黑至黑色,由石墨致色,且黑部分百分比不低于30％,可夹杂白、灰白、青白、灰青或青等色调,黑色部分形态表现为点状、云雾状、条带状等。(8)翠青玉:部分或整体色调呈浅绿至翠绿色,主要致色元素为铬,且绿色部分百分比不低于5％,常见绿—白(灰白)、绿—白(灰白)—烟青等颜色组合。

【课堂讨论】在民间经常说"人养玉三年,玉养人一生",同学们如何理解?

【分析引导】对待这样说法,可以通过知识进行分析,培养学生利用科学的思维及辩证的方法去看待问题和解决问题。需要用玉石的成分组成及内部结构的知识去科学的理解,"人养玉,玉养人"指的是通过长期的佩戴,人体表面的油脂可以进入玉石表面各矿物颗粒之间的缝隙中,因此可以轻微的提高玉石的透明度,视为人养玉;而玉石在佩戴过程中也会对人体的皮肤起到一定的按摩作用,这就是所谓的玉养人了。

思政点3:"和田玉的分布"——做人做事脚踏实地,不能投机取巧,增强风险意识

教师先介绍和田玉的主要产出地有新疆、青海、四川罗甸、安徽、甘肃、辽宁、河北、广西、中国台湾地区等,国外有俄罗斯、韩国、加拿大以及非洲。然后提示同学们玉石的品质好坏与产地的联系不是简单的对应关系,每个产地的和田玉都有品质好的,也有品质中等的及一般的,因此我们说"新疆产的和田玉是最好的"说法太片面了,新疆产的羊脂白玉在和田玉中属于高品质的,但是目前市场上确实比较少见;而俄罗斯产的白玉无论是白度还是油性都有高品质的,也被喜欢和田玉的人士所接受。

【图片分析】珠宝圈关于"赌石"的故事。分析商场玉石价格由几部分组成?

【分析引导1】抛出"赌石"的故事从而提示同学们"赌石,需谨慎","一夜暴富"的想法是不可取的。普通人由于缺乏玉石的相关专业知识以及把玩石头的丰富经验,在"赌石"上往往以失败告终。即便是珠宝玉石圈的专家学者都不敢轻易地去"赌石",不能投机取巧,增强风险意识。

【分析引导2】玉石是大自然留给我们的礼物,玉石的形成历经千百年,任何一个因素的变化都将影响玉石的品质,因此很难通过外在的特征去完全正确的判断玉石的品质。在生活中我们也要关注周边的事物,做人做事需要脚踏实地。

(三)教学效果与反思

《宝石知识与鉴赏》作为通识选修课,教育对象是不同专业的本科生。实际授课时充分挖掘与本课程相关的思政元素,以学生兴趣为连接点,建立宝石知识与思政教育关联。可以将以下几个点作为实际融入连接点。

(1)认识珠宝玉石颜色、硬度、透明度、光泽、内部结构等基础知识的通识选修课程,具有美学熏陶,道德比拟、文化自信、科学思维、坚韧乐观等思想政治教育价值。

(2)将宝玉石的历史背景、文化内涵、人物事迹、社会现象等题材中蕴涵的思政元素引入专业教学活动中,使课程内容更加有趣,再辅以课题讨论的形式,能够很好地调动学生学习的主动性、积极性以及创造性,在课程教学活动中发挥学生的主体作用。

第二节 《数字地形测量学》课程思政设计与实践

(一)思政融入总体架构

《数字地形测量学》课程是华北理工大学测绘工程、GIS工程等专业基础课程,也是一门理论和实践紧密结合的课程。教学内容有测量基本原理,水准仪、经纬仪、全站仪的仪器结构、操作方法和内业处理,以及小区域控制测量和大比例尺地形图测绘理论和实际测量方法。学生不仅需要学会常规仪器操作、外业工程施测以及内业成果计算和绘图,还需要学会在工程基础测量中如何解决复杂的技术问题,同时通过无人机测绘、三维激光扫描测绘、北斗等新技术工程案例,引导学生专业情怀、工程实践和创新思维的初步形成。通过实验实践的外业活动,锻炼学生团结合作团队意识,严谨求实、一丝不苟的测量作风,让学生充分认识到大家的密切配合、通力合作、互相帮助才能成功的硬道理。在教学过程中,将知识点讲解传授与课程思政元素进行有机统一,通过经典人物故事、视频分析、动画展示及课堂讨论挖掘课程思政的隐性元素。课程思政点设计见表6-2所列。

表6-2 《数字地形测量学》课程思政元素及设计

章节与知识点	思政元素	教学策略
第一章 绪论——高程概念	通过珠峰测量视频,增加学生对自己所学专业的崇拜、认可,进而培养学生爱岗敬业,无私奉献的精神	视频案例+课堂讨论
第二章 水准测量——四等水准记录	通过水准测量等级和对应国家或行业标准,引出《测绘法》具体行文和规定,引导学生建立一种意识:测绘指导依据需以国家法律作为测量行为的准绳,保证测绘真实、规范的重要性	课堂练习+案例讲解
第三章 角度测量——自动补偿装置	针对水准管气泡精平过程费时费力的问题,引出自动补偿装置原理。通过测量与物理光学之间的趣事,鼓励学生要积极思考,引导学生认识到知识细节是创新思维激发的原创源泉	动画视频+课堂讨论

续表

章节与知识点	思政元素	教学策略
第四章 电磁波测量——相位测量	通过介绍相位测量距离原理,引出不同波长测尺组合测量距离的原理,引申出现实技术问题必需团队合作,"尺有所短,寸有所长",发挥各自长处,攻坚克难的重要作用	原理讲解+课堂讨论
第六章 小区域控制测量——GNSS定位	通过美国与中国全球定位导航技术的发展历程、轨道分布及参数性能对比分析,讲述老一辈科学家无私奉献故事,同时引申到科技卫国是国家国际地位的保证	案例讲解+视频分析

从表中可以看出,课程的思政元素紧扣社会主义核心价值观,突出了"爱岗敬业,无私奉献""测绘行为和国家安全法律""大国情怀与工匠精神""生命的美好"等思政元素。教学实施是根据每个教学单元内容的特点,选取切合的思政点融入,配合合理的学习活动,来促进知识、能力和课程思政的同步有效达成。在知识讲解中融入一些典型案例,让学生在专业知识的学习中潜移默化的感受测绘专业的美,感受测绘人的顽强意志和勇于创新的精神。通过测绘仪器操作和实践,让学生体会到测绘工作严谨、认真的工作态度的重要性;也可以通过数据的观测、记录和检查实验环节,体悟测绘数据精准性的重要性,及一个小数点就可能"失之毫厘谬以千里"的道理。

(二)思政案例设计与组织

思政点1:"四等水准测量记录"——测量外业严谨求实态度和测绘法律意识

在第二章水准测量章节,讲解水准测量基础理论。强调水准测量实质是测定两点之间的高程之差,即高差,然后由已知点高程及已知点与未知点间的高差求出未知点高程。水准测量包含外业观测、记录、检核及内业计算等工作内容。在讲解外业观测和记录环节时,引入课程思政——测量外业严谨求实态度和测绘法律意识。

【教学情境】准备纸质记录手簿,让学生练习四等水准测量规范记录。教师现场指导学生记录四等水准测量观测值,强调书写规范要求,重点突出在野外必须用铅笔记录,不允许涂改、不能用橡皮擦写等注意事项。说明四等水准记录手簿是原始测绘数据司法资料等。结合四等水准观测一个测站上的观测顺序,"后后前前,黑红黑红"观测数据为例进行讲解。强调测量外业需要成果200%重复检测的必要性,要求学生记录规范,步步检核,并结合测量限差"前、后视距离之差小于3m;前、后视距离之差累积差小于10m;红黑面读数之差小于3mm;红黑面高度之差小于5mm;"的口令"3—10—3—5"让学生重点记住,限差即为指标,超限必须重测的行业要求,不得马虎,不能做假。

【分析引导】在水准测量和角度测量的外业实施和内业计算中,必须具有"认认真真做事,严谨踏实做人"测量工作态度,测量成果应该做到"依据可查"。无论是水准测量还是角度测量,无论哪个等级的测量,均应以国家法律或行业标准为准绳,保证测量成果真实可靠,引导学生培养严谨、求实的职业观。同时通过现场练习记录,让学生体验到测绘记录的规范性、真实性都不可或缺。

思政点2:"地理坐标与绝对坐标"——测绘人国家信息安全意识

在讲到点的平面位置中地理坐标、平面直角坐标和高斯直角坐标概念时,进行适当延伸和拓展,引出相对坐标与绝对坐标的概念。特别是针对绝对坐标是以地心坐标系为基础,涉及全世界定位与导航服务的关键信息,引出思政案例,阐述测绘人应如何培养国家信息安全意识。

【资料准备】1999年5月8日清晨5时45分左右(北京时间),以美国为首的北约,无视维也纳外交关系公约和国际关系基本准则,悍然将五枚导弹投向了中华人民共和国驻南斯拉夫联盟共和国大使馆,造成了三名记者身亡,数十名工作人员受伤,大使馆建筑严重受损。播放视频"驻南斯拉夫大使馆遭美军轰炸,惨痛教训历历在目,如今终崛起"。

【课堂讨论】通过观看视频,给学生提出两个问题。(1)作为一名中国青年,观看视频你学习到什么,体会到了什么?(2)作为一名中国青年测绘人,你意识到了什么,什么是国家信息安全意识?展开视频分析和课堂讨论。

【引导分析1】现在的世界,每一次的历史事件,都是一个值得思考的节点。我国大使馆被炸的事件,就是发生在南斯拉夫解体的时期。同学们思考一下,美国这么做的原因是什么?小组讨论一下,军事科技的研发和突破,有哪些与测绘专业相关的技术?

【引导分析2】地形图上重要地物的绝对坐标是国家安全的基础信息。保护国家安全信息是每个公民应尽的义务,更是爱国的体现。作为一名测绘人,要认识到GNSS绝对定位坐标的重要性。学生们在使用高德地图、手机随身拍上传导航软件时,也要防范这类信息泄露。倡导自己和周边人,加强国家地理坐标信息的安全意识,宣讲"国家信息安全"的重要性。

思政点3:"小区域控制测量"——现代科技创新是强国之本

控制测量是通过建立控制网精确测定控制点坐标的。小区域控制测量是指在小范围测区内选定若干个位置稳定的固定点进行区域控制测量的工作。常用控制测量方法有导线测量、交会测量及 GNSS 测量。在本章讲解到 GNSS 测量时，需要对比世界已有全球定位导航系统。目前国际上主要有美国国防部研制 GPS(Global Positioning System)，俄罗斯研制的 GLONASS、欧盟研制的伽利略导航 Galileo 定位系统、中国研制北斗导航全球定位系统(BeiDou Navigation Satellite System,BDS)。在讲解北斗导航全球定位系统卫星组成、轨道分布及精度时，可以引入一些故事案例，进行课程思政。

【资料准备】播放视频"北斗卫星导航系统"。北斗卫星导航系统是中国着眼于国家安全和经济社会发展需要，自主建设运行的全球卫星导航系统，是为全球用户提供全天候、全天时、高精度的定位、导航和授时服务的国家重要时空基础设施。北斗系统提供服务以来，已在交通运输、农林渔业、水文监测、气象测报、通信授时、电力调度、救灾减灾、公共安全等领域得到广泛应用，服务国家重要基础设施，产生了显著的经济效益和社会效益。基于北斗系统的导航服务已被电子商务、移动智能终端制造、位置服务等厂商采用，广泛进入中国大众消费、共享经济和民生领域，应用的新模式、新业态、新经济不断涌现，深刻改变着人们的生产生活方式。中国将持续推进北斗应用与产业化发展，服务国家现代化建设和百姓日常生活，为全球科技、经济和社会发展做出贡献。北斗发展历程：20 世纪后期，中国开始探索适合国情的卫星导航系统发展道路，逐步形成了三步走发展战略：2000 年年底，建成北斗一号系统，向中国提供服务；2012 年年底，建成北斗二号系统，向亚太地区提供服务；2020 年，建成北斗三号系统，向全球提供服务。

【课堂讨论】通过观看视频，给学生提出两个问题。(1)中国北斗卫星导航系统与美国 GPS 系统的卫星个数、轨道设计和性能参数对比？(2)中国北斗卫星导航系统作为中国国防与民用关键技术装备，你了解哪些关于它的故事？

【引导分析 1】在现代战争以海、陆、空、天一体化战场环境特征下，GNSS 定位在现代战争中广泛应用于各种飞机、无人机、舰艇、装甲车辆、特种作战部队以及精确制导武器等各种武器平台和系统的赶工精度定位和测速，可有效提高作战部队快速反应和快速机动能力，有利于赢得战机。拥有自己国家独立 GNSS 系统，意味着有了定位眼睛和瞄准技术。

【引导分析 2】承认我国在一些技术领域与发达国家的差距，将爱国、报国、强国的强大精神动力转化为学习专业的热情，形成强烈而持久的学习内驱力。通过中国北斗的发展历程和感人故事，让学生感受到祖国的强大和科技的进步，感受到老一辈科学家无私奉献精神，探索科学勇气和毅力。引导学生们热爱祖国、报效祖国的决心和意志，培养他们不怕困难、永不言败的精神，升华对测量工作的认识高度。

(三)教学效果与反思

《数字地形测量学》课程在确定知识和能力的教学目标之外,还将"爱国主义、敬业精神、团结协作"的课程思政目标融入其中。主要是通过展示中国测量技术装备的发展水平,提升学生对国产测量装备的技术自信,培养学生的爱国主义情怀,成为爱国报国的有识之士;通过强化测量基本技能的实践,培养学生精益求精、一丝不苟的工匠精神和工作作风,形成良好的专业素养和敬业精神;在测量外业实验环节,突出团队分工与协作的理念,培养学生的团结协作意识,以及勇于探索、求真务实的工作作风。

第三节 《晶体光学》课程思政设计与实践

(一)思政融入总体架构

《晶体光学》是华北理工大学资源勘查工程专业开设的一门专业基础必修课程,学校教师团队围绕课程中"光学基础、晶体光率体、晶体在三大光学系统的光学性质、未知矿物鉴定"四大板块内容,为课堂教学设计了——"大国工匠精神""多视角全面看问题""弘扬传统文化与文化自信""科学探索精神"四大综合思政教育内容。课程思政点设计见表6-3所列。

在光学基础知识讲授过程中,结合"光纤之父"——高锟院士以及"天眼之父"——南仁东的优秀事迹的案例故事,让学生体会到光学基础知识的重要性,并鼓励学生培养耐心、专注、坚持、严谨、一丝不苟、精益求精等工匠精神。熟悉偏光显微镜结构、正确调节使用和维护章节,通过视频让学生感受偏光显微镜生产的不易,介绍显微镜每个部件的光学性质及内在联系,让学生懂得偏光显微的科学性和精密性,引导学生使用过程中要严格操作规程,爱护公共财产。在讲授晶体在单偏光、正交偏光、锥光下的光学性质时,通过不同矿物在光学显微镜下的仔细观察和辨别,培养学生仔细认真、一丝不苟的严谨求实精神和踏实耐心的工作作风;同种矿物偏光显微镜下不同切面表现出不同性质的现象,引导学生要全面分析问题,注意矛盾的普遍性和特殊性的辩证关系,树立辩证唯物主义观点。在讲授未知矿物系统鉴定内容时,除了介绍矿物鉴定的一般程序及注意事项外,以新矿物——"毛河光矿"的发现过程为案例,激发学生追求真理、探索未知的精神。在此基础上,以典型玉石宝石矿物镜下特征鉴别为例,引导学生深入思考宝石的价格和价值的意义,提高辨别是非能力和风险意识,培养科学思维能力。

第六章 基于课程思政的教学设计与应用案例

表 6-3 《晶体光学》课程思政元素及设计

章节与知识点	思政元素	教学策略
光学基础知识中的折射、全反射等	通过讲解光纤之父——高锟、天眼之父——南仁东引出大国工匠精神	名人故事,光学知识应用的案例视频等
均质体与非均质体	非均质体矿物,在显微镜下也有表现出均质性的颗粒——培养学生全面看待问题的思维,避免以偏概全,坚持普遍性和特殊性相统一的科学方法论	同一矿物在偏光显微镜下不同光学性质的图片,学生仔细观察发现问题并讨论分析
未知矿物系统鉴定	新矿物的发现,将矿物鉴定与新矿物命名联系起来,激发学生追求真理、探索未知的科学精神	科学家的故事,典型案例分析

(二)思政案例设计与组织

思政点 1:"正交显微镜下均质体与非均质体的判定"——多角度全面看问题,避免以偏概全,树立辩证唯物主义观点,坚持普遍性和特殊性相统一的科学方法论

【问题的引入】提问学生:"高级晶族、中级晶族、低级晶族矿物的晶体形态及晶体常数特点?"由前置课程学习的知识点,引出均质体与非均质体的概念。

【知识讲解】光性均质体指光学性质(颜色、折射率)各个方向相同的物质,如玻璃质和等轴晶系的矿物,光进入均质体后,光的传播速度及折射率不因振动方向不同而发生改变。光性非均质体指光学性质随方向而异者,称为光性非均质体,除等轴晶系以外的矿物,自然界绝大部分矿物是非均质体。光进入非均质体后,除特殊方向外,光的传播速度及折射率会因振动方向不同而发生改变。通过显微镜下的图片视频展示,让同学们感受均质体与非均质体光学性质的特点及差异。

【课堂讨论】"在单偏光显微镜下,是否薄片中的所有电气石颗粒都具有非均质性?"为什么?

【分析引导】教师通过引导薄片的制作过程,分析出电气石颗粒因方位不同切面性质也不同,垂直 C 轴或光轴的切面,表现的就是均质性。引导学生在显微镜下观察测定光学性质要全面,注意普遍性与特殊性的辩证关系,树立全面看问题的思维方式。

思政点 2:"一轴晶和二轴晶光性方位"——培养学生热爱传统文化,树立学生文化自信

【知识讲解】老师通过 PPT 和矿物标本和图片,向学生讲解均质体、一轴晶、二轴晶矿物的光性方位特征,强调一轴晶和二轴晶光性方位是鉴定矿物的理论基础。同时挖掘蕴含在各类型矿物(例如水晶、翡翠等)内的传统文化内涵(例如玉石文化和中药文化),通过案例分析宝石中蕴藏的传统文化,激发学生的学习兴趣,加深学生对光性方位及光率体特征的理解,培养学生热爱传统文化,树立文化自信。

【课堂互动】先组织讨论:"大家能想出几种熟悉的宝石吗?这些宝石有哪些典故?它们属于一轴晶还是二轴晶?"然后,在对学生列举出的宝石矿物基础上,老师引出知名宝(玉)石——蓝宝石、红宝石、翡翠、和氏璧等对应的原石矿物,并指导学生对其主要鉴定特征进行归纳总结。

【分析引导】在宝石鉴定的基础上,结合"和氏璧"等古代玉石故事,引导学生要树立"宁为玉碎"的爱国民族气节和"瑕不掩瑜"的清正廉洁品质,弘扬"化干戈为玉帛"的团结友爱风尚及"润泽以温"的无私奉献精神。

思政点 3:"未知矿物系统鉴定"——激发学生追求真理、探索未知的科学精神

【问题导入】新矿物发现过程需要哪些鉴定手段?晶体光学知识会发挥什么作用?有哪些矿物是以我国科学家命名的?

【人物故事】教师详细叙述某种新矿物发现过程及光性方位特征。广州地球化学研究所与北京高压科学研究中心合作对岫岩陨石坑冲击变质矿物的分析,发现了新矿物"毛河光矿"。通过成分、结构等的表征分析,发现该新矿物具有与镁铁矿 $MgFe_2O_4$ 相同的化学组分,同时具有更致密的结构——超尖晶石结构,证实这是镁铁矿的一种高压多型。

【分析引导】在讲述新矿物发现及确定过程中,突出老一辈科技工作者专业知识扎实,脚踏实地工作态度。表现我国科学家实事求是、一丝不苟的精神。利用感人故事实施教学过程的共情影响,鼓励学生形成探索未知、追求真理的价值观。

(三)教学效果与反思

要想保障授课的教学效果,需要通过精心设计,需要搜集大量人物和事实案例。结合知识点的思考,积极挖掘其中的思政元素,以"春风化雨、润物无声"的形式,隐性融入晶体光学课堂的各个教学环节,达成教学目标和思政目标。另外,需要教师不断丰富课程思政的内涵与应用领域,在传授专业知识的同时,引领学生树立正确的价值观,建立文化自信与科学自信。通过教学达成,明显体会到学生通过课程学习,深刻认识到晶体光学的研究对于推动地质科学进步,弘扬传统文化与爱国情感等方面的积极作用,感受地质或矿业领域的老一辈工作者们不迷信权威,勇于探索真理的求是精神,不畏艰险,追求真理,勇于创新,严谨治学的科学精神,增强学生的民族自豪感、自信心,树立攀登科学技术高峰的信心,担负起民族复兴重任。

教育箴言

> 要真正做到多思，我们必须甘心忍受并延续那种疑惑的状态，这是对彻底探究的动力，这样就不至于在未获充足理由之前接受某一设想或肯定某一信念。——杜威

约翰·杜威(John Dewey，1859—1952)，美国著名哲学家、教育家、心理学家，实用主义的集大成者，也是机能主义心理学和现代教育学的创始人之一。是20世纪上半叶美国最著名的学者之一，对20世纪前期的中国教育界、思想界产生过重大影响。

第七章　基于 Problem 教学设计与应用案例

在教育实践中,大多数学生往往记住了老师讲解的概念和技能,但并不能解决新的问题。因此,教师需要启发学生思考,引导学生去探究,去尝试如何发现、思考、分析及解决问题的一个过程。只有逐渐地让学生形成思考的习惯,当学生遇到新的问题时,自然会依据已有知识储备,尝试思考、分析、解决新的问题,才能让学生体会到"自己成为一个有效的问题解决者"。基于 Problem 教学设计正是这种"启发学生思考""多问"的教学理念,应用到课堂教学、实验、上机等多种环节,也是 3PBL 教学中最基础的设计单元。

基于 Problem 教学设计从一个或多个知识点出发,以具体问题来贯穿"导入、讲解、讨论和小结"等一个或者多个环节。问题的准备是设计的关键步骤,提前设计好一些问题,这些问题的内容、类型和难度会直接决定课堂互动的效果。同时,设计时应注意,Problem 所指向的问题必须与教学目标、与学生需求相适应;问题所处的坐标,可以是导入、教授过程或者是小结等环节;问题形式可以是启发式、追问式、转移、等待式等。当然最重要的,还是教师根据问题进行有效、互动的提问,激发并引导学生逐渐进入思考。为了取得最好的教学实施的效果,教师在备课时,不仅要完成教学内容的设计,还要求备学生、备问题、备节奏,需要提前预设如何根据课堂中学生的反应和教学目标,恰当地设计问题内容和形式。每个问题的时长应该控制在一定时间内,每堂课提问间隔需要根据教学课堂现场反馈决定。

本章介绍了 3 个工科基于 Problem 教学设计案例,为实际教学实践提供参考和示范。

第一节　"双折射率"Problem 教学设计与实践

(一)"双折射率"知识点

"双折射率"是地质学专业本科生必修的专业基础课《晶体光学》中第一章的重点内容,也是这门课程中的核心知识点。光在非均质体矿物晶体传播过程中,因入射方向不同,会产生传播速度不同、振动方向相互垂直、折射率大小不等的两束偏振光,这种现象称为双折射,两束偏振光的最大和最小折射率值之差称为该晶体的双折射率。晶体不同,双折射率也不同,双折射率是鉴定透明矿物晶体最精准有效的光学参数,尤其是对非均质透明矿物的鉴定具有重要意义。具有双折射的矿物晶体被广泛应用于光学工业中、天体物理学领域及天文用太阳黑子仪等材料,例如液晶显示器、各种偏光棱镜和偏振器、相位延迟片等光学器件。

为了加深学生对双折射概念的理解,教师团队对"双折射率"概念采用基于 Problem 的教学设计形式,在真实情境下引导学生探究双折射的原理及具体应用,将知识点深入浅出以问题形式分解,将抽象理论知识学习优化为有真实情境下的自主探究,通过基于 Problem 的学习,学生不仅对双折射产生的原理有深刻认识,还初步培养了基于双折射原理指导实践应用的深度思维、创新思维,建立专业认同感和职业自豪感,激发了学生学习兴趣,促进学以致用能力的培养。

(二)知识点设计和组织

"双折射率"Problem 教学在课堂上主要是采用 PPT 讲解+提问+课堂讨论等形式,对问题实施的情境进行创设,利用连续性问题的驱动,逐步引出本课程核心内容——"双折射率的概念及其形成过程",当学生对双折射概念有了初步认识之后,顺势抛出 PBL 核心问题"根据双折射原理,你认为它可以应用在哪些领域,如何应用?"通过设置问题,引导学生思考,让同学们带着问题去挖掘解决问题的途径,将理论知识的学习与解决实际问题紧密结合在一起,培养学生主动学习、深度思维的良好习惯,提高分析问题、解决问题的能力。问题抛出后,要求学生课下以小组合作的形式开展学习,把大问题分解为若干小问题分头查阅信息,探究问题,这个阶段大约需要 2~3 天时间。探索与研究结束后,各小组进行组内交流,讨论问题,目的是统一各组内小组成员意见,培养学生团结协作精神及讨论交流的能力。最后,进行组间展示各自解决问题的思路和方法,对各组成果进行讨论、加工后,教师团队组织学生在小型研讨教室进行 PPT 汇报展示,并进行讨论,这个过程需要 90 分钟时间。当完成整个 PBL 教学过程后,对整个 PBL 实施效果进行反思总结,最后对问题进一步拓展。

该知识点的课堂教学情景再现如下。

(1)Bring-in 创设情境,引出问题

PBL 问题的导入需要进行情境创设,双折射概念的引入需要从基本的折射定律开始,并逐步引入。由日常生活中的现象,如,"筷子在水中变弯曲的现象""雨后的彩虹""渔夫是如何叉到水中的鱼的?"等现象,引导学生思考为什么会有这些现象发生,对中学物理学中折射定律有更深入地认识和理解,从而引出冰洲石下面的线有双影的现象,分析原因?解释为什么?

通过"渔夫叉鱼"的图片展示,将生活中利用折射定律指导实践的案例呈现给学生,并顺势抛出问题,"假如你是渔夫,怎样更精准地叉到鱼?"(见图 6-1),通过学习通线上平台,发布 3 个选项:①对准看到的目标;②朝向鱼上方;③朝向鱼下方。同学们作答结果显示,没有人选择①;2 个人选择②;20 人选择③。随后,对学生的选择依据进行提问,尽管大部分学生给出了正确答案,但是他们的解释并不到位,仍需要对折射定律这个内容进行进一步讲解。通过类比,将生活实例与课程内容联系起来"生活中渔民利用折射率知识指导了生产实践;而我们也可以通过折射率知识来鉴定矿物"。随后,给学生列举了两种折射率差异较大的矿物——钻石和石英,并提出问题"假如分别给你一块钻石和石英矿物,你如何很快鉴别",这时,大多数学生们能够脱口而出"钻石光泽亮",由于有前面的问题铺垫,大家也能将钻石光泽强的原因也归结于折射率大,容易发生全反射。

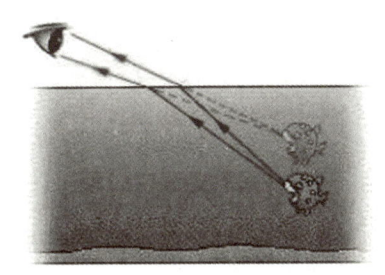

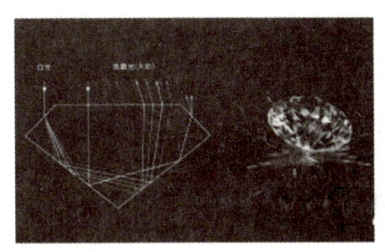

图 6-1 课堂导入:折射率的应用

(2) 前置知识的回顾及知识点的讲解

学生对折射定律内容掌握后,紧接着引出本讲课的重点内容——"双折射",提出引导性问题"无论是水,还是空气,光的传播介质都是均质体。假如是非均质体矿物,光入射其中,又会发生什么现象呢?"该问题立刻引发学生的思考。教师现场展示非均质矿物冰洲石(纯净透明的方解石)的双重影现象,并提问学生"为什么冰洲石下面的毛线是双重影,而玻璃下面的线是单影?"进一步启发学生积极思维。然后,顺势引导学生回忆前设课程"结晶学及矿物学"中学到的知识——方解石的晶体常数特点及晶体内部结构特征,剖析冰洲石产生双折射的机理,指出玻璃和方解石的异同点,从而引出"双折射概念及形成条件"这个知识点。最后,教师对双折射率的概念及形成进行系统分析和讲解(见图 6-2)。

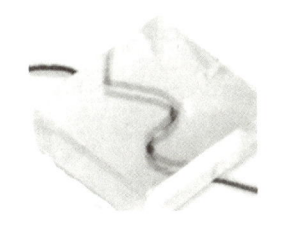

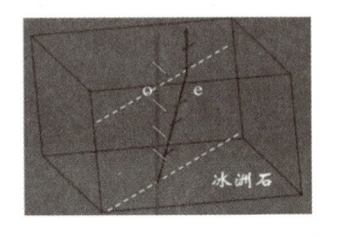

图 6-2 课堂教学展示—冰洲石双影现象及成因分析

(3) 分工合作,探究问题

当学生对双折射知识进行初步学习后,进一步启发学生深度思考,提出 PBL 问题"双折射原理应用在哪些领域,是如何应用的?"课下分小组学习、讨论完成,课上PPT分享。

教师指导学生进行分组,每组 3~4 人,并指定一名组长来负责任务向前推进,学生以小组合作的形式开展学习,对问题进行分解,然后分工给每个成员。例如,学生 T1 主要搜索双折射应用领域,学生 T2 主要负责研究具体领域双折射原理如何应用,学生 T3 主要负责收集相关的研究资料等。各小组内部进行分工,使每个学生发挥所长。在合作研究过程中,教师要为学生提供相关的学习资料,例如,书籍《光学性质及应用》和相关的网站等,并指导学生对获得的资料进行整理。对一些展示双折射应用原理的文字、公式、图片、视频等资料进行保存。当然,学生在合作研究过程中也会出现一些问题,例如,双折射应用很可能与电学、力学等相关物理知识交叉,这对学生提出了更高的要求。教师在此过程中要进行有效指导,并及时提供知识获取途径,鼓励学生克服困难。

(4)组内交流,讨论问题

组内交流阶段,学生将自己的分工任务汇总在一起,讨论在哪些方面还存在问题,提炼出双折射理论在某个领域到底是如何应用的,优势是什么?学生交流达成共识后,组长负责对研究成果进行汇总,最终形成一份成果报告。根据成果报告,各小组制作 PPT 汇报材料,主要针对具体领域的应用背景、应用过程以及应用价值进行详细展示。

(5)组间展示,解决问题

组间交流,成果汇报在华北理工大学小型研讨型教室举行。每组汇报 15 分钟左右,讨论 5 分钟,尤其是针对双折射的应用过程进行详细展示(见图 6-3)。

【小组展示】小组 A 主要研究了双折射在液晶显示技术方面的应用,并详细叙述了液晶受电场影响决定液晶分子转向,从而影响光线行进方向,形成不同灰阶,作为显示影响的工具。小组 B 主要对光的弹性效应进行了研究,即各向同性介质在受到外力作用后而引起光学各向异性的现象。小组 C 主要对偏振分光器进行了研究,并解释了利用如何双折射原理将非偏振光分解成两束振动方向垂直的线偏振光的过程。

【组间提问】经过学生们的汇报,拉近了双折射的原理与现实应用的距离,各小组汇报完成后,学生们热烈交流,例如,某学生针对小组 A 的研究提出,液晶显示器与传统显示器相比,有啥优势?双折射原理在其中是否发挥作用?这个问题切中要害,引起了学生们的极大兴趣。某学生对 B 组进行了提问,"根据光的弹性效应原理可以制作相关的检测设备吗?"这个问题显示出学生对知识学以致用的能力。还有学生针对小组 C 的研究,提出"偏振分光器等光学器件在哪些具体领域应用?"

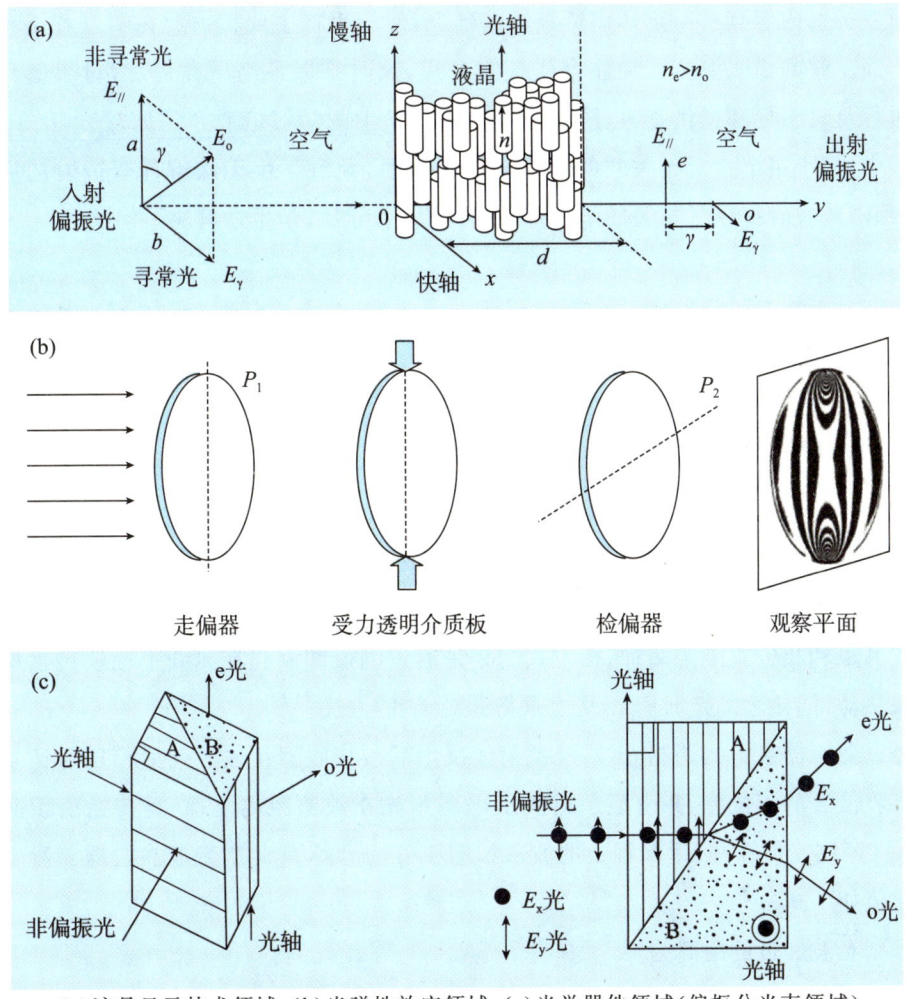

(a)液晶显示技术领域；(b)光弹性效应领域；(c)光学器件领域（偏振分光束领域）

图 6-3　各小组学生展示的双折射应用原理图

【答疑解惑】各小组都对学生提出的问题进行具体回答，尽管有些回答的质量还不是很高，但是，经过学生们的交流、提问、反问等过程，有效地点燃了学生对于知识的渴望，极大地鼓舞了学生在学习及应用知识方面的勇气。教师团队根据各组的汇报和问题的解决程度，对每组研究成果进行了点评和打分，为了活跃学生交流气氛，学生在组内和组间进行了相互评价。

（三）反思总结，拓展问题

相比较传统单纯的概念讲授，本次 PBL 问题的解决是一次学以致用的探索过程，学生对双折射的概念理解更加到位，并熟悉了双折射原理在各个领域是如何应用的，有效地激发了学生学以致用的勇气和信心，高质量地达成课程的各项目标，它是实现素质教育的重要途径。然而，在 PBL 实施过程中，也存在一些问题，例如，PBL 问题应该建立在学生对双折射内容具有一定知识背景的基础上，使学生将主要精力放在学以致用和探索创新方面。教师团队要更加关注合作探究过程，及时掌握各组研究进度，对于遇到的问题要进行及时引导和提供资料，防止困难挫败了学生的学习信心。例如，在本次 PBL 开展过程中，某小组学生对相关联的物理知识不熟悉，导致学生无法解释双折射的应用原理，教师团队及时提供了相关的学习资料，并加以引导后，学生才解决了问题。

第二节 "相位测距"Problem 教学设计与实践

（一）"相位测距"知识点

"相位测距"是《数字地形测量学》课程中第四章电磁波测距的关键知识点。电磁波测距是用电磁波（光波或微波）作为载波传输测距信号以测量两点间距离的一种现代技术方法。具有精度高、作业快、几乎不受地形限制等优点。按测距原理电磁波测距分为脉冲式测距和相位式测距两种，相位式测距是通过测量调制光在测线上往返传播所产生的相位移动，间接地测定时间 t，从而求得距离 D 的方法。

经过调制器射出的调制光波，经反射镜反射后被接收器接收。然后相位对比发射信号与接收信号的相位差，并由显示器显示出调制光在被测距离上往、返传播所引起的相位移 φ。调制光波在往、返测程上的波形如图 4-11 所示，其调制光波在往返测程上的相位变化值如下式。

那么光波经过的距离为

$$D = \frac{\lambda}{2}\left(N + \frac{\Delta\varphi}{2\pi}\right)$$

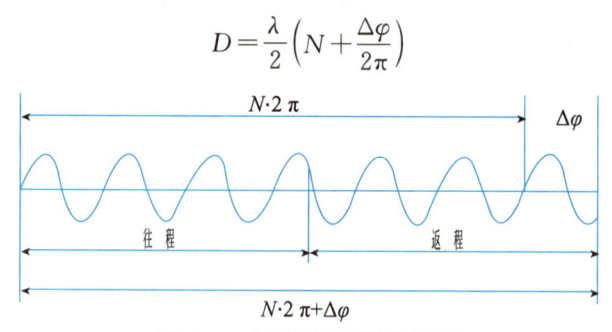

图 6-4 相位测量距离的原理

"相位测距"是学生学习现代测距手段的核心内容。这个知识点的核心问题是如何从相位测量计算时间，再由时间计算距离。学习过程不仅要求学生学会"测距离"转化为"测时间"的思维跃迁，还需要让学生将知识相位差转换成距离基础数学公式推导，更重要的是让学生知识多样化，发现问题、解决问题思路是可以通过"学科相通，组团分析"意识来实现的。因此，为了加强学生对相位测距原理的认识，教师团队对"相位测距"问题内容进行基于 Problem 的实施策略设计,拟在多个知识点问题引导下,让学生学习相位测量原理。将多测尺解决相位 N 的关键技术进行深化分析和案例拓展。同时,针对多个重复周期 N 计算难点,通过同学的角色扮演,将 N 值计算含义变得深入浅出。

(二)知识点设计和组织

"相位测距"以 Problem 为导向的学习设计。逆向引导过程为"相位测距的机理是什么?→什么是光速、波长、频率?其相互关系是什么?→推导相位测距数学公式→测尺是什么?→如何测,分何得准?→参照公式,角色扮演→多测尺解决相位 N"。这个问题设计思路注重与生产实践、科研的关联,通过问题引导学生的学习思考,将知识的学习与解决实际问题相关联,培养学生主动解决问题的思维习惯。

"相位测距"Problem 教学在课堂上主要是采用 PPT 讲解+提问+角色扮演+讨论形式,对问题实施的情境进行创设,具体过程是利用连续性的驱动问题,逐步引出本讲课难点——多测尺解决相位 N 的关键技术。

该知识点课堂情景再现如下。

(1)Bring-in **问题引出**

分析前面知识点脉冲式测距基本原理。其优点是长距离、高精度,缺点是需要昂贵的电子开关材料才能保证测量时间的精准度,因此,一般工程测量测距不可能使用脉冲式测距仪。

【问题情境】有没有一种既可能保证测量精度,又成本较低、价格合理的测距设备呢?引出工程领域常用相位式测距。其具有测程小、价格便宜、精度可靠等优点。

【课堂讨论】从航海测距、无人机测距、房产测绘和身高量距方面,让学生讨论测距的量程、精度指标、测距原理及测距仪市场价格。

讨论 1—2 分钟后,提问两个小组,教师总结不同测量领域所使用测距技术要求、精度需求及适用性原则。提出相位测距知识点学习目标。

(2)Pre-test **前测**

相位测距涉及测量知识、大学物理等知识点较多,有些知识学生印象不深;部分学生对电磁波谱基本概念不清楚,对频率与波长转换关系不知道。因此,为了保证教学效果,测试一下基础知识点。

【课堂提问】提问 2~3 个同学,电磁波谱波段有哪些?光速已知情况下,频率与波长之间关系?如果大家都明白,1 分钟之内总结答案;学生如果不会,增加 2 分钟讲解原有知识点。教师可结合板书,进行分析性讲解和总结。

【学习通答题】给出已知初始相位、角速度、时间情况下,让学生勾选正确的方程式。教师通过答案分析学生认知程度后,可以提问同学 1~2 名,顺便列出正确方程。

(3)知识点讲解

结合 ppt 讲解相位测距原理。实测距离为

$$D = \frac{\lambda}{2}\left(N + \frac{\Delta\varphi}{2\pi}\right) = \frac{\lambda}{2}(N + \Delta N)$$

式中,λ 为调制光波的波长,N 为相位变化的整数或调制光波的整波长数,$\Delta N = \frac{\Delta\varphi}{2\pi}$,$\Delta\varphi$ 为不是一个整周期的相位变化的尾数。若令 $\mu = \frac{\lambda}{2}$,其实质相当于用一把长度为 μ 的尺子来丈量待测距离。

【引入讨论】分组讨论 1 分钟,何为测尺? 不同波长,测尺是多少? 教师总结测尺频率、长度及误差关系,见表 6-4 所列。

表 6-4 测尺频率、长度及误差关系

测尺频率/kHz	15×10³	1.5×10³	150	15	1.5
测尺长度/m	10	100	1×10³	10×10³	100×10³
精度/cm	1	10	1 000	10 000	100 000

【案例讲解】结合一个具体案例(见图 6-5),测量两点距离 834.25m,提问:如果使用上表中哪个测尺,能够达到精度?

接着,教师具体讲解相位测距计算的详细过程……通过教师给出问题→学生完成问题→学生在完成问题中发现问题→师生共同解决问题这一过程,提升学生课堂参与度和思考能力。同时抛出问题:利用不同测尺结果精度为什么会不一样?

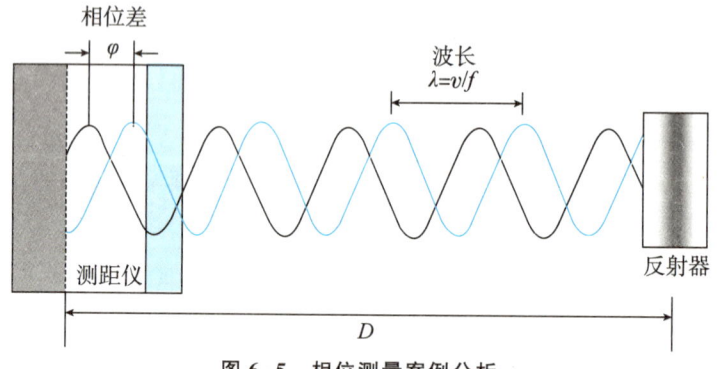

图 6-5 相位测量案例分析

(4)难点现场探究

计算公式中 N 是相位变化的整数或调制光波的整波长数。一般情况下使用一个测尺情况下是没有唯一解的,可以任意一个整数,如何让学生理解,可以创建角色扮演理解多测尺解决相位 N 的关键技术。

【角色扮演】选取 3 个同学 ABC 进行情景演示。A 同学为一个短测尺,B 同学为长测尺,C 同学为相位观测者。情境 1——给定一个时长 T,让 A 同学在讲台左右之间模仿周

期运动，C 同学在 T0 时刻出门，在 T1 时刻进门，让 C 同学根据看到 A 同学的相位变化计算实际多少 N，猜猜 A 同学走了几个来回 N？这个场景可以让学生直观看见，整数 N 相变不可以确定事实。情境 2——给定一个时长 T，在 T0 时刻出门，在 T1 时刻进门。让 A 同学在讲台左右之间模仿周期运动，B 同学在讲台左右之间缓慢运动，当 C 同学进门时，B 同学未完成一个来回，A 同学已经完成多个来回，让 C 同学根据看到 A 同学、B 同学相位变化计算实际距离。

【难点讨论】小组分析，两种情境测距的实际区别？两把测尺的精度区别？为什么这样组合？最后教师结合"多把测尺联合测量"原理，引导学生认识到分工不同，需要合作才能完成的实质。启发学生认识到团队合作的重要性，体会到从数学到生活，从科学理论到实践应用的趣味性。

(5) 理论实际应用

结合实际案例，讲解计算主要参数以后，制造两种测尺推算距离值不符，学生产生了疑惑，是观测数据错了还是老师计算数据错了？让学生分析计算过程中应注意单位问题和易出现的错误。

(三) 反思总结，拓展问题

基于问题的教学设计中，问题的设计很关键。这些问题并不一定只是教师提出的问题，教师也可以引导学生主动提出问题。学生"会"提问题，一方面表明学生会思考，另一方面表明学生善思考。例如，在讲解相位测量时，教师可以在题干中设计一个小错误。当学生自己通过计算发现了题干的问题，学生表现出的兴奋度很高，感觉自己发现了老师的问题。经过"以错试正"的教学尝试，学生会对"自己发现的问题"，更具有解决问题的兴趣。

第三节 "大气窗口"Problem 教学设计与实践

(一) "大气窗口"知识点

"大气窗口"知识点是《遥感原理与应用》课程第三章遥感物理基础知识中的关键知识点。"大气窗口"是指电磁辐射通过大气后衰减较小、透过率较高、对遥感十分有利的波段。遥感传感器从空中或空间接收地物反射的电磁波，这个过程电磁波要两次穿过大气层，而大气对电磁波主要有吸收、散射及反射作用，因此，会导致电磁辐射通过大气后衰减，不同波长的电磁波透射率不同，并且对不同地物的敏感程度也不同。

大气对太阳辐射的主要有吸收、散射及反射作用。其中，在紫外、红外与微波区，引起电磁波衰减的主要原因是大气吸收,很少用到紫外线波段。引起大气吸收的主要成分是水、臭氧、氧气、二氧化碳,大气吸收的影响主要是造成遥感影像暗淡。大气散射通常包括瑞利散射、米氏散射和非选择性散射,其中,瑞利散射对由大气分子、原子在可见光和近红外波段有影响,主要影响短波波段,会使传感器接收到的能量加上一个常数,造成图像反差变小,模糊。物体对电磁波的反射形式可分为镜面反射、漫反射、方向反射三种,从空间对地面观察时,对于平面地区,并且地面物体均匀分布,可以看成漫反射;对于地形起伏和地面结构复杂的地区,为方向反射。

"大气窗口"是指通过大气后衰减较小、透过率较高、对遥感十分有利。大气屏障是指在大气中电磁波透过率很小,甚至完全无法透过电磁波。目前所知,可以用做遥感的大气窗口大体包括:①0.3～1.158μm 大气窗口(短波区)。包括全部可见光波段、部分紫外波段和部分近红外波段。是遥感技术应用最主要的窗口之一。该窗口的光谱,通过摄影或扫描的方式在白天感测、收集目标信息成像。②1.3～2.5μm 大气窗口属于近红外波段。白天夜间都可应用。是扫描的成像方式感测、收集目标信息的理想波段,主要应用于地质遥感。③1mm～1m 微波窗口。分为毫米波、厘米波、分米波。微波的特点是能穿透云层、植被及一定厚度的冰和土壤,具有全天候的工作能力,等等。

认识电磁波的特性、理解什么是大气窗口及不同大气窗口的作用,是能够运用该基础知识进行波段选择的前提,也是后续能够根据实际工作需求选择遥感卫星影像的前提。因此,教师团队对该知识点设计了基于 Problem 的学习方法,拟利用与应急处理相关、生活的问题引发学生讨论和思考,而且通过回答教师的问题,学生不仅能够对电磁波的特性、大气窗口的概念、不同大气窗口的波长范围和作用形成记忆,而且可以引导学生从基础记忆提升至思考如何解决问题,层层深入剖析,将知识的学习与解决实际问题相关联,逐渐形成良好的自主工作能力。

(二)知识点设计和组织

"大气窗口"教学采用 Problem 为导向的学习设计,以遥感影像看地震灾害,例如,雅安地震前后发生了什么变化?复建状况如何?引入核心问题"阴雨天适合选择哪颗卫星可以获得清晰的地震灾区遥感影像?""灾后复建情况可以选择哪颗卫星的影像?"进而利用问题"遥感用的电磁波的能量来源?""人是天然辐射源吗,为什么?""大气吸使遥感影像暗淡的原因是什么?""为什么晴朗天空是蓝色的,清晨太阳呈现红色?为什么阴天是白色?大气污染时为什么是灰蒙蒙的?""你会选取哪些波段来做识别?"等一系列问题,引导学生聆听 PPT 讲解,参与讨论、竞答等教学过程,逐层地解决回答核心问题的两个关键点"引起电磁波衰减的原因?""不同电磁波段适应的工作",进而解决课程导入时提出的核心问题。

该知识点课堂情景再现如下。

(1) Bring-in 问题引出

遥感可以用于应急救灾,当发生地震灾害时,如何利用遥感影像对应急救灾提供技术支持呢?通过地震救援现场的视频,学生可以感到快速救援的紧迫感,心情随着救援进展而紧绷,产生迫切想了解"如何利用遥感影像快速找到受灾区域?如何利用遥感影像快速找到可行之路快速进入受灾区进行救援"的冲动,此时,教师展示震后的遥感影像,抛出本知识点的核心问题,并在后续课程中引领学生解决这个问题。

该知识点课堂情景再现如下。

【教学情境】

教师利用 PPT 分模块展示网上搜集的"地震视频(无声播放)"和地震前后的遥感影像图,并讲解遥感数据的在地震后的高时效性。

老师:2013 年 4 月 20 日 8 时 02 分,雅安发生 7 级地震,给国家和当地人民造成重大的生命财产损失,根据中国科学院遥感与数字地球研究所的报道,当日 14 时,完成四川省雅安市地震灾区 LANDSAT-5、SPOT-5 和 SPOT-4 等卫星的灾前数据产品处理,16 时,从四川传回第一批航空遥感数据,科研人员作出芦山县、宝兴县和邛崃市的灾情监测初步结果。完成震区灾前 LANDSAT-5、SPOT-4、SPOT-5、RADARSAT-2 等第一批历史数据生产。18 时 15 分,第一批震前卫星数据开始共享。为抗震救援工作提供了数据支持,节省了救援时间。

老师:地震后一般会有连续的阴雨天,阴雨天哪个波段易获取清晰的地面遥感影像呢?灾后复建情况可以选择哪颗卫星的影像?

教师留给学生 2—3 分钟的讨论时间,等学生讨论平息后,不继续提问,而是提示学生本节课将仪器解决这个问题并开始课程前测。

(2) Pre-test 前测

教师明确告知学生本知识点的学习目标,即掌握"大气窗口"的概念等基础知识,能够根据实践需求进行波段选择,对遥感在应急救灾中的应用有初步了解。通过提问和发布习题等方式对学生课前自学"大气窗口"知识点 PPT 效果的检查,及时了解学生的自学情况,有助于督促学生养成良好的自主学习习惯(见图 6-6)。

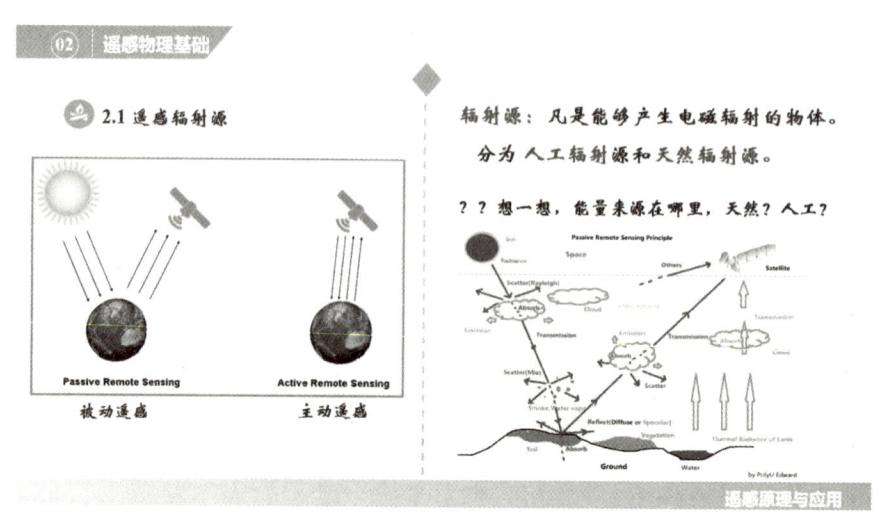

图 6-6 知识点导入与前测

【互动测试】

互动测试时,采用带入式启发问题进行引导,教师可重点关注平时活跃度高/低的同学给出的答案作为参考。学生回答内容为预习习得内容时,根据问题难易,教师适当停顿等待学生思考。

老师:PPT 中,两个图片分别是哪种遥感类型?

学生:被动遥感和主动遥感。

老师:这两种遥感形式的能量来源在哪里,天然?人工?

学生:主动遥感用的是人工辐射,被动遥感主要是利用太阳能。

老师:大家看图片,这是被动遥感的简图,在卫星接收地物反射的电磁波的过程中,受到了大气的多重作用,接收到的信息与地物实际反射的电磁波有所差异。电磁波和大气间有什么相互作用?不同波长受干扰程度一样吗?

等待约 1 分钟后,学生开始纷纷回答,不同波长受干扰程度应该不一样,但是对电磁波和大气间有什么相互作用的回答并不清晰,教师等待学生议论 1 分钟后,开始课程主要内容的讲解。

(3)参与式学习

参与式学习,是针对知识点采用真实的生产案例,从贴近生活的案例中延伸出的问题引导学生互动,学生会主动参与学习。引导学生进行深入的学习,通过前面基础知识的学习,学生经过简短讨论后给出结论。

【案例资料】阳光照到不同物体上时会发生折射、反射、散射和吸收,其实,阳光就是电磁波,所以电磁波和大气间也是存在以上 4 种相互作用。结合蔚蓝的天空、雾

第七章　基于Problem教学设计与应用案例

霾、晚霞等自然现象作为案例（见图6-7），结合遥感影像分析每一种相互作用的原因。

【讨论问题】小组讨论一下，大气吸收使遥感影像暗淡的原因是什么？是因为大气吸收了一部分能量，因此可能引起图像暗淡？

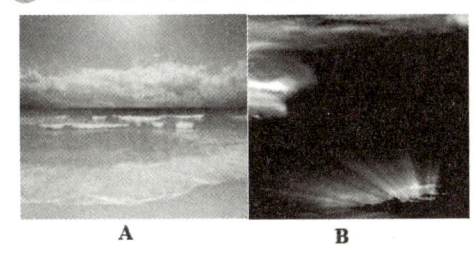

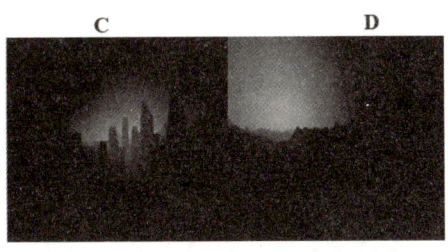

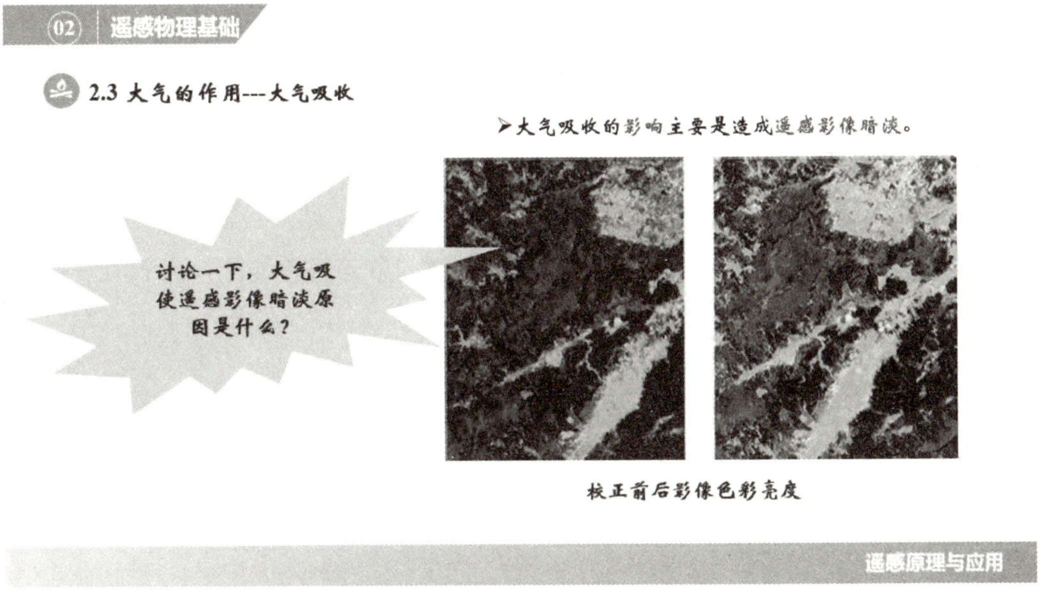

图6-7　大气吸收案例分析

（5）应用分析

良好的后测将助力课堂学习内容升华到实践迁移能力的提升。本知识点后测采用问答的方式。讲完后，教师继续抛出问题。

【拓展问题】"当某地连续阴雨,此时如何获得清晰的遥感影像?""可以选择哪颗卫星的数据呢?"

要回答这两个问题,学生需要先弄清两个问题:①连续的阴雨天气,会对遥感产生哪些影响?由于云层的影响,在可见光、近红外波段会存在很强的反射、吸收想象,电磁波很难到达地面;②微波的特点是能穿透云层,几乎不受环境因素干扰,因此可以选择微波波段进行遥感,因此,可以选择主动遥感方式来获取遥感影像,比如,高分3号卫星、哨兵等卫星影像应该都是清晰的影像。

【师生互动】这个问题的设置是对该知识点的应用拓展,给学生3—5分钟的讨论时间后,学生以小组代表的形式进行回答。

学生:可以选择微波波长。

老师:为什么可以选择这一波长?而不选择光谱信息更丰富的可见光近红外波长?

学生:因为可见光近红外波长受云层影响,电磁波很难到达地面,不适合,而微波不受云雾影响,更适合阴雨天气获取清晰的遥感影像。

老师:回答得非常好,那你知道可以选择哪颗卫星的数据吗?

学生:老师,我们组上节课的任务是对国内卫星的基本参数进行调查,高分三号卫星是雷达卫星。

老师:好,请坐,哪个小组能回答一下,由此得知我国还有哪颗卫星是雷达卫星?

没有同学回答,教师布置课后PBL任务为:①对雷达卫星进行卫星名称、基本信息调查;②对可见光——近红外、热红外等大气窗口的具体案例进行搜集,每个大气窗口收集至少3个应用案例。

教师通过追问,让学生进一步思考或者解释自己的回答,从而促使学生更深入的思考问题,将所学知识深化到实践中。需要注意的是,教师在追问的过程中,并没有介绍自己的观点或者新的知识,教师进行连续提问的目的,就是引发学生的思考,同时也布置了课后作业,让知识内化过程有迹可循,引发学生持续研究性学习。

教师对课程内容进行小结,并发布PBL任务学习要求和拓展学习文献,拓展学习文献包括大气环境监测、遥感传感器与监测目标调查等。

(三)教学总结与反思

"大气窗口"这个知识点虽然是重点,但并不是难点,总时长约在20分钟左右。总体上,课堂中气氛活跃,学生思维活跃,眼神与教师时有交流。学生不仅对电磁波的特性、大气窗口的概念、大气窗口的波长范围和作用形成了记忆,而且能够跟着教师的引导回答问题，对所学知识有一定深度的迁移应用。在后续的内容教学时，应注意学生讨论和教师提问的时间限制。有些问题可以作为设问出现，让学生思考，并不需要学生立即回答。另外，学习通平台预习学习的PPT应与教师授课有所不同，要有思考留白。这样可以给学生留下与该知识点相关应用领域的思考空间，也可以保持教师授课课件的新鲜感。

教育箴言

没有自我教育就没有真正的教育。没有情感,道德就会变成枯燥无味的空话,只能培养出伪君子。一个无任何特色的教师,他教育的学生不会有任何特色。只有能够激发学生去进行自我教育的教育,才是真正的教育。——苏霍姆林斯基

瓦·阿·苏霍姆林斯基(1918—1970),全称瓦西里·亚历山德罗维奇·苏霍姆林斯基,苏联著名教育实践家和教育理论家。苏霍姆林斯基的全部著作都是面向教师、教育家、教育者、父母和孩子们的。他把自己的思维、思索、建议和见解全部倾注在他的著作当中,即怎样培养"真正的人"。

第八章　基于 Process 教学设计与应用案例

　　基于过程的学习（Process Based Learning），是以独立完整的学习任务为基础的教学组织形式，适用于工科课程需要学生掌握具体工程实践能力的教学内容，例如工科实验、上机操作。这类教学内容基本属于程序性知识，要求学生不仅需要知道算法、方法的基础理论，还需要学会运用规范化、程序化的工程知识去完成一个具体任务。

　　基于 Process 教学设计是从解决实际问题出发，针对一个独立完整的工程任务，采用五星教学方法，从激活原有知识、展示论证新知、尝试练习应用、融会贯通掌握四个阶段进行参与互动式设计，不仅可以增强教学内容的真实性和有效性，激发学生主动学习，还能使学生灵活运用知识完成任务，并学会良好的工程技术迁移能力，达到良好教学效果。本章介绍了《遥感原理与应用》《晶体光学》《工艺矿物学》三门专业课程中基于 Process 学习的具体实施案例，为工科实际教学实践提供参考和示范。

第一节　"几何校正"Process 教学设计与实践

　　几何校正实验是遥感图像处理的一个基本数据处理流程，是测绘类学生必须掌握的基本技能。通过这个实验，学生不仅能够学会操作遥感专业软件处理遥感图像几何变形，还可根据遥感图像数据类型及测区大小选取控制点、纠正模型参数等，初步形成图像处理工程案例的实践动手能力；进一步启发学生探究遥感图像几何校正精度的影响因素，能够根据精度要求设计遥感图像几何校正的方案；初步尝试应用所学的理论与技术，分析工程数据中几何校正的控制点数量和分布形式如何影响精度的实际问题。

（一）实验内容与方法

　　遥感图像成图时，由于各种因素的影响，图像本身的几何形状与其对应的地物形状往往是不一致，发生了几何畸变，产生诸如行列不均匀、像元大小与地面大小对应不准确、地物形状不规则变化等畸变。遥感影像相对于地面真实形态而言的几何变形是平移、缩放、旋转、偏扭、弯曲及其他变形综合作用的结果。几何校正实验目的是消除图像中的几何变形，产生一幅符合某种地图投影或图形表达要求的新图像。校正方式有图像与图像间校正（Image to Image）和图像与地图间校正（Image to map）两种方式。Image to Image 适合于利用已有坐标信息的栅格图像来配准坐标信息不准确或者没有坐标信息的栅格图像;Image to map 适合于利用已有坐标信息的栅格图像或者矢量图来配准待校正的栅格图像。几何校正方法有多项式法、共线方程法和随机场插值法等,在 ENVI 平台中多项式法几何校正过程,如图 8-1 所示。整个数据处理流程包括校正方法选择、控制点选取、校正参数设置等。

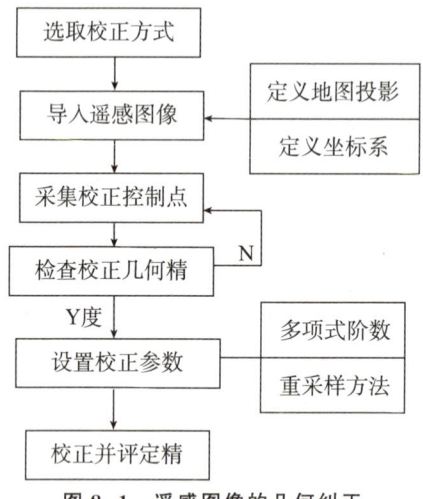

图 8-1 遥感图像的几何纠正

针对这部分内容的理论知识多、数学公式多,部分同学学习深度不够,在软件应用时容易仿照操作流程,浮于流程缺乏思考的现象。这个实验采用基于 Process 教学设计,去激发学生主动学习和探究的兴趣,让学生对几何校正的技术掌握能够从理解、应用到分析、评判甚至创新。

Process 设计任务是"在规定校正精度指标下,完成指定卫星遥感图像的几何校正操作",任务包含几何校正方法的选择、参数的设置、控制点选择等软件操作,还有如何提高遥感图像的几何校正精度的深层思考。学生完成这个任务不应仅停留在对软件操作进行参数设置上,需要团队探究不同类型工程案例影响几何校正精度因素有哪些?针对这个具体任务如何处理?促进学生的识记水平和思维迁移能力培养。具体设计分小组指定几何校正任务,采用五星教学法实施。

(二)教学设计和实施

几何校正实验以 Process 为导向进行五星教学设计,按照发布任务"如何解决鄱阳湖图像、唐山市区图像拼接中的错位问题?"→几何校正相关概念回顾→教师示范操作→学生分组练习→教师抛出难点问题"几何校正精度影响因素分析""基于地形图数据的几何校正参数设置依据"→学生合作学习→汇报展示的流程开展课堂教学,见表 8-1 所列。

表 8-1 遥感图像几何校正应用 Process 教学设计

	五星目标	内容设计	教师活动	学生活动
1	发布任务	如何解决鄱阳湖图像、唐山市区图像拼接中的错位问题？	提前发布任务、讲解示范视频等	自主学习与讨论
2	激活旧识	几何校正数学原理，控制点数量要求，选点方法	测试、课堂讲解	师生交流、聆听
3	示证新知	示范图像导入、选取控制点、设置数学模型、调整误差等步骤	教师讲解案例、提问、展示操作	观摩与提问
4	尝试应用	分组选取不同图像练习规定图像几何校正	教师随机指导	动手操作、师生交流
5	融会贯通	教师抛出校正难点，学生课下学习，下次课堂中交流	组织讨论和点评总结	发表观点、生生讨论

其中，"激活旧识、示证新知、尝试应用"三个环节需要采用基于问题（problem）引导学习的方向与深度，"融会贯通"环节是学生自主完成任务的过程。另外，内容还包含知识测试、流程演示、学生练习、任务完成共 4 个模块。整个教学过程需要结合遥感图像制图规范、地形图保密要求拓展知识，讲解测绘行业对生产安全、数据精度的高要求，养成追求真理、精益求精、严谨求实的职业素养。

该实验课堂情景再现如下。

（1）发布任务

Process 任务的设置注重软件操作与工程实践应用相结合，每组遥感数据均不一样。教师在学习通平台的上机资源中发布几何校正上机实验的任务清单以及辅助学生学习的资源。任务采用动画的形式发布，给学生视觉冲击，吸引学生注意力，有利于引发学生的观察和思考。

【任务 1】学生学习了遥感图像几何校正理论部分后，要求学生利用线上发布的"遥感图像几何校正视频"或其他学习视频，熟悉几何校正上机操作过程。

【任务 2】小组分析任务内容，讨论案例中自主学习问题，查阅相关文献，分析相似实验的关键技术，模仿相关技能分析任务解决可能方案。

这个实验阶段对学生的运用要求低于实习阶段，主要达到目的之一是"不教"，让学生开始学会"自主学习"。通过让学生对课程资源的自学及对网络资源的查阅，引导学生主动习得技能，培养学生资料查阅、综合和自主学习能力。

（2）激活旧识

在上机课堂教学环节中，学生是带着任务来课堂的，而且学生已经有遥感图像几何校正的理论基础并在课外对几何校正的上机操作流程进行了前期的学习,有一定的知识储备。因此,在课堂开始时,教师通过提问或测试环节,简单了解学生的知识储备情况。

【问题情境1】当一景遥感图像不能完全覆盖整个鄱阳湖水域,需要两景或者多景影像进行拼接时,影像错位怎么处理?

【问题情境2】对唐山市区影像拼接时,同名地物间有偏移、拉伸、扭动等,导致影像拼接问题。是什么原因导致影像镶嵌后存在误差呢?

【问题情境3】在进行图像镶嵌前,需要哪些操作流程,对遥感数据做哪些处理呢?

通过学生卷入式回答问题1—2分钟,提问2~3组具体了解,掌握学生的整体预习情况。可以间接推测学生课前学习情况,灵活调整教学策略和讲解用时。

(3)示证新知

结合学生的前期学习情况,教师对几何误差来源、几何校正方法理论知识进行回顾,然后教师以屏幕共享的方式讲解遥感图像几何校正的具体操作过程,采用边讲解边示范的方式,并对关键环节进行剖析。针对预先发布的视频中操作过程难点进行分析,特别是操作中的参数设置、方法选择、注意事项进行对比和现场演示。整个过程中可以适当增加一些师生互动环节。

【师生互动】讲解过程中,允许学生随时打断教师进行提问。"带状地区控制点如何选取?""两幅图像控制点点位误差如何影响校正精度?"等等。但是提问的内容要限定在课前预习几何校正时遇到的问题,不能无限拓展。

(4)尝试应用

学生分组进行几何校正的上机实验,实验数据可以是不同时相、不同地域的高分数据、Landsat系列遥感影像或其他卫星的遥感影像。学生小组自由选择遥感影像并进行几何校正实验,实验过程中可以自由选择几何校正方法、参数,也可以自由改变控制点来源、控制点数量,由于是第一次自己做几何校正实验,因此,在这个过程中暴露出很多小问题,教师现场及时的解答和演示指导。

在上机课堂中,受时间、学生基础的限制,通过激活旧识、示证新知、尝试应用三个环节,大多数学生能够掌握几何校正的基本过程,完成教师布置的课前任务,为后续完成教师布置的任务打下良好的知识储备和技术基础。

【解惑答疑】在尝试应用阶段,教师团队和助教应在教室中流动为学生及时答疑。由于学生对几何校正的掌握层次有差距,因此所提问题的深浅程度差异较大,教师根据学生的学习深度进行恰当引导。

学生1:影像对影像校正时如何选择同名像点?

这些学生通常自学能力稍差,基本功不过关,教师示范演示很难打动他。因此,可以一边指导让其自己操作,一边交流。这样更容易让他动起来、学起来。

学生 2：DEM 数据中怎么选择控制点可以更便捷些？

学生 3：选的控制点数量越多，校正效果就越好吗？

这些问题可以给学生一些参考文献让他们课后挖掘后，再进行交流指导，以此诱发学生的深度思考，同时加深对这部分知识的兴趣。

【督促后进】为了促进基础薄弱的同学能获得遥感影像处理的基本技能，我们要求学生必须课前预习、课后练习，同时，课堂内外会关注基础薄弱或喜欢偷懒的同学，通过提问、聊天等激发其学习动力；而对于学习态度积极的同学，通常不用老师找学生，更多时候这些思维活跃学生喜欢围着老师问问题，教师根据学生的问题进行引导即可。

(5) 融会贯通

为了提高学生对几何校正技能的运用和分析能力，教师在学生上机试验后，认为学生基本掌握几何校正技能后，可以抛出几何校正的拓展性和创新难点问题。

【创新问题 1】不同控制点布设方案对几何校正精度的影响？

【创新问题 2】地形起伏是否影响几何校正精度？

学生自主选题完成任务，时间周期一般为 7—10 天。这个"融会贯通"环节包括课内外、线上线下组合的方式进行，其中环节有创新问题分析→学生自主学习↔教师反馈→汇报展示等。学生小组大约经过一周的主动学习、实验、总结，形成汇报文档。

【线上互动】小组将学习成果形成汇报 PPT 文档上传到微信学习群，老师及时进行指导，对控制点布设方案、控制点精度、几何校正时校正方法、重采样方式、几何校正精度评判的方法等环节进行有针对性的指导，同时，对 PPT 文档制作中存在的问题进行指导。学生在完成任务时有问题也可以通过微信及时和老师沟通。

【汇报互动】上机课堂，学生针对创新问题进行汇报，汇报时间 5—10 分钟，汇报后为组间提问交流和教师点评环节。为了保证其他小组的学习成效，在选题小组完成汇报后，要求其他小组针对汇报内容或者选题相关内容进行提问。

学生 1：在研究控制点的分布对几何校正的精度的影像的时候，是否考虑点与点之间的线性相关？

汇报组学生 A：在实验时，控制点按照均匀布局的原则选取，并未考虑控制点线性相关的影响，但是我们课后会进行实验再回答大家。

汇报组学生 B 补充：在控制点数量不变的情况下，控制点线性相关肯定会降低几何校正精度。

学生 2：精度会降低多少呢？

老师：好，这个问题留给大家实验验证一下。汇报组同学对文献资源学习得很认真，对自己的实验也很有信心，相信后续他们会给大家满意的答案。

由于追问的问题已经超过汇报组课堂解决的范围，因此，教师接过话题，请学生 2 坐下,并对汇报组同学给予肯定,同时,鼓励汇报组和其他同学通过实验验证给出答案。

【资料汇总】汇报小组将最终版本的几何实验过程设计、数据处理过程、实验结果及分析制作成视频,上传至学习通中和大家共享。汇报小组还可以根据探究问题进行补充实验,给出控制点布设在同一条直线上时会存在的问题及原因。虽然给出的结果可能仍然并不圆满,但是在有限的时间里,能够反复实验、查证资料,不断地完善结论,是学生不断更新认知、融会贯通的过程。最终成绩,通过生生互评和教师评价给定。

(三)反思总结

经过前两次上机课的 PBL 学习过程,学生已经基本适应了这种自主学习强度较高的学习模式,主要表现在以下两个方面:(1)能够通过文献检索、资源查询等手段获取有效的资源,并具备一定的综合能力;(2)学生在汇报/问答环节的积极性、有效率明显提高。

第二节 "矿物消光类型观察与消光角测定" Process 教学设计与实践

"矿物消光类型观察与消光角测定"是程序性的实验内容,它所涉及的知识广泛,囊括了显微镜的调节与校正、光性方位、多色性和吸收性、解理、干涉色级序、补色法则等前置知识。在实验开展过程中,需要学生熟悉偏光显微镜的构造,并能够独立进行显微镜的调节和校正。通过本讲实验课学习,学生能够掌握常见矿物消光类型和消光角的测定方法,培养分析问题能力。同时,在准确测定矿物消光角的同时,磨炼学生专注、坚忍、严谨、一丝不苟、精益求精的工匠精神和科学探索精神。

(一)实验内容与方法

"矿物消光类型观察与消光角测定"是《晶体光学》中重要的实验内容,消光类型通常可能为全消光、平行消光、对称消光以及斜消光。对于非均质体矿物而言,消光类型取决于矿物晶体本身性质和矿物薄片的结晶学方位。特别是单斜晶系和三斜晶系,不同的矿物具有不同的消光角,准确地测定矿物的消光角对于矿物鉴定非常重要。消光类型的观察是根据矿物的光性方位图,并在偏光显微镜下对代表性切面方向进行观察。消光角的测定是基于消光类型观察的基础上,针对斜消光的切面进行的,一般包括两个方面:斜消光切面方向的选择和测量方法(见图 8-2)。

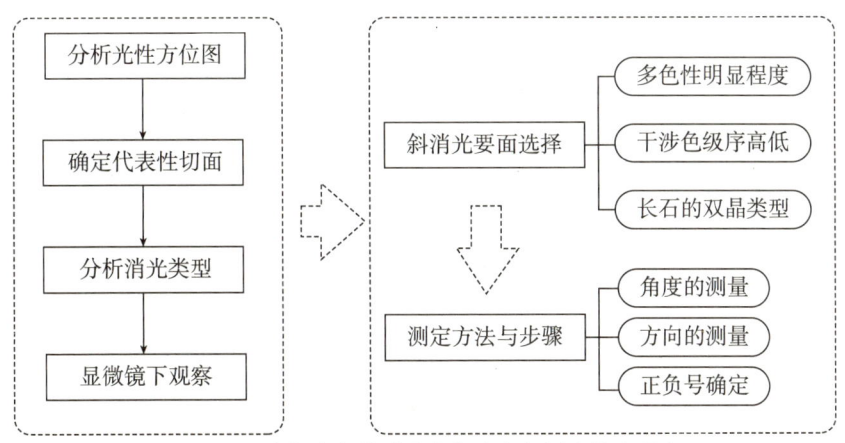

图 8-2 矿物消光类型观察和消光角测定基本程序

这个实验要求学生对所测定矿物的光性方位(也就是结晶轴和光率体主轴的空间关系)有清晰的了解。例如,以角闪石为例,它有哪些代表性切面?各个切面的解理发育程度如何?各个切面上的光率体半径和解理缝的关系如何?通过以上一系列问题的解决,最终确定角闪石代表性切面的消光类型。而消光角的测定需要对斜消光的切面进一步筛选,目的是选择同时包含光率体一条主轴和晶体一条结晶轴的切面(真消光角切面)。切面选择好以后,对消光角进行角度测量和光率体轴名的确定,最终写出消光角的表达式。尽管学生对消光类型观察和消光角的测定程序很熟悉,但是,在实际的操作过程中仍然面临着诸多不确定性。例如,无法准确定位最大消光角切面,从而测得的消光角偏小很多。在利用补色法则确定光率体轴名时也会出现失误,从而使表达式出现错误。此外,对于消光角的正负判断失误也较多。学生在实验过程中出现的这些问题,表明学生对知识的掌握还不到位,缺乏将课程前后章节间的知识结构化和系统化的意识。

为了致力于学生的显微镜鉴定能力的提升,必须对学生的知识结构进行有效的梳理,在此基础上提升学生的学习能力水平(理解→消化吸收→应用→拓展提升)。教师团队对"矿物消光类型观察与消光角测定"进行了基于 Process 的实施策略设计。在过程性任务的引导下,利用五星教学法,将教学过程性模块分为以下 4 个部分:聚焦解决的问题、消光类型观察与消光角测定流程演示、学生尝试操作、学生 Process 任务的拓展训练。通过逐层深入的教学过程,促进学生学习水平的提升。

(二)实验设计和组织

实验内容"角闪石的消光类型和消光角的测定"采用基于 Process 的教学设计与实施形式。采用五星教学法发布需要完成的小组任务"确定指定角闪石样本的消光类型,并测定其消光角",以此核心问题,按照激活旧识、示证新知、尝试应用以及融会贯通四阶段组织教学,见表 8-2 所列。

表 8-2 "矿物消光类型观察和消光角测定"基于 Process 的教学设计

五星要素	教学作用	内容设计	教师活动	学生活动
聚焦问题	交代任务环节,聚焦问题,问题分解	角闪石消光类型和消光角测定	交代学习任务,形成任务序列,吸引学生兴趣	认真思索任务解决途径
激活旧识	回忆原有知识,梳理旧知结构,建立新知节点	角闪石光性方位及切面类型;各切面角闪石解理发育程度、多色性与吸收性特征、干涉色级序特征;补色法则。	教师微课程授课,提问,示演	自主学习微课程,相互讨论
示证新知	为整个任务解决过程提供样例示范	示范寻找角闪石典型切面方位及对应的光学性质,确定消光类型;测定最大消光角	教师讲解案例,展示实施过程	观摩教师展示过程,提问
尝试应用	学生尚不熟悉,适当指导	学生分组探究角闪石消光类型和消光角测定	教师及时指导,实施激励	动手操作、师生交流
融会贯通	学习者反思与完善,达到灵活创造与提高	教师抛出未知矿物消光类型和消光角的测定	组织、点评、总结,实施激励	新知识迁移应用,解决矿物鉴定问题

其中,聚焦问题模块,教师通过学习通线上平台,发布本讲的学习任务,包括整个实验的操作流程以及相关的学习资源。激活旧识模块,教师以驱动性问题的形式引导学生思考有关实验内容的前置知识,目的是建立前置知识与研究任务之间的联系,帮助学生梳理知识结构,并建立新知识生长点。示证新知模块主要发生在偏光显微镜实验室,教师通过多媒体对整个实验过程进行演示,提供示范作用。尝试应用模块是学生观看教师的操作流程后,对具体的操作流程进行练习,并尽力尝试完成任务。融会贯通模块是教师设置基于 Process 的新任务,将学生置于真实情境下的问题中,对学生的灵活鉴定能力进行考查,目的是促进学生对知识的融会贯通和实践水平的拓展、提高。

该实验课堂情景再现如下。

(1)聚焦学习任务

"矿物消光角类型和消光角的测定"任务是建立在显微镜基本操作、光性方位、解理、多色性与吸收性、干涉色级序等实验内容的基础之上。为了引出这个任务,教师先将任务分解,并设计一系列程序性小任务,通过学习通线上平台进行发布。教师以"问题的形式"发布实验学习任务,提供相应的线上学习资源。

【问题任务】"角闪石属于什么晶族什么晶系?""它的光性方位如何?""它的不同切面解理发育如何?""它的不同切面的消光类型是否一致? 如果不是,各是什么消光类型?""我们应该如何选择测定消光角的切面? 如何测定它的消光角?"

这些程序性的系列任务,将聚焦解决的问题简单化、结构化,并能打开学生思维,引导学生思考。此外,教师还在学习通发布教学说明视频,视频系统阐述任务的整个完成过程及关键技术,让学生带着任务自主学习与思考。

(2)激活旧识

本次任务"角闪石的消光类型和消光角的测定"涉及显微镜调节与校正、光性方位、解理、多色性与吸收性观察、干涉色级序、补色法则等前置实验内容。这些内容作为此任务的基础,需要重新梳理它们(旧知)与消光类型和消光角测定(新知)之间的结构关系。例如,要想弄清角闪石有几种消光类型,必须了解角闪石有几种代表性切面,各切面解理发育程情况以及光性方位特征等这些旧知识。在消光角切面选择环节,还要涉及如何利用多色性和干涉色寻找代表性切面的问题。在消光角测定环节,还要掌握补色法则的知识。

【视频学习】教师在课前开发的一系列微课,对涉及的每个知识点制作成"小"而"精"的微课视频,帮助学生从容面对信息超载,摆脱冗长乏味的课程视频。视频资源包括:①显微镜调节与校正;②光性方位、解理、多色性与吸收性观察。

【测试激活】这些旧知识的教学视频要求学生可以利用业余时间进行观看,完成相应测试作业。

(3)示证新知

该模块主要在实验课堂上,教师对于解决问题过程进行详细的展示,由于学生在前面的微课中已经对相关的旧知识进行了回顾,在此,教师引导学生建立新旧知识的共同点,并显现出新知识的生长点,使学生思维沿着旧知识固定点、新旧知识连接点和新知识生长点这样的思维轨迹展开。例如,在本任务中,教师通过展示角闪石的光性方位以及代表性切面(旧知识),来向学生提问。"角闪石不同切面的消光类型(新知识)一致吗? 为什么?"学生们会带着这个问题,去听教师接下来的内容展示。由于学生对旧知识已经充分理解,教师只需要在多媒体显微镜实验室,为学生展示角闪石消光类型。从最开始的典型切面介绍,再到寻找典型切面方法,最后到消光类型观察和消光角的确定测定,教师将这个实验流程亲自演示给学生。在演示过程中,教师需要注意学生们的反馈,尤其是在新旧知识节点部分,可以通过驱动型问题,引导学生思考。此外,允许学生随时打断教师进行提问。

(4) 尝试应用

根据微课程视频和教师对任务的具体展示过程,学生进行小组划分,以组为单位展开角闪石消光类型和消光角测定。尽管教师已经展示了角闪石消光类型和消光角测定的整个流程,然而学生们仍然出现很多小问题。

【解惑答疑】在尝试应用阶段,需要教师团队和助教应在教室中流动为学生及时答疑。由于学生对实验内容的掌握层次有差距,因此所提问题的深浅程度差异较大,教师根据学生的学习深度进行恰当引导。

学生1:有些角闪石切面没有观察到解理,我如何确定解理方向?

老师:解理缝可见程度与什么相关?有些切面无法观察到解理,可以借助它的形态或延性特征间接判断。

学生2:我们组测得的消光角为什么比理论值偏低很多?

老师:最大的可能是你们在寻找切面时,发生了失误。它并非是双折射率最大的切面。

教师对学生的及时指导,让学生明白具体的错误发生环节,这反映了程序教学法的"及时反馈"原则。此外,由于学生间学习基础和能力的差异性,有些小组高质量完成任务,但有些小组进度很慢。这时候,教师团队应适度延长学习基础薄弱学生的研究时间,保证他们有充分的思考。而基础好的小组或学生可以对其他矿物(例如辉石)的消光类型和消光角进行探索。这反映了程序性教学法中的"自定步调"原则。最后,根据每个小组学生的表现,教师进行现场打分,并计作平时成绩奖励,并说明该小组在哪些方面表现优异,目的是激发学生的学习积极性,促进学生保持学习状态。

(5) 融会贯通

为了提高学生在偏光显微镜下矿物光学性质的测试和鉴定能力,使学生熟练掌握矿物的消光类型判定和消光角测定的基本程序,并能够独立准确完成未知矿物的消光角测定任务,教师在完成基于Process的教学设计和指导学习后,布置课后任务"对普通辉石进行消光类型和消光角的测定""测量电气石的消光类型和消光角"和"测量斜长石的消光类型和消光角"等。要求各小组自主选题完成任务,尝试不同矿物的消光类型和消光角测定,这个任务的意义在于检验学生的知识迁移能力,目的是达到知识和能力的融会贯通。按照"任务布置—学生课下学习—教师反馈—汇报展示"的程序,周期为一周,学生在该时间段可以自由探索,教师为学生开放显微镜实验室,并为学生提供及时的问题反馈。学生在反复的实验过程中,知识和能力得到不断的"强化"。经过一周的不断实践、发问、反馈、总结,学生将整个探索过程中的成果资料(包括典型图片、操作的短视频以及最后的报告)进行汇总,以备最终PPT汇报展示。

【汇报互动】

汇报展示环节在实验课上进行,选题组学生代表结合 PPT 和显微镜下的实际操作演示,汇报自己组的研究成果,时间为 10 分钟左右;未选题组针对选题组的汇报提出问题。特别是针对三斜晶系的斜长石,由于测量消光角的过程与单斜晶系矿物有差异,选此题组的学生需要学习详细掌握斜长石消光角的测定过程,然后在显微镜下对未知斜长石矿片进行测定。

学生 1:斜长石的消光角测定为什么要选择垂直(010)切面?这与单斜晶系的角闪石是不同的吗?如何在显微镜下寻找这样的切面?

汇报组学生 A:因为在垂直(010)面,两组斜长石单体成对称消光,在正交偏光镜下,斜长石呈现钠长石律双晶,双晶结合面为(010)面,顺时针和逆时针旋转相同角度,干涉色亮度相同。

学生 2:斜长石的双晶是典型鉴定特征,那么测定斜长石消光角测定还有何意义呢?

汇报组学生 B 补充(A 没有回答上来):最终测的消光角,也就是 Np'与(010)面夹角,其与斜长石牌号(An%)之间存在着对应关系,具有重要鉴定价值。

教师补充:斜长石消光角的测定对于研究斜长石牌号具有重要意义,它可以确定斜长石种类,从而实现岩石命名的目的,这部分知识对研究岩石类型划分具有重要意义。

……

当然,教师在学生交流无果后,需要对学生及时进行指导,并对表现优异的学习小组即刻做出平时成绩奖励。最后,教师要求各小组将研究成果,例如 PPT 汇报、研究过程原始资料,包括视频、图片、报告等内容,上传至学习通,供大家共享。

(三)反思总结

教师在采用这种方法进行实验组织过程中,明显需要进行多种形式备课。课前发放任务清单,课中问题需要提前进行预见、组织和设计,课后还针对拓展问题进行在线指导。因此,对于教学经验不够丰富的教师,还是存在一定的难度。另外,这种形式的实验课,学生普遍反映压力较大,往常只需要去实验室,老师一边教一边模仿操作即可,但是基于 Process 教学组织形式,学生需要花时间搜集资料,还要面对诸多问题。为了避免问到自己出现尴尬,学生也需要准备很多,不过收获也不少!

第三节 "矿物物理性质认识"Process 教学设计与实践

"矿物物理性质认识"实验,是华北理工大学矿物加工专业必修专业基础课《岩石矿物学基础》中的重要内容。通过本实验课的学习,加深学生对矿物的各种物理性质概念的理解外,还要学会正确观察、判定各种物理性质的等级,具备一套扎实的肉眼鉴定矿物的本领,能熟练用肉眼和借助简单工具对矿物进行系统鉴定。进一步启发学生对矿物物理性质进行准确鉴定的目的是有效地指导矿石的选矿方法及选矿流程的合理确定。

(一)实验内容与方法

矿物物理性质包括光学性质、力学性质、密度、磁性及其他物理性质,该知识与矿物加工专业《破碎与磨矿》《矿石可选性研究》《选矿学》《矿产综合利用》等后续课程密切相关。矿物物理性质的认识与观察判定是肉眼鉴定矿物的基本技能,通过该实验课的实践、学习,加深学生对矿物主要物理性质(颜色、光泽、条痕、透明度、解理、硬度、断口、相对密度等)概念的理解,熟悉分级标准及判断特征,学会用正确术语描述矿物的物理性质,了解各物理性质之间的关系。同时了解磁性、弹性、挠性、延展性、脆性以及其他如热膨胀性、可塑性、吸水性、易燃性、味感和触感在某些矿物上的鉴定意义。

实验过程中,在引导学生回忆课堂理论知识的前提下,老师重点讲解各种物理性质观察方法及注意问题,并让学生结合典型矿物标本进行仔细观察和测定,注意相似矿物的对比、反复看、反复想、多动手,多总结。在此基础上,给出几种未知矿物,让学生准确测定出其物理性质。对每个矿物物理性质认识的实验记录见表 8-4 所列。

表 8-4 矿物物理性质认识实验报告表

矿物名称	颜色	条痕	光泽	透明度	解理	硬度	密度	磁性	其他
磁铁矿	铁黑色	黑色	半金属光泽	不透明	无	大于小刀	大	强磁性	

(二)教学设计和实施

为了提高学生掌握知识的深度,激发学生自主学习热情,教师团队针对"矿物物理性质认识实验"进行了基于 Process 的实施策略设计。拟在过程性任务的引导下,对每一种常见矿物的物理性质认识及肉眼鉴定过程进行学习。

该实验总体上采用五星教学设计,按照发布任务"如何对常见矿物物理性质进行系统的肉眼鉴定?"→矿物物理性质相关概念回顾→教师示范操作→学生分组练习→教师抛出难点"如何肉眼区分石英和方解石?""如何肉眼区分黄铁矿和黄铜矿?""如何肉眼区分正长石和斜长石?""如何肉眼区分磁铁矿和赤铁矿?"→学生合作学习→汇报展示的流程开展课堂教学,见表8-5所列。

表8-5 矿物物理性质认识实验 Process 教学设计

	五星目标	内容设计	教师活动	学生活动
1	发布任务	如何对常见矿物之间物理性质进行系统的肉眼鉴定和区分?	提前发布任务、讲解示范视频等	自主学习与讨论
2	激活旧识	矿物颜色的分类?如何描述?解理等级划分依据?莫氏硬度计?	测试、课堂讲解	师生交流、聆听
3	示证新知	肉眼鉴定矿物的一般流程,矿物的光学性质、力学性质及其他性质的观察方法及注意事项	教师讲解案例、提问、展示操作	观摩与提问
4	尝试应用	分组选取不同类型未知矿物练习物理性质系统鉴定	教师随机指导	动手操作、师生交流
5	融会贯通	教师抛出难点问题,学生课下学习,下次课堂中交流	组织讨论和点评总结	发表观点、生生讨论

在激活旧识、示证新知、尝试应用三个环节中,同时融入基于问题的学习设计,引导学生学习矿物肉眼鉴定实践的知识深度;融会贯通环节主要是学生自主完成指定矿物的肉眼鉴定。整个过程注重结合矿物肉眼鉴定与常见的矿物标本相互结合,强调启发学生的观察和思考,并要求学生从查阅文献、反复实验、模仿中掌握技能并获得知识迁移能力。该实验课堂情景再现如下。

(1)发布任务

在学生学习了矿物物理性质的理论知识后,教师在学习通平台的分组任务中发布矿物物理性质实验的任务清单以及辅助学生学习的资源。

【任务清单】①学生观看线上资源中的矿物物理性质系统鉴定操作流程视频,复习实验内容和操作流程。②小组可以针对任务主要内容进行小组讨论,列举出任务中目前不清楚的知识点,在学习通中交流或者等待课堂咨询老师。③完成与"实验室矿物系统鉴定的操作过程"相关练习题,检测预习知识程度。

在这个过程中,学生也可以根据自己的任务特点,去网络平台、图书馆查阅相关资料,甚至搜索相关"矿物鉴定""宝石鉴定"视频资料。小组提前准备信息越丰富,说明其参与和认识的程度相对更高。

(2)激活旧识

在实验课时中,学生是带着任务来实验室的,而且学生已经有矿物物理性质的理论基础初步印象。在实验课开始时,教师首先简单对学生已有知识储备情况进行了解,同时了解学生课下学习情况,便于灵活调整实验课堂讲解用时。

【问题情境】通过学生"问卷星"答题检测知识学习程度。也可以现场提问,掌握学生的整体预习情况。问卷星部分内容如下:

(a)观察矿物颜色时,应着重观察和描述新鲜面上而不是风化面上的颜色,要区分金属色与非金属色,反复对比,对不同色调作准确描述。如何正确观察和识别矿物的假色,如氰色、晕色、变彩?

(b)大多数透明矿物的手标本厚度较大都是表现出不透明的。如何参考标本的颜色、光泽等性质来判断矿物的透明度?矿物的四大光学性质之间关系如何?

(c)测定硬度时是否应选用纯净、致密和新鲜的矿物标本?解理和裂理是否应在较大的单晶粒上观察?为什么?

根据学生答题情况,老师可以系统梳理一遍重要知识点,针对大家未答对问题,可以系统回顾一下,但是一定要注意把控时间。

(3)示证新知

结合学生的前期学习情况,教师对矿物物理性质指标、肉眼鉴定操作方法进行回顾,并对矿物物理性质系统鉴定的操作过程进行关键环节演示:

(a)观察并描述矿物的颜色;

(b)将矿物在白色无釉的磁板上划擦,观察矿物的条痕色并准确描述;

(c)观察矿物的光泽、透明度并确定其等级,认识一些特殊光泽;

(d)观察矿物的解理,确定其解理等级;观察并描述石英等矿物的断口形状,掌握主要断口的形态特征;

(e)用小刀、指甲和标准莫氏硬度计中的10种标准矿物进行刻画对比,确定未知矿物的硬度;

(f)用手掂量矿物,与标准矿物相比较,确定矿物相对密度;

(g)观察一些矿物具有鉴定意义的其他性质,如磁铁矿的磁性,云母的弹性,辉钼矿和绿泥石的挠性,自然锡的延展性,自然硫的脆性和易燃性,蛭石的热膨胀性,石盐、明矾等的味觉,滑石、辉钼矿的滑感,石墨、辉钼矿的污手感,硅藻土的粗糙感等。

由于操作过程在预先发布的视频中已有介绍,因此教师主要针对操作中的注意事项和操作要点进行精细化讲解。讲解过程中可以提出一些问题,引起学生注意,也允许学生随时打断教师进行提问。注意关注学生反应,适当调节学习情境。

(4)尝试应用

学生分组进行矿物物理性质认识实验,实验标本可以是不同类型的矿物手标本。学生小组自由选择矿物手标本进行实验,在这个过程中暴露出很多小问题,教师应给予学生及时的解答和指导。在实验室课堂中,受时间、学生基础的限制,通过激活旧识、示证新知、尝试应用三个环节,大多数学生能够掌握矿物物理性质系统鉴定的基本过程,解决教师布置的课前任务,为后续完成教师布置的任务打下良好的知识储备和技术基础。

【解惑答疑】在尝试应用阶段,教师团队和助教应在教室中流动为学生及时答疑。由于学生对矿物物理性质鉴定的掌握层次有差距,因此所提问题的深浅程度差异较大,教师根据学生的学习深度进行恰当引导。常咨询问题列举如下。

学生1:这些矿物手标本厚度太大了,我怎么才能判断它的透明度?

老师:你可以通过其他的光学性质来判断,矿物的光学性质之间是有内在联系的。一般浅颜色或者无色的矿物标本,光泽会表现出非金属光泽,透明度也较高,属于透明矿物。你好好观察这些手标本来印证一下这个规律。

学生3:什么有些矿物在瓷板上刻画没有条痕出现?

老师:对于硬度大于瓷板的矿物,在条痕板上不能通过刻画留下粉末,需研碎观察粉末。但这些硬度较大的矿物又大多数属于透明矿物,可不观察条痕。

学生2:咱们实验室没有莫氏硬度计,怎么来判断矿物标本的硬度?

老师:莫氏硬度计也衡量的是矿物的相对硬度值,10种标准矿物等级之间只表示硬度的相对大小,没有莫氏硬度计还可借助指甲、小刀等来衡量未知矿物硬度。

为了帮助理论基础掌握薄弱的同学,可通过提问、聊天等激发其学习动力;或者要求他再次现场观看学习通上视频资料;也可以单独检测他是否能够独立完成观察任务等。对善于给老师提问题的学生,教师可以启发他们思考一些更深层次的问题。

（5）融会贯通

为了提高学生对矿物物理性质系统鉴定技能的熟练运用能力，教师在学生掌握基本技能后，可抛出几个类似矿物物理性质肉眼鉴定的难点问题。

【难点问题】如何肉眼区分石英和方解石？如何肉眼区分黄铁矿和黄铜矿？如何肉眼区分正长石和斜长石？如何肉眼区分磁铁矿和赤铁矿？

针对活跃小组可以指定他们选取上面的难点问题。然后要求学生按照提出问题—分析问题—解决问题的主线进行课下深度学习。任务完成时间周期一般为3—5天，包括自主学习→教师反馈→汇报展示等环节。学生小组经过主动学习、实验、总结，形成汇报文档。如果没有选题小组，则需要在下次课堂中继续提问。

【汇报互动】学生根据兴趣自由结组选择任务，选出组长。课下组织学生查阅资料，讨论难点。小组内部需要明确分工，每一个学生都明确自己的子任务。

学生1：石英和方解石最主要的鉴定特征表现在哪些方面？

汇报组学生A：石英和方解石最主要的鉴定特征是硬度，石英的莫氏硬度是7，而方解石的莫氏硬度是3，差别明显。

汇报组学生B补充：石英和方解石还有一点主要的鉴定特征是解理，石英是无解理的矿物，而方解石的解理却发育较好，属于完全解理矿物。

老师：石英和方解石还有一个比较明显的区别，方解石遇见稀盐酸会剧烈冒泡，而石英则不会。这个现象留给大家下次实验课验证一下。

教师在学生提问互动交流受阻时，需要对学生及时进行指导，并在互动交流结束时对表现优异的学习小组即刻做出口头表扬。最后，教师要求各小组将研究过程成果，例如PPT汇报、研究过程原始资料，包括视频、图片、报告等内容，上传至学习通，供大家共享。在学习通上通过生生互评和教师评价给定本次小组任务的最终成绩。

（三）反思总结

本次通过开展基于Process过程设计与组织的实验课，发现这种方式利于学生自主学习、团队合作和创新意识的培养。主要表现在以下两个方面：(1)小组整体学习表现很好，组内任务分工明确，每一个学生都有自己的职责，明显提高了平时惰性大的学生学习的积极性；(2)在汇报互动环节，其他小组针对汇报内容提出的问题，有的尽显独特之处，同学观点不同、角度不同，相互提问环节非常有意思，从原来不敢说，到现在追着问，体现了学生们对知识的关注程度和学习能力都所有增强。

另外，在拓展融会环节，可以针对"矿物物理性质与选矿工艺的关系如何?"问题，增加设置"矿物光学性质与选矿""矿物力学性质与选矿""矿物磁学性质与选矿"三个分任务，要求学生根据兴趣自由结组选择并完成任务，进一步引导学生学习知识的深度，明白本课程学习的重要性以及与其他学科的关系。

教育箴言

> 教育是直面人的生命、通过人的生命、为了人的生命质量的提高而进行的社会活动,是以人为本的社会中最体现生命关怀的一种事业。不研究学生,教师就会变成留声机。——叶澜

叶澜(1941—),中国著名教育家,1962年毕业于华东师范大学教育系本科,留校任教50余年,现任华东师范大学教育学终身教授。主要研究领域有教育学原理、教育研究方法论及当代中国基础教育、教师教育改革等,首创并主持"新基础教育"研究与"生命·实践"教育学派建设30余年。

第九章　基于 Project 的教学设计与应用案例

　　基于项目的教学设计（Project-Based Learning）通常应用于工科类课程专题训练、课程设计、创新实验等教学环节，也适合课程知识准备达到一定程度后专题科研探究，或者多学科交叉创新实验，以解决工程实际问题为导向的深入探究的学习方式。基于 Project 教学设计与实施需要以学科难点问题为载体，以驱动性问题为主线，采用小组合作学习形式，团队共同解决挑战性的问题。教师进行指导、引导、启发直到最后问题解决并产生项目成果和评论。通过教师的讲解、引导、启发与学生实践的循环，拓展学生思维能力，实现学生认知领域、技能领域、情感领域及整体能力的螺旋式提升。

　　基于 Project 的学习相对于传统的教学，在学习方式、师生互动、案例难度等方面都有明显差异。第一，项目任务直接来自工程实践难点问题、科研关键技术及某领域热点方向，更容易激发学生学习的热情。第二，项目学习具有明确的学习脉络，问题的驱动让学习持续、有效、深入，团队合作挑战学生协作和沟通能力，形成动力与压力共生的学习氛围。第三，项目指导对教师提出了更高的要求，教师不仅仅要会教授，更要会问、会引导，要能在反问、反驳、追问中引导学生提高思辨能力及严谨的科学精神，还要营造学习气氛，保持项目学习和谐、有效的推进。一个完整的 Project 教学设计与实践包括以下 5 个维度：梳理项目知识脉络、设计驱动性问题、合作学习与组内探究、成果分享与组间探究；学习输出考核与评价。

　　本章介绍 3 个工科基于 Project 教学设计案例，为实际教学实践提供参考和示范。

第一节　"对未知透明矿物的系统鉴定"
Project 教学设计和实践

　　对于地质工作而言，岩石矿物鉴定是不可或缺的工作环节，其对于地质工作的开展有着基础性作用。《晶体光学》是研究可见光透过透明矿物晶体时所产生的各种光学现象及其原理，是透明矿物鉴定的重要方法性学科。通过该课程学习，要求学生掌握晶体光学基础理论知识（例如光率体、光性方位等），并能够运用它们剖析矿物晶体在单偏光、正交偏光、锥光镜下产生的各种光学现象。更重要的是，学生能够具备总结归纳相关理论知识并灵活开展未知透明矿物鉴定的能力。这个项目是针对学生完成主要课程内容学习后，设计的专题创新实验，在对关键知识进行归纳和梳理后，实现知识系统化、挑战性专项训练。

(一)项目内容设计

为了让项目选题与教学目标契合,并在不同知识点、前后章节甚至相关联课程间架起桥梁,致力于学生矿物鉴定能力的培养和高阶思维水平的提升,教师团队设计了"对某种透明矿物的光学性质进行详细观察并系统描述,并确定矿物名称"和"对某种岩浆岩薄片进行系统鉴定,确定矿物种类和相应的含量"专题实验。其中对"未知透明矿物的系统鉴定"属于前一个专题实验项目,即对未知透明矿物进行准确定名。

项目选题具有综合性和实践性特点,内容涵盖了晶体光学基本理论知识、晶体在三大光学系统下的各类光学性质、偏光显微镜的使用等各个部分知识点。需要学生灵活运用学科知识才能有效实现矿物的准确鉴定,能够培养学生在真实情境下灵活运用知识解决矿物鉴定的综合能力。项目的实施过程还涉及学生对偏光显微镜的正确操作与调节,让学生体验到实际动手有助于将知识化繁为简、化难为易的乐趣。

项目的实施包含以下基本环节:依据基础资料设计项目研究方案;根据矿物类型,测定多色性、吸收性、解理等级及夹角、消光角、干涉色级序、干涉图特征等光学性质;综合矿物各相关参数,查阅矿物鉴定表并准确定名;整理项目研究资料,并编写项目报告书;制作项目结题资料并汇报展示。

(二)项目教学设计和组织

透明矿物系统鉴定项目是以 Project 为导向进行 KOSEAM 教学组织。由于不同类型的矿物具有明显差异的光学性质,对应的光学参数也有区别。对于显微镜下鉴定的矿物,需要制作成薄片,薄片切面方向的多样性,会大大增加矿物准确鉴定的难度。如何高效地对未知透明矿物进行鉴定,便成为地质工作者必须要掌握的基本技能。本项目要求学生以小组为单位完成矿物的主要光学性质测定;查阅鉴定表确定矿物名称、资料收集并撰写研究报告;制作 PPT 汇报等实际工作。

(1)K-knowledge 知识准备

【线上资源】《晶体光学》学时较少,教学任务重,在整个理论和实验教学完成的前一周,将项目式学习资料包通过学习通线上平台传递给学生。资料包涵盖项目名称、项目教学目标、项目的研究周期、项目涉及的知识点、项目可能的参考资料、研究报告模板、项目的考核办法、往届学生的优秀案例等内容,目的是让学生对整个项目的实施过程有充分的认识,并对其所涉及的知识点有大致了解。研究报告模板以及往届学生的优秀案例展示是帮助学生快速进入项目,并使项目完成工作更加标准化和规范化。

在基于 Project 项目导入时,要对项目所研究问题进行情境创设,可以以现实生活中能够看到或遇到的案例为素材,使学生容易理解,并渴望弄清楚其中的原因。

第九章　基于Project的教学设计与应用案例

【选题导入】教师在课堂上抛出情境问题:"同学们,在隆重的结婚典礼上,女士们戴着镶嵌钻石的戒指。假如你要挑选钻戒,你如何鉴别它的真假,根据你所学的晶体光学知识,请提出一些建议。"

由于该问题中涉及生活的案例,将矿物鉴定与生活案例结合起来,瞬时拉近了与学生的距离感,极大地提高了学生们的兴趣。

学生1:老师,我认为钻石肯定会光彩夺目,可以根据光泽来区分,其原因在于钻石折射率大,容易发生全反射,可以测量其折射率。

学生2:老师,我认为钻石硬度很大,可以根据其硬度鉴别。

学生3:我觉得钻石比重较大,可以通过密度的大小来鉴别。

学生4:我查到钻石是均质体矿物,可以将钻石切成薄片,在正交偏光下看是否全消光。

学生4的回答引发了同学们的笑声,认为其鉴定成本太大。看到学生被吸引的表情,这时候教师为大家做出总结。

老师:"大家回答得都正确,但是也需要考虑到可行性,我们在矿物鉴定过程中,往往存在很多方法,但是这些方法哪些有效?哪些效果不大?需要我们仔细斟酌。此外,对于存在的多种鉴定方法,如何安排它们的先后顺序也是我们必须要提前考虑的。更重要的是,我们得出的结论需要综合各种鉴定结果,这样才能准确。对于这个问题,测量硬度和消光类型是对钻石有破坏的,不可行。但是,对于其折射率和比重的测量不仅精度高而且可行性强,两者可以相互佐证。"

通过教师的引导,引发了学生对于未知矿物鉴定的思考,激发了学生学习兴趣,并引出了项目设计的内容。通过问题的引导,学生对矿物显微镜鉴定过程以及注意的问题有了很好的认知,由于情境的创设及教师的引导,学生从生活案例过渡到本项目的设计内容,成功达到了化繁为简、事半功倍的目的。

【案例分解】为完成未知透明矿物鉴定项目,学生必须事先了解自然界中的常见透明矿物类型(例如均质体矿物、非均质体一轴晶、二轴晶矿物等)、矿物在显微镜下的光学性质(例如形态、解理、多色性与吸收性、突起、干涉色、消光类型与消光角、延性、双晶、干涉图、光轴角等)以及在显微镜下具体的光学参数的测定程序等知识内容。除了这些内容外,学生们还需要掌握矿物不同切面方向导致的光学性质差异。为此,教师课前设计了各知识点的微视频介绍,并通过学习通线上平台发布,目的是让学生摆脱烦冗的学习内容,轻松地对项目所涉及的知识进行复习。

老师:通过刚才的案例以及我们发布的微视频,大家可以发现,未知矿物的鉴定方法很多,但是针对不同的矿物类型,涉及的鉴定程序和鉴定内容却千差万别。此外,我们还需要考虑到薄片中矿物切面方向的差异,所以,大家在项目实施过程中,要综合多种方法,实现不同方法的相互检验,以便提高准确率。

(2)O-objective **建立目标**

项目发布后,尽管项目题目是一样的,但教师在分配各小组任务时,变动了未知矿物的种类。在内容设计上保证了每组矿物不同,小组间的题目不重复。1组学生需要鉴定一轴晶的某矿物;2组学生需要鉴定斜方晶系某矿物;3组需要鉴定单斜晶系某矿物等。

学生在明确项目开展过程、注意事项以及对相关知识的复习后,小组内部由组长负责协商组内分工,讨论任务分解和关键技术分析。每个小组开始讨论研究分案和制订研究任务,第一次方案制订讨论在教室进行,并给学生一定的讨论时间。

【互动讨论】由于是首次进行项目化学习,学生缺乏解决实际问题的经历,所以,很难制订出合理地研究方案。教师团队要密切关注各小组制订研究方案的过程,并及时对学生提出的问题加以引导,但要掌握好尺度,将研究方案制订的主动权留给学生。此外,教师还可以设计问题引导学生积极思考。

老师:"警察抓捕犯罪嫌疑人,通常都是根据受害人描述的犯罪嫌疑人特征,逐步缩小调查范围,最终将其抓获,而本次的项目任务是实现矿物的准确鉴定,与上述的刑侦过程很相似。"

紧接着,针对本项目教师继续发问:"要鉴定未知矿物,我们最先要知道矿物的什么?然后呢?"

这个引导性问题瞬时打开了学生思路。学生根据教师的引导开始进行方案制订和任务分工。

学生:根据老师的引导以及前面学习的教学包资料,我们这个项目可分成以下5个部分。这些部分包括:矿物的类型确定;本组矿物鉴定可能涉及的相关光学参数测定;研究过程中资料的收集与汇总;查阅资料并对矿物名称确定;研究报告撰写与制作PPT汇报材料。大家思考一下还需要哪些调整,如果没有,就抽签决定分工吧。

老师:你们组任务分工整体不错。我需要补充一点,由于矿物是未知的,一定要注意选取的关键光学参数的测定,并认真核对测定结果是否一致。此外,大家即便有具体分工,但在工作开展过程中要多想、多做、多交流,防止闭门造车。

(3)S-study **自主学习**

学生完成项目问题剖析,制订研究方案和任务分工后,就开始了自主学习,学生的理论研究主要通过图书馆和网络资源查阅相关书籍和文献,而实践探究主要在华北理工大学矿业工程学院多媒体显微镜实验室内。通过自主学习,学生努力尝试解决任务中存在的难点问题。例如,负责矿物类型确定的同学可以通过书籍、课本等资料,查阅具体的研究方法。负责矿物定名的同学很关键,他们需要查阅光性矿物学或矿物鉴定表等相关课外资料来提取相关知识。而负责光学参数测定的同学在矿物类型确定后,要思考需要测定哪些具体的光学参数以及如何测定才能有效。收集研究资料的同学要时刻配合光学参数测定的同学,哪些需要拍照证明?哪些需要制作短视频?最终研究报告撰写的同学要全程参与其他同学的研究过程,并总结研究资料,最终撰写出客观、规范化的报告。

(4)E-explore **交流探究**

由于不同小组研究方向不相同,同一个小组内部也进行了分工。因此经过一段时间学习之后,需要学生之间保持一种交流和讨论的常态。可以是一个难点共同探究,可以是多个交叉问题互动讨论。在此过程中,教师要感受到学生的变化、过渡、碰撞、反思,要时刻明确自己的职责,要关注学生的实际状态,组织形式要考虑实效性。

【方案设计讨论】未知矿物类型确定后,难点在于设计相关的光学参数测定程序,不同的矿物类型,测定的光学参数也有差异。

学生5:经过我们组的初步干涉图观察,我认为未知矿物是属于一轴晶矿物,但是,对于一轴晶矿物,我们设计测定以下光学参数:形态→多色性与吸收性→解理→突起→干涉色→消光类型等。在此基础上综合确定。

老师:先要肯定你的思路是正确的,但是一轴晶矿物那么多,你通过哪个或哪几个参数可限定?为什么是这些参数?

学生5:可以通过测定干涉色、突起等级等。

老师:你的想法是对的,但是忽视一个问题,所有的这些光学参数都不是固定的,都会受到切面方向的影响,所以最开始应该确定什么?

小组A学生们:哦……

【难点互动】

学生6:我们组已经根据干涉图确定了我们组的未知矿物属于二轴晶矿物,但是我测试了该矿物的消光角与光轴角两个参数后,发现对不上。但并不知道错误来源在哪里?

学生7:我认为再测一下矿物的干涉色级序来限定一下。

老师:我看一下你们的测试过程。

通过查看学生的操作过程,发现本组测试人员学生6在选择测试消光角时,切面选择错误,导致测定的消光角比正消光角偏小很多。

老师:你再次检查一下你消光角的测定是否正确,根据测定的步骤,认真思考一下到底应该选择哪个切面?此外,测定矿物的干涉色需要选择哪个切面?如果切面选择出现问题,会导致测定的结果差距很大。

(5)A-act **行动实践**

根据前面交流探究难点与关键技术。在行动实践环节,学生需要完成实验操作、数据分析以及成果展示等多方面任务。关于实验操作,主要是对未知矿物进行一系列物理观察和光学检测,并将检测结果数据进行相应统计分析,提取对应鉴定特征。

项目研究结束后,对资料和研究成果汇总,形成汇报 PPT 和录视解说视频材料。然后进行汇报展示和新一轮交流探究。通过不同组学生和教师的质询,会使学生对矿物鉴定过程的各个环节有更进一步的了解,也会将晶体光学各章节之间的知识融会贯通。

【汇报交流】每组派出一名学生对本组汇总的研究结果进行详细汇报,汇报过程中要展示组内各成员的分工情况、取得的研究资料以及得出研究结论的推理过程。这个汇报过程是十分重要的,它是验证各小组一段时间以来合作探究成果的关键,也是各小组之间研究经验共享的一个过程。在此过程中,学生之间,教师与学生之间都进行了热烈的讨论、交流、反问,甚至是反驳。教师在此过程中,仍然以提问、反问、点拨等方式促进学生积极思考。

汇报学生:我们通过干涉图、干涉级序测定、消光角测定、多色性和吸收性观察等实验环节,并查询了光性矿物学书籍,最终确定未知矿物是角闪石,这是我们的研究资料,我展示一下具体的推理过程。

提问学生 1:你展示的照片没见到角闪石有任何的解理啊,你如何解释?

汇报学生:角闪石的确有两组解理,但是不同的切面方向解理的可见程度不同,我们在显微镜下没看到解理,但是并不能说明它不是角闪石。

老师:关于解理缝可见程度,大家参考书籍。解理,尤其是解理夹角是鉴定矿物的显著特征。但是,实际薄片中,不能观察到矿物的解理并不能说明没有解理,我们需要想其他的鉴定方法。

提问学生 2:哪些光学参数的测定让你们最终下定结论?

汇报学生:尽管我们在薄片中没有观察到明显的解理,但是我们确实找到了接近最大双折率的切面,特征是其干涉色最高,多色性最明显。我们测得的消光角仅比理论消光角小了 1°,并且得到了光轴角的验证。

提问学生 3:你们还测试了哪些参数来提供进一步的限定?

汇报学生:还有就是我们测定了角闪石的突起等级,大致约束了其折射率大小,与理论值很靠近。再加上其干涉色的变化区间与理论范围一致。

老师:矿物的鉴定是一个复杂的系统项目,我们需要综合很多光学参数,最终才能定论。这就要求大家尽量提供尽可能多的证据来支撑我们的鉴定。

(6)M-measurement **综合考评**

基于 Project 的学习考核成绩主要由提交成果、汇报展示、学习表现 3 部分组成,评分标准的细则可根据项目内容调整,"对某种透明矿物的光学性质进行详细观察并系统描述,并确定矿物名称"小组学习过程性成绩评定表,见表 9-1 所列。

表 9-1 《晶体光学》PBL 成绩评定表

项目名称	对某种透明矿物的光学性质进行详细观察并系统描述,确定矿物名称				
组号	3—1组	成员	徐×× 李×× 张×× 赵×× 王××	总分	85
成绩构成	评定标准			分值	
提交成果 (50分)	编写的项目研究报告规范,论据充分(10)			7	
	提交的研究资料论据充实(5)			4	
	矿物鉴定的光学参数计算正确合理,得出的结论基本正确(30)			28	
	项目的整个开展计划符合预期(5)			4	
汇报展示 (35分)	汇报时声音洪亮,表达清晰流畅,主要内容讲解透彻(10)			8	
	汇报 PPT 制作条理清楚、汇报思路清晰(5)			4	
	对老师、同学问题的回答明确且合理(5)			4	
	探究过程小组成员均有发言或回答问题,态度自信(5)			4	
学习表现 (25分)	工作量饱满,各项任务完成率高(10)			9	
	学习工作态度积极,遵守纪律,严谨务实(5)			5	
	小组分工明确,组内配合多,合作有效,成果体现共同智慧(10)			8	
意见及建议	研究报告编写规范,条理清晰,研究结论基本正确;研究资料充实,内容具体;汇报展示自信,条理清晰,结论推导思路清晰,最终结果正确;小组内成员分工合理、团结协作,并能够积极发言。总之,该组较高质量地完成了项目任务。 评语人: 年 月 日				

基于项目的 PBL 教学很适合《晶体光学》这种实践性强、连续性强、概念抽象的课程,通过项目化的学习方式,难的内容也逐渐变得清晰起来,学生"越学越活",并且更加注重高级思维能力的培养。项目化的学习知识比传统教学更能激发学生兴趣,促进学生积极思考。更重要的是,项目化的学习是一个系统工程,促进学生对于不同章节、不同课程的知识进行归纳总结与灵活应用。在教学过程中,教师作用的发挥要科学,更多体现在引导、点拨、激发学生的内在学习动力及发挥其独立性上。

第二节 "唐山某二级公路路基挡土墙设计"Project 教学设计与实践

道路工程是我国基础设施建设的重要内容,事关国计民生。"路基路面工程"是道路工程的重要组成内容。《路基路面工程》课程让学生知道路基、路面的基本理论、设计指标和设计要求,还要求学生能够根据给定设计任务的工程要求,自行设计路基路面指标参数,解决实际工程的路基路面设计具体问题。让学生具备初步设计、施工的能力,并具有对不同路基路面病害的分析与处理措施的实践能力。采用基于 Project 教学设计使枯燥理论和复杂公式能有机融合,既可以让知识形成体系,降低理解难度,又可以提高学生对所学知识内化程度,培养学生深入研学、书面表达、语言表达能力,从而提高学生的就业力。

(一)项目内容设计

课程路面内容的学习包含路面荷载和路面材料参数、路面基层、沥青路面设计、水泥混凝土路面设计以及路面施工五部分,学习内容涉及知识点数量多、公式多、难度大,各部分之间看似联系松散,实则都围绕着路基路面设计、施工这一主线。为了让学生构建"大工程观"的路基路面知识体系,能够独自完成初步路基设计和路面设计内容,教师团队采用项目式教学法进行组织设计。项目选题在实际工程项目基础上进行二次筛选与简化的内容重构,重构后内容需要同时兼顾挑战度和综合性,见表 9-2 所列。

表 9-2 《路基路面工程》项目式教学选题

难度指数	项目选题
1	唐山某二级公路路基挡土墙设计
2	曹妃甸区道路病害调查分析
3	曹妃甸区主要道路交通数据调查及轴载换算
4	曹妃甸区通海路沥青路面结构组合设计及验算
5	曹妃甸区通岛路水泥路面结构组合设计及验算

在上述选题中,挡土墙是主要的路基支挡结构,"挡土墙设计"是必须掌握的设计项目,涉及结构形式、作用机理、墙体材料多方面知识,要素包含墙身、基础、排水设施与伸缩缝等。"挡土墙设计"的核心知识是根据设计任务验算路基稳定性、综合选择挡土墙形式、平纵横三方面进行挡土墙结构布置、墙后土压力计算、挡土墙稳定性验算、基地应力及合力偏心距验算、墙身强度验算以及选择增加挡土墙稳定性的措施,涉及路基稳定性验算公式、土压力计算、墙体稳定性验算公式等十几个计算过程。如果单个知识点逐一讲解,学生很难理解这些公式的具体用途,课堂就会沦陷为"将数据带入公式计算结果"的、没有灵魂的数学课。而通过基于 Project 组织形式学习,学生能够学会路基稳定性分析以及挡土墙设计的基本原理和计算验算方法,还可以培养学生借助网络资源、技术规范尝试解决"指标参数设置"中遇到的问题。

"唐山某二级公路路基挡土墙设计"项目是课程学习过程中一个具有较强的综合性和挑战度的项目,包含设计步骤:结合给定的项目基础集料,进行设计任务分析、路基稳定性验算、挡土墙形式选择、墙身材料选择、土压力计算、墙身稳定性验算、基底应力和偏心距验算等基础数据演算;结合项目实施过程,解决在路基稳定性分析、挡土墙形式选择、土压力计算中存在的模型选择、方案比选、优化改进等实践中可能出现的问题;形成项目设计书,并制作 PPT 进行专题汇报。

(二)项目设计和组织

"唐山某二级公路路基挡土墙设计"以 Project 为导向进行 KOSEAM 组织,要求学生以小组合作的形式完成路基稳定性分析、挡土墙设计(墙身材料选择、挡土墙形式选择、墙身稳定性验算、基底应力和偏心距验算)、图纸绘制以及工程量计算;撰写项目设计说明书、制作汇报 PPT;定期、不定期的项目讨论和汇报。

(1)K-知识准备

【线上资源】《路基路面工程》学时少、课程任务重、知识内容广度大,在挡土墙设计理论教学完成前一周,教师将项目设计资料包通过网络教学平台传给学生,设计资料包主要包括项目名称、任务要求、相关规范目录和参考文献、设计说明书模板、设计图纸模板以及设计样例等内容。学生通过查看设计任务,可以对自己知识储备情况有大致了解;教师通过推荐设计规范和参考文献,辅助学生梳理挡土墙设计计算的流程以及所需要的知识能力;设计样例以及说明书和图纸模板主要是帮助学生更快地进入项目设计节奏,使设计内容和设计成果更加标准化和规范化。

【选题导入】教师在课堂上以展示世界十大险峻公路之一的 314 国道沿途美景的图片拉开帷幕。

教师利用课件展示沿途风景,并介绍这条极险峻又极美丽的公路。这条起点新疆乌鲁木齐,终点新疆红其拉甫的最美丽的公路,沿途的风景有峡谷有冰川有湖泊,终点红其拉甫的海拔高达 4733m,其中喀喇昆仑公路一段又称为中巴友谊路,沿红其拉甫河、洪扎河、吉尔吉特河和印度河蜿蜒而下,并 3 次跨印度河,其间要穿越喀喇昆仑山脉、兴都库什山脉、帕米尔高原、喜马拉雅山脉西端,地质情况极为复杂,雪崩、山体滑坡、落石、塌方、积雪、积冰、地震等地质灾害经常发生,沿途路面和桥梁设施经常遭到破坏。

看到学生游览公路沿途风景时投入的表情,说明此时学生已经被这条公路的险峻和风景震撼,成功吸引了学生的兴趣,教师将话锋转到路基破坏事故,并展示路基事故图片。以我国典型的路基边坡破坏事故为例,展示道路边坡损害对我国道路交通运输的影响,从而引出道路边坡安全的重要性以及如何增强道路边坡稳定性的方法,引发学生对挡土墙设计的思考,激发学生的学习兴趣,引出项目的设计内容。

道路工程作为我国重要的基础设施,是我国经济民生的大动脉,尤其是自然灾害发生时,保证道路畅通就是保证救援生命通道的畅通,一旦由于路基边坡破坏阻塞交通,不只影响经济甚至还会造成抢险救灾的延误,从而造成巨大的损失。通过道路路基边坡安全稳定的现实意义,引发学生思考,提高学生对专业、对学科的认可程度,对行业的自豪感和使命感,激发对课程的学习热情。学生目前尚未进行过大型的工程项目设计,对规范查阅、设计流程、设计参数选择以及设计说明书撰写图纸绘制等内容并没有统一的认识,为了使学生更好地完成项目设计,提高项目化教学的效果,需要教师对设计样例及设计中的重点难点进行说明。

【案例分解】为完成挡土墙设计的项目,学生必须事先了解路基工程设计的全部内容,尤其对于路基边坡相关设计内容、路基边坡的稳定性分析、路基边坡的支挡结构设计的内容。作为一项综合性的设计项目,除了各种公式计算外,还需要绘制挡土墙设置的平纵横布置图纸,基地应力验算不合格时还需要设计基础结构,为此学生需要对之前学过的《工程制图》《交通工程 CAD》和《基础工程》等课程进行全面复习回顾。

师:同学们,正如图片上展示的那样,如果路基出现了破坏就说明边坡的稳定性不足,我们如何在设计之初就能够确保路基的稳定性呢?路基稳定性分析的方法有哪些?各自适用条件是什么?当原路基边坡不稳定时,挡土墙可以选择何种形式,各自的优缺点有哪些?结合设计资料,技术上可以选择的挡土墙形式很多,需要注意的是没有最好的挡土墙只有最适合的挡土墙,希望大家发挥自己聪明才智,结合地形地貌及经济技术条件设计属于自己小组的挡土墙。

(2)O-建立目标

本项目的完成和学习是课程教学目标之一,在分配各小组任务时采用变动部分设计参数(如设置不同路基边坡高度、路基土力学性能参数等)保证每组一题、小组之间题目不重复。确定各自小组的设计资料后,小组内部由组长负责协商组内分工,讨论任务分解和关键技术分析。为了保证小组对设计任务有充分的理解,避免一开始就进入误区,小组讨论时,指导教师在一旁进行引导帮助,纠正研究方向上的偏差,协助完成小组分工、任务分解。

【互动讨论】由于挡土墙设计工作量较大,当学生小组面对设计任务时可能手足无措不知从何下手,在此过程中,教师除了需要引导学生合理安排工作量外,还应提示学生相关注意事项,避免学生走太多弯路。

学生:根据老师给的设计材料,我们分成 5 个部分:文献资料收集和挡土墙总体设计、路基稳定性验算、土压力计算和基底应力和偏心距计算、挡土墙稳定性验算以及设计说明书撰写和出图汇报,大家看看行不行,需不需要调整,如果没有异议我们就直接确定任务分配。

老师:你们内容分配得不错,基本上将挡土墙设计的内容分配到了,要注意的是虽然分配了任务但是并不是让你们闭门造车,有什么问题还需要相互讨论找出最优的结果,接受任务的同学主要负责。还需要注意验算挡土墙稳定时,如果不稳定,注意采取措施增强其稳定性,如果设计的挡土墙过高过大,浪费材料也需要进行优化。最终的设计说明书和出图汇报是你们的组最终成果的体现,注意排版美观。

(3)S-自主学习

任务分解完成后,小组成员需要根据各自的任务,利用网络资源和图书馆纸质资源整理任务要求,主动学习,通过自己努力尝试解决任务中存在的难点问题。例如,负责文献资料收集和总体设计的同学,需要在参照课本内容的基础上,查阅相关的挡土墙设计规范,选取适合当前设计资料的挡土墙形式和尺寸、材料,并据此判断作用于挡土墙上的主要力系为随后进行的土压力计算、稳定性验算等打下基础。又如,进行挡土墙平纵横布置时,虽然课本上有简单描述沉降缝和泄水孔的大小,但并未做过多详细介绍,项目组成员需要查阅文献、规范最终确定,挡土墙设计也可以看成是一个系统,任何一项自主学习任务的操作缺陷都可能导致最终成果的不理想。

(4)E-交流探究

学生在认领项目任务后都能够主动掌握一定的储备知识,但是不能在知识的相互联系、调用上做到信手拈来,前后知识不连贯。在合作学习的过程中,虽然做了分组和任务分工,但是遇到问题还需要相互沟通交流。在此过程中,指导教师作为旁观者只提出一些改进、引导型的问题,引发学生的思路,拓展学生的思路,具体的修正、解决问题的方式由学生自己决定,以期真正实现学生自主学习,保证项目式教学的有效性。

【方案设计讨论】挡土墙设计所需要的知识储备量较大,设计环节众多,需要学生在进行设计时自主选择挡土墙的结构形式、材料组成、墙身形状、平纵横布置等内容,面对众多难题,学生往往过分依赖课本例题或老师给定的设计范例,降低了自己的主观能动性,致使项目设计效果降低。在此过程中,指导教师需要引导学生发散思维,拓宽设计思路,将所学的理论知识与实际设计结合起来。

学生1:经过我今天的查资料和对比老师给的设计任务,还是觉得重力式挡土墙最合适,其设计结构简单、材料来源广泛、造价低、施工容易。因为课本例题和我们的设计任务比较类似,我建议还是采用和例题类似的路肩墙,先按照例题的形式墙身倾角、基底倾角、墙身宽度等都先按照这个算一下,有对比也好知道我们做得对不对。

学生2：我也觉得用重力式挡土墙挺好，但不建议还用例题的挡土墙形式，咱们的设计任务里边路基高度和例题里边不一样，比例提高了很多，还选用路肩墙可能导致挡土墙尺寸过大，而且抄例题的原样一点难度没有，起不到设计作用。

老师：重力式挡土墙是目前工程上采用较多的一种形式，对于路基挡土墙来讲，路肩墙是最常采用的形式，只要通过计算验证合格就可以采用，课本例题只是提供了各种计算的思路，并不是设计范例，尤其是在总体设计阶段，希望你们不要被例题约束自己的想法，都可以大胆尝试。

【难点互动】

学生3：根据我们之前的设计经过验算挡土墙的抗滑稳定性满足要求，抗倾覆稳定性验算不合格，我增加了墙身断面的尺寸，墙顶宽度达到了2米，可以满足抗倾覆稳定性的要求了。

学生4：你的计算有没有问题？如果计算没错的话，2米的墙顶宽度会不会太夸张了？尺寸太大了，也不好看呀。

学生2：满足力学指标就可以吧，好像课本上也没有给具体的尺寸要求，没有不能超过多少米的限制。

老师：我先不说谁讲得正确，咱们课本讲过增加挡土墙稳定性的措施，还记得吗？

学生：好像有展宽墙趾、改变墙面及墙背坡度、改变墙身断面类型。

老师：那为什么你会想到用增加墙顶宽度的方式来增加稳定性呢，扩大挡土墙的尺寸在一定程度上由于增大了挡土墙的重力进而增大了挡土墙的稳定力矩，因此可以在一定范围内满足抗倾覆力矩的要求，但这种方式在增大抗倾覆稳定性的时候，其增强的效果不显著，效率比较低。因此在修正设计时，一定要综合我们学过的全部内容，避免陷入误区。

(5) A-行动实践

根据前面交流探究设计指标可行性、适宜性与关键数值，在行动实践环节，学生需要进一步结合仿真软件进行数据模拟分析。利用模拟分析结果，来验证设计方案中关键指标取值的合理性和科学性。当然也可以找一些成熟案例对应设计流程的相似点，进行参考性验证分析。

学生完成项目设计后，需要在规定的展示时间内对本小组的设计过程、设计成果进行统一讲解、答辩、展示。通过不同小组的"设计作品"之间的碰撞、交流，可以使学生对于挡土墙设计的各个环节有更加深入地了解，通过对其他小组的成果提出质疑以及解答其他小组对本组成果的"攻击"，都可以更进一步地内化所学知识。

第九章　基于Project的教学设计与应用案例

【汇报交流】项目成果的汇报展示不仅能够展现小组同学的努力与付出，也是学生主动思考、积极学习提高的体现。通过同学之间的讨论、解答，既是对汇报小组成果的检验也是对其余学生知识的梳理和总结。在汇报答辩过程中，指导教师更多的像是一个主持人，汇报冷场时既要引导其余学生提问，又需要在无人回答问题时，引导小组学生自己思考，尝试回答，即使真有无法回答的问题，也可以当成是布置给汇报小组的探究作业，在下次上课时回答解决。

汇报学生：我们组通过查资料综合选择的挡土墙类型为仰斜式挡土墙，仰斜式挡墙优势明显，在设计施工中比直背墙和俯式墙更加有利。

提问学生1：为什么不采用直立式挡土墙，这样计算和施工起来更方便，我们组查资料和规范最终采用的是直墙背的重力墙。

汇报学生：你说的有一定道理，采用仰斜式的挡土墙会使墙身增高、断面增大还容易导致施工困难，但是与垂直墙背式挡土墙相比其优点突出：(1)所受主动土压力小，墙身断面较经济。(2)我们组设计的是路堑挡土墙，仰斜墙背与开挖的临时边坡面较贴合，故开挖量和回填量较小。鉴于这两个优点经过综合考虑，我们选择了仰斜式挡土墙。

老师：仰斜、俯斜以及垂直式挡墙并无绝对的优劣之分，仰斜式挡墙所受的压力最小，但是进行挡土墙形式选择时一定要综合判断挡土墙所在的地形地貌，路基挡土墙和路堑挡土墙在施工时难易程度也是需要在设计时综合考虑的。

提问学生2：为什么在刚才的汇报中没有听到关于挡土墙排水的设计，是漏了还是刻意没有做？

汇报学生：排水设计确实是大家容易忽略的一点，在做完各种力学验算结果合格后，往往就认为设计结束了。我们小组确实没有做排水设计，不过不是因为我们忘记没做，而是我们组的挡土墙不用做排水设计。因为大家忽略了我们挡土墙的建造材料，我们选用的是干砌片石，因为干砌片石本身就存在很多缝隙，就是天然的排水孔，因此不用额外增加排水设计。

老师：干砌片石挡土墙不需要设置排水孔和沉降缝，这个知识点不是课本里的内容，而是同学们在进行挡土墙设计时，通过查阅网络资料所得，我们鼓掌表示感谢。

(6)M-综合考评

基于Project的学习效果考核成绩主要由提交成果、汇报展示、学习表现3部分组成，评分标准的细则可根据项目内容调整，"唐山某二级公路路基挡土墙设计"小组学习过程性成绩评定表见表9-3所列。

表 9-3 《路基路面工程》PBL 成绩评定表

项目名称	唐山某二级公路路基挡土墙设计			
组号	1—1组	成员	李×× 赵×× 仇×× 常×× 杨××	总分 87
成绩构成	评定标准			分值
提交成果 (50分)	设计说明书排版规范内容齐全(10)			7
	设计图纸完整、平纵横布置齐全(5)			4
	挡土墙形式选择合理、土压力、稳定性等计算结果正确(30)			28
	根据设计计算结果做了挡土墙优化改进(5)			4
汇报展示 (35分)	汇报时声音洪亮,表达清晰流畅,主要内容讲解透彻(10)			9
	汇报PPT制作美观内容充分,并未照本宣科(5)			5
	对老师、同学问题,能够进行有效回答(5)			4
	探究过程小组成员均有发言或回答问题,态度自信(5)			4
学习表现 (25分)	工作量饱满,各项任务完成率高(10)			9
	学习工作态度积极,遵守纪律,严谨务实(5)			5
	小组分工明确,组内配合多,合作有效,成果体现共同智慧(10)			8
意见及建议	设计说明书整体框架不错,具体内容公式,需要进一步整理,文档格式上还有进步空间。最终成果汇报效果很好,能够基本完整地回答同学们的问题,证明确实在项目设计过程中付出了努力,希望在下一次项目汇报时有更好的表现! 　　　　　　　　　　　　　　　　　　评语人:　　　年　　月　　日			

《路基路面工程》这门课内容多,与前续课程联系紧密,看似分散的各章节内容实则都服务于具体的项目设计这一主线。为了在有限的学时条件下,使学生完成课程的教学目标,课程采用基于项目的教学方式,将课程总体设计为"路基设计""挡土墙设计""路面设计"等多个项目板块,既提高了学生的课堂专注力,又增强了教学效果。特别是学生通过项目式教学,将课程前后内容融会贯通,不再以应付期末考试作为最终目标,有效地拓展了学生的思维能力和团队合作能力,为学生将来走向工作岗位或继续学业都打下了良好的学习基础。

第三节 "分户供暖自动监控系统设计"Project 教学设计与实践

电气工程专业的实践课程是电气工程专业培养面向电能的生产、传输、转换、控制、存储和利用环节,是面向理论实践、走进科学研究的重要实践环节,承担着对所学专业知识集成处理、学习迁移的一个重要任务。课程的教学目标主要是巩固、深化和扩大学生所学的基础知识与专业知识,提高分析和解决本专业领域工程技术和一般科研问题的能力;培养学生树立正确的设计思想,掌握专业设计和研究的方法与技能;培养学生通过多种途径检索国内外文献资料和搜集有价值信息的能力;通过工程基本技能训练,提高工程实践能力,培养学生勇于实践、勇于探索和勇于创新的精神。

(一)项目内容设计

为了使学生能系统地运用专业所学知识,挑选合适的芯片搭建电路,熟练使用CAD、MATLAB、Proteus等画图仿真软件进行电路图的绘制和仿真,合理设计电气控制图,使用PLC软件进行编程等,拥有初步解决实际工程问题的能力,专项设计为项目式教学法,采用以项目式教学为主的教学方法,建立设计类的项目库,见表9-4所列。课程设计选题囊括电气工程专业必修及选修课,如:自动控制原理、单片机原理、电气控制与可编程控制器、MATLAB基础、电力工程基础等课程。将书本里枯燥的公式,软件中为了完成作业及考试时机械的画图与编程转换成与我们生产生活密切相关的工程实际问题,调动学生自主学习的积极性,并在组队完成选题的过程中,学会团队合作与合理分工。

表 9-4 电气工程创新项目式选题

序号	题目
1	分户供暖自动监控系统设计
2	多产品水析仪控制系统设计
3	基于超声的矿浆浓度检测系统设计
4	基于单片机的磨机控制系统设计
5	多功能智能药盒设计
6	便携式跑步测速仪的设计

以"分户供暖自动监控系统设计"选题为例,该选题涉及自动控制理念,需要学生画出控制流程图,明确系统的输入、输出以及误差信号,并运用单片机原理所学知识选择合适的单片机型号作为系统的核心处理器,需考虑单片机的 IO 口数量是否合理、单片机额

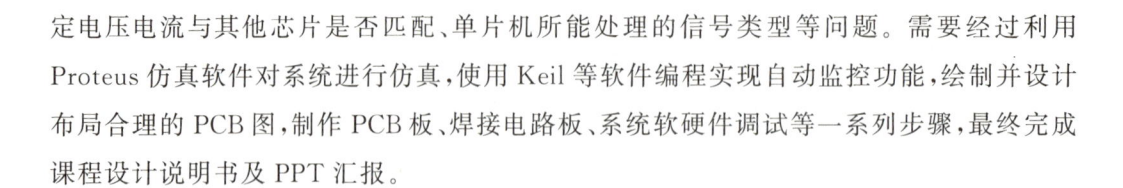

定电压电流与其他芯片是否匹配、单片机所能处理的信号类型等问题。需要经过利用 Proteus 仿真软件对系统进行仿真，使用 Keil 等软件编程实现自动监控功能，绘制并设计布局合理的 PCB 图，制作 PCB 板、焊接电路板、系统软硬件调试等一系列步骤，最终完成课程设计说明书及 PPT 汇报。

（二）项目设计和组织

"分户供暖自动监控系统设计"以 Project 为导向进行 KOSEAM 组织，学生以小组合作的形式完成文献检索、系统框图设计、单片机等硬件选型、电路图设计及仿真、软件编程、电路板焊接、系统调试等工作，撰写课程设计说明书、制作 PPT 并汇报，在此过程中，小组成员以及小组与指导教师之间需要定时讨论及汇报。

(1) K-知识准备

基于电气工程专业最新培养方案，为了给学生传授更新的专业知识、提供更多的专业方向选择，电气工程专业课程设计选题范围广、所涉及专业课程较多，所以在课程设计开始前，需要教师将题目先行发送给学生，并在教室进行讲解。利用 PPT 以及视频等多媒体资源，向学生展示设计所需提交的资料、下达项目任务书、如何查找参考文献、规范说明书写作格式以及参考文献格式、设计图纸大小及板式要求等。以往年设计为样例，引导学生对设计题目所涉及的专业知识进行回顾、疏导，对设计所需完成的工作进行任务分解以及合理分工，使学生对课程设计有一个整体的明确的任务要求。

【项目引入】教师在课堂上展示我国的"双碳"战略视频，强调节能减排的重要性和对国家的战略意义，作为"分户供暖自动监控系统设计"题目的引入。

双碳，即碳达峰与碳中和的简称。2020 年 9 月，我国明确提出 2030 年"碳达峰"与 2060 年"碳中和"目标。"双碳"战略倡导绿色、环保、低碳的生活方式。加快降低碳排放步伐，有利于引导绿色技术创新，提高产业和经济的全球竞争力。我国持续推进产业结构和能源结构调整，大力发展可再生能源，在沙漠、戈壁、荒漠地区加快规划建设大型风电光伏基地项目，努力兼顾经济发展和绿色转型同步进行。

"双碳"战略入选我国 2021 年度十大流行语、2021 年度十大新词语，节能减排以及发展可再生能源与发电输电配电环节息息相关。要实现"双碳"，要开展全民行动，深入开展绿色生活创建行动，增强全民节约意识，倡导简约适度、绿色低碳、文明健康的生活方式，坚决抵制和反对各种形式的奢侈浪费，营造绿色低碳社会风尚。

"双碳"战略与学生专业知识以及生活密切相关，"双碳"这个新词语的提出可以调动学生的兴趣，引导学生关心国家大事。教师在这个过程中引导学生思考个人如何对"双碳"做出贡献，引出"分户供暖自动监控系统设计"题目，通过监控供暖，可实时调节供暖量，节能减排，引出项目的设计内容。

第九章　基于Project的教学设计与应用案例

【项目分析】为完成"分户供暖自动监控系统设计",老师梳理整个项目完成所需要关键技术,让学生对自动控制系统设计有全面的了解,明白分户供暖基础流程以及原理,需要掌握工程设计类题目所需完成的所有任务。教师通过展示往年优秀设计成果,引领学生梳理设计题目的重点、难点内容。

【难点剖析】芯片选型的依据有哪些?所有芯片的额定电压电流是否匹配?系统采集到的信号是数字信号还是模拟信号?是否需要对信号进行转换或放大处理?设计的电路是否合理?控制流程是否符合逻辑?为此学生需要对之前学习的《自动控制原理》《单片机原理》《信号与系统》《组态软件》等专业课程进行复习回顾。

(2) O-**建立目标**

本项目的完成和学习是课程教学目标之一,项目发布后,是小组讨论选题时间,给学生3天时间查阅选题相关资料,发布选题志愿表,各小组选择三个感兴趣的题目,按照选择意愿强弱标出序号,并写出小组成员最为感兴趣的科学现象或话题,最后由老师统计并分配题目。不同研究方向的指导教师,纠正学生研究目标上的偏差,协助小组完成任务分解。

【互动讨论】选题后,学生小组继续进行分组讨论,主要讨论内容为任务分解和关键技术分析,针对小组选题和任务,小组同学协商安排具体的子任务和工作量。

例如,学生根据设计题目"分户供暖自动监控系统设计",将设计分解成6个任务:文献收集及整理、硬件选型、电路图设计、软件编程、系统仿真、电路板焊接及系统调试。指导教师对学生分配结果予以肯定,并提出一些需要注意的问题,又如,硬件选型与后续电路设计仿真等过程有紧密联系,除了要考虑各个硬件额定电压电流相匹配的问题,还应考虑所选择硬件是否能与仿真软件中的硬件功能重合,以及所选择单片机型号是否能与所选择上位机实现串口通信,采集数据是否需要保存等问题。

(3) S-**自主学习**

学生可以选择通过组内、组间及优质的书籍或网络资源进行辅助,通过多次尝试解决方案解决某些项目要点存在的问题,但是由于学生的实践工作经验不足,在项目完成过程中,还会遇到难题。

所以课程设计的过程管理是非常重要的,需要教师帮助学生制订课题小组学习和研究计划。每位同学不仅要完成自己所分配任务的知识回顾及文献收集,还需要定期开展小组学习会议,向同组人员介绍学习成果,使组内每位同学对所做课程设计项目有一个宏观整体的了解。

(4) E-**交流探究**

任务分解完成后,为了让一个题目设计团队尽可能融合交流,针对关键问题做好必要探究,在指导过程中,建立联合交流群,划分每个模块和任务都责任到人,到每个学生和对应指导教师。开展毕业设计题目涉及学科知识的基础专项培训,确定研究模块,交流形式,汇报方法等。过程实行指导教师负责制和全程调控,规定周汇报、小组交流和线上交流具体方式和方法。为了让一个题目毕业设计团队尽可能融合交流,针对关键问题做好必要探究,针对共同专业问题,安排研究方向相关教师以论坛形式现场讨论和交流;规定周汇报和小组交流地点和时间,实行打卡制度;每两周实行一次大展示交流,教师进行点评和指导,同时还需要制订相应的指导管理方法,包括时间节点的设置安排、专业问题协调、设计成果呈交等。

在合作学习的过程中,通常由组长担任讨论的领导者,教师偶尔插入一些评论或问题,提升学生思维的活跃度和思考深度,保证学生学习的有效性。

【方案设计讨论】自动监控系统设计所需要的专业知识储备量较大,设计环节众多,需要学生在进行设计时自主选择核心处理器单片机型号、系统整体框图设计、软件流程图设计、电路板设计布局等内容,学生习惯性地在课本中寻找答案或参考老师给定的设计范例,降低了自己的主观能动性,致使项目设计效果降低。在此过程中,指导教师需要引导学生发散思维,拓宽设计思路,将所学的理论知识与实际设计结合起来。

学生1:经过我今天的查资料和对比老师给的设计任务,觉得单片机型号就选择课上学习过的STC89C51单片机最合适,它的最小系统体积小,可靠性高,价格低设计结构简单,且可以参考课本上的例题进行编程,减少工作量。

学生2:我也觉得用STC89C51挺好,但是我查找的资料显示现在流行的是STM32系列单片机,它功耗低、功能强大、网上资源很多并且新增了功能强化型外设接口,可兼容目前多种主流的操作系统。我们的设计也不能完全照搬课本上的例题,用一些新的芯片可以学习到更多的内容和技术。

老师:51单片机和STM32单片机都是比较常见的单片机类型,STM32目前应用确实很多,我们之所以提倡初学者从51开始学习,并且单片机原理的课程也是以51单片机为例,目的在于让大家能对单片机的原理有一个深入地理解。单片机的选择只要满足系统要求,与所选择的软件相匹配就没有问题,所以我们对单片机的选择不做硬性要求,大家可以多查阅一些文献,对比这两种单片机的优缺点,最后做出自己认为最优的选择。

【难点互动】

学生3:我们选择的测温模块是DS18B20,它使用单总线数据传输温度,也就是说在一根数据线上实现单片机对传感器写入命令和读取传感器数据。但对51单片机来说,并没有支持单总线传输的硬件设备,那么这就需要通过严格的控制时序来实现模拟单总线通信的功能。

学生4:你说得对,所以我们还要确定如何写入时序?是高电平写入还是低电平写入?是不是可以任意选择一个,只要保证后续程序一致就可以了?

学生2：应该不是吧，我们还需要再仔细查阅一下文献或者资料，而且我觉得不光是写入时序，时序复位以及读时序，也是我们要解决的难点。

老师：大家考虑得很全面，我先不告诉大家答案，我们可以先回顾一下，之前我们讲过，不管是周期还是时序都有时间界限，要给两个周期间隔为1us用来恢复，时序时间至少要60us。而数据线必须拉为低电平，然后被释放，套筒15us写序列开始后释放。这样的信息可以使你们想到什么吗？

学生3：老师，我想起来了，总线控制器在初始化后，就会开始写时序，所以到底是写1还是写0，取决于DS18B20在15us到60us的窗口内对I/O线采样后线上的高低电平定夺，高，写1；反之，写0。

老师：是的，所以我们在遇到问题的时候可以首先回顾之前学过的知识，如果还是无法解决，可以求助老师或者查阅文献。

(5) A-**行动实践**

根据前面交流探究电子设计模拟机的难点与关键技术。在行动实践环节，学生需要完成进一步集成电路板修正实验、噪声测试或仿真数据分析任务。关于实验操作，通过对集成电路板进行一系列电路检测、软件调试和测试分析后，对整体设计可行性、有效性的关键指标进行分析，提取量化检测特征。

项目研究结束后，对资料和研究成果汇总，形成汇报PPT和录视解说视频材料。会在统一时间和地点进行PPT答辩、仿真演示与实物展示，小组的每位成员向同学和老师汇报自己的研究过程以及成果。讲解后，会有老师或者其他组的同学提出问题，使同学们对自己所做内容进一步消化理解。

【汇报交流】项目成果的汇报展示不仅能够展现小组同学的努力与付出，也是学生主动思考、积极学习提高的体现。通过同学之间的讨论、解答，既是对汇报小组成果的检验也是对其余学生知识的梳理和总结。在汇报答辩过程中，指导教师更多的像是一个主持人，汇报冷场时既要引导其余学生提问，又需要在无人回答问题时，引导小组学生自己思考，尝试回答，即使真有无法回答的问题，也可以当成是布置给汇报小组的探究作业，在下次上课时回答解决。

汇报学生：我们采用涡轮式流量计方案对供暖用水量进行测量并记录。

提问学生1：还有没有其他的流量计呢？为什么选择了涡轮式流量计？

汇报学生：现在主流的流量计有很多种类，比如，容积式流量计、差压式流量计、浮子流量计、涡轮流量计、电磁流量计等等，我们对这些不同类型的流量计做了优缺点对比，涡轮流量计是速度式流量计中的主要种类，它采用多叶片的涡轮感受流体平均流速，从而推导出流量或总量的仪表；电磁流量计是根据法拉第电磁感应定律制成的一种测量导电性液体的仪表；差压式流量计是根据安装于管道中流量检测件产生的差压，已知的流体条件和检测件与管道的几何尺寸来计算流量的仪表。根据设计要求,我们的设备是要安装在居民住宅的暖气管道附近或者其中,所以采用涡轮式流量计方案,电路比较简单,不用设计模数转换电路,直接接到单片机 IO 口即可进行操作,软件设计简单易懂容易编写。

提问学生 2:为什么在用单片机的 P0 口做液晶的数据口的时候多加了一个排阻,不能直接将液晶显示屏连在单片机上吗?

汇报学生:不可以的,因为 P0 口的输出方式很特别,是漏极开路的方式输出,这种特殊的输出方式并不适合我们的方案,因此,要是想让 P0 口不那么特别,可以像普通的 I/O 口一样,需要加入 10K 的排阻。

老师:我们学习单片机的时候并没有跟大家强调每一个 IO 口的输出方式,但是在设计中却需要考虑到很细节但是又很重要的这一部分,同学们在设计时,可以通过查阅网络资料得知并解决这一问题,我们鼓掌表示感谢。

(6) M-综合考评

为了更好地记录、合理地给出学生成绩,基于项目的 PBL 学习设计了评分表格,教师主要针对学生的汇报、学生提交的成果,评分表设计见表 9-5 所列。为防止任务分配不均、有学生不积极参加组内讨论等情况,加入学生每周工作情况互评机制,组内学生根据彼此在上一周的工作进展情况给包括自己在内的所有小组成员打分,打分项包括:上周工作量、小组讨论表现情况、上周工作时长等,并将其作为最终成绩的一部分。

表 9-5　电气工程创新实验 PBL 成绩评定指标

指标	比例	评价点	提交成果
文献阅读能力	5%	参考阅读文献数量多,中英文比例合理	参考文献列表
工程设计	15%	能运用专业技术知识设计方案、并通过工程设计验证方案的合理性、有效性	电路图设计及仿真
沟通交流	15%	团队合作能力,语言论述逻辑清晰、语言通顺,PPT 展示效果	PPT 汇报展示
文本技术规范	50%	设计说明书排版规范内容齐全,图表和工程设计符合行业标准和规范	设计说明书及图纸
创新思维能力	5%	在研究过程能够已有知识,产生科学想法和建议	现场提问与讨论表现
自我学习能力	10%	能够在本科专业基础上,进行多学科知识自主、针对性学习	组内互评表

通过采用项目学习方法,发现学生参与过程基本能够掌握设计主要流程,并在制作过程中不断改进优化设计方案。由于最后需要完成一个作品,学生参与度和热情相对较高,也反映了学生的自学氛围。通过老师互动有效反馈和指点,学生学习效果明显提高。另外,在面对面指导过程中,老师必须学会关注学生的眼神、表情、提问,从讨论中获取反馈信息。当学生不能跟上教师的思路和节奏时,应及时调整项目指导节奏。

教育箴言

> 教育是慢的艺术。立竿见影是教育,一定是伪教育。拔苗无法助长,只会让苗死得快。教育是农业,不是工业。教育不能成为工厂的流水线作业。——叶圣陶

叶圣陶(1894—1988),原名叶绍钧,字秉臣、圣陶,现代作家、教育家、文学出版家和社会活动家,有"优秀的语言艺术家"之称。先后出任教育部副部长、人民教育出版社社长和总编辑,民进中央主席等职务。

> 教育创新的根本目的在于素质教育,提高教育质量和水平。要按照素质教育的要求,着眼于促进学生全面发展,转变教育观念,改革考试制度,改进教育内容,创新教育方法,构建与素质教育相适应的教育教学及评价体系,建立符合受教育者全面发展规律、激发受教育者创造性的新型教育教学模式。——习近平

第三篇 《遥感原理与应用》1+3PBL 综合应用

2018 年 6 月 21 日,教育部前部长陈宝生在新时代全国高等学校本科教育工作会议上提出,对大学生要有效"增负",提升课程的"两性一度",建设成有深度、有难度、有挑战度的"金课"。《遥感原理与应用》是华北理工大学的一门工科类专业基础课,是第一批立项建设的国家金课。

在课程建设过程中,团队从"新工科"教育理念出发,优化了课程模块的教学设计,在时间、空间上充分延伸,拓展课堂,全方位提升课程的高阶性、创新性、挑战度。课程模块采用相应的教学策略和组织方法,理论授课采用 BOPPPS+基于 problem 教学、上机实验采用五星教学+基于 process 教学、专题实训采用 KOSEAM+基于 project 教学的组织形式。将知识内容化于"心",也要将教学方法、教学策略内化为"行",让学生充分参与到"学而思、做中学、辩则精"的学习过程中去。通过不同形式的对话、交流、汇报,让课程学习过程充满青春活力和能动力,让课堂由"一言堂"成为"益言堂",为 1+3PBL 教学理念的深度应用提供一个综合示范。

第十章 《遥感原理与应用》1＋3PBL教学设计与实践

第一节 《遥感原理与应用》课程概述

遥感是20世纪60年代兴起的一项探测技术,是利用各种传感仪器对远距离目标所辐射和反射的电磁波信息进行收集、处理、分析和应用的一项综合技术。它是国家宏观监测地球表面各种关键信息的科学手段,是政府执法的"千里眼"广泛应用于环境、大气、资源、海洋、地质、农业、林业等领域,可以用于解决农作物估产、近海域赤潮监测、大气PM2.5预报、地质遥感找矿、生态复垦监测等各类问题。

《遥感原理与应用》课程是现代科学新技术,具有基础性、前沿性和交叉性特点,是测绘工程、地理信息科学等本科专业的核心专业课程。目前在培养方案中,开课学期为第五学期。该课程总学时为40小时,包含理论24学时,实验2学时,上机14学时,实践2周。为了培养遥感学习的工程素养和创新思维,采用"大班上课＋分组上机＋3PBL专题＋OBE考核"的教学模式。在实际教学过程中,注重学生综合能力的提升,团队重构了遥感课程知识内容,以"问题""过程"或"任务"为导向,建立了具体的1＋3PBL模式教学设计与应用案例,将课堂变为以学生为主体、教师为主导的互动课堂。

(一)课程培养目标

随着学科交叉与融合的需要,遥感作为通识类或专业基础课程,除了需要涵盖遥感技术和专题应用的内容外,还要突出以人为本的教学理念。根据我校培养适应能力强、综合素质高的应用研究与创新型人才的办学定位,《遥感原理与应用》课程目标包含了4个层面。

(1)能够叙述遥感技术的发展动态和关键技术。能够区分遥感探测、遥感平台与遥感物理基础的相关概念;能够描述遥感图像处理基本方法;能够区分不同分类方法的原理公式。

(2)能够熟练操作遥感专业处理软件,能够独立完成遥感图像导入、格式转换、图像校正、图像增强、计算机分类及遥感制图等操作。

(3)能够结合专业特点与行业应用,解译遥感在测绘、农业、林业、矿产、海洋等信息变化特点;能够针对具体遥感工程问题,选择遥感图像、设计遥感处理算法流程,制作遥感专题信息图集。

(4)通过具体工程案例,学会理论联系实际的思考方法,学会发现问题、分析问题和解决问题的工程模式,并初步提升其学科交叉思维能力、沟通表达能力。

(二)课程的建设与发展

(1)课程发展与建设

在我校 1996 年进行该学科本科教学时,国内还没有正规遥感教材,教师只有一本白皮书(英文影印本),无任何遥感数据和处理软件。随着遥感技术的快速发展,成为农、林、矿、环境、地质等专业必修基础课以后,遥感课程建设也经历了一个从无到有的过程。目前已经形成以省级教学名师牵头、教授主讲、讲师辅助的一个老中青、梯队合理的遥感教学团队,目前主讲遥感课程有专任教师 8 人,其中教授 2 人,副教授 3 人,讲师 3 人;博士 5 人,硕士 3 人;承担在研的省级、校级教改项目 10 余项。在课程建设过程中,已经形成了教学效果良好、"传帮带""理论—科研—实践—实习"有机结合的教学团队。

目前,遥感教学配有 ENVI 遥感专业处理软件、遥感数据处理中心(30 台局域网)、超算平台、SR2500 高光谱仪和 ASD 高光谱仪。结合"工科 PBL 教学模式的研究与深度应用,河北省教育厅教学研究项目(2017GJJG105)"教学研究成果进行了 3PBL 改革示范,已出版与工科 3PBL 模式相配的理论教材、实验教材,基于 3PBL 微型 PPT、视频等教学资源。

(2)教学内容建设

根据本校课程设置及测绘工程、地理信息工程、地质勘察工程和海洋工程专业的特点,以及遥感在矿山、环境、土地资源等行业应用的实际需要,教学团队采用了"模块化"的编写思想,出版了理论教材《遥感技术与应用》(测绘出版社,2015),实验实习教材《遥感技术与应用实验与实习教程》(测绘出版社,2019),增加了大量最新遥感研究动态和实际应用。

教学团队对教学内容进行了模块设计和梳理。遥感教学理论内容共计 15 章,分为通识模块和方向模块。实验试验部分按照遥感外业、遥感图像处理、遥感专题实训和附录 4 个板块组织内容。为了提升教学内容的宽度和深度,引入 PM2.5 大气监测、矿山生态复垦、海水污染、农作物病虫害监测等热点内容,增加了大量最新遥感研究动态和实际案例,激发学生探索遥感科学的兴趣;为了拓宽实际动手操作空间,增加了 eCongiton 软件平台,PCI 处理平台,近高分一、二号数据等国产高分辨率数据,激发学生的爱国情怀和担当意识;为了提升学生解决实际问题的能力,拓展了 IDL 二次程序开发内容,引导学生动手编程解决专题技术难题。

为了配套 3PBL 教学模式,搭建了丰富的线上线下的学习资源。将教学内容按照 1+3PBL 理论进行设计,重新划分了 43 个知识点,制作专用网络教学微型 PPT(小于 20 页),设有 40 个重点难点教学视频、动画资源;依据课程进度,建有每个章节、每周定期发布的练习题,作为学生课后练习和强化训练。线上资源在华北理工教学网络平台、学习通运行使用,并结合微信群、QQ 进行辅助。

(3)**教学方法和手段改革**

遥感课程的基础理论涉及物理、高等数学、线性代数和空间几何大量基础知识,遥感基础理论讲解难度大,同时又需要学生实际动手操作全英文的软件平台,解决不同行业专题问题,实训难度高。针对课时少、理论难和实训多的特点,遥感课程理论部分采用大班集中上课+小班分组上机、3PBL 的组织形式、多元化考核方式,培养学生解决复杂问题的综合能力和高阶思维,如图 10-1 所示。其中 3PBL 是提升学生综合能力核心组织形式,用"以生为本"的理念有效贯穿到教学的每一个环节,提高了教学动力、活力和两性一度,充分保障了学生的多元性、个性化发展。

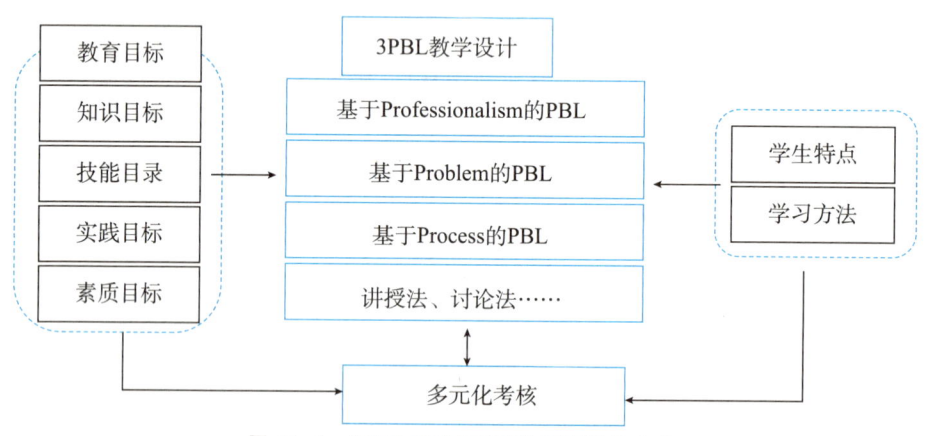

图 10-1 《遥感原理与应用》课程教学方法

在 1+3PBL 教学模式下学生课堂参与度大幅提升,如理论部分按照知识点采用基于 Problem 的 PBL 学习设计,以核心问题凝练课程,以驱动性问题引导学生进行思考和持续主动学习;分组上机/实验采用基于 Process 的 PBL 学习设计,结合具体任务案例,从激活旧识、示证新知、尝试应用、融会贯通 4 方面进行参与互动式教学设计,学生需要结合学习通网络平台和其他网络资源对遥感图像处理进行初步自主学习、课堂深入学习、课外拓展学习、课堂汇报展示等;同时,课程教学中融入基于课程思政的教学案例,将情感和价值教育与课程内容有机融合。

实际教学组织采用多样化形式。理论课堂利用线上资源知识点 PPT、视频动画辅助学生预习,课堂以问题导入式的讲授法,穿插案例、讨论等形式,课下结合线上习题库进行系统练习。课程讲授过程中,做到课前、课中与课后精心设计。课前一周在线上发布

第十章　《遥感原理与应用》1+3PBL教学设计与实践

相关知识思维导图和课件,帮助学生提前预习,提高课堂教学有效达成度。课堂教学按照知识点进行教学设计,每个知识点以问题为导向,至少包括导入与设疑、知识点剖析、应用与拓展和总结与延伸4个部分。课堂教学过程中穿插多种提问、设问和适度引导讨论,注重师生互动环节。课后,在线上发布理论相关最新应用成果和案例,设置阅读线上作业,拓宽学生学习内容,如图10-2所示。

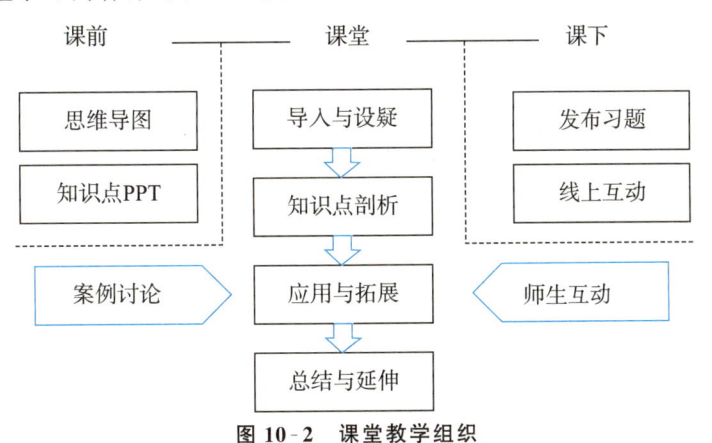

图 10-2　课堂教学组织

上机实验教学环节,采用基于Process教学形式组织。分组设定任务,按照发布任务、提前预习、上机示范、专题指导、交流探究等步骤进行学习。将学生分成固定小组,每组不超过6人,组成PBL实训小组,每个小组配一名研究生助教作为实训导员。先在线上提前发布实训任务、教学视频和操作说明。任务设计多样化,可组合式选取,做到每组一个专题。在实训前研究生导员组织小组开会讨论分析专题资料,强调实训操作方法,分配小组子任务;实训课时,教师先示范一个优秀案例全部过程,然后答疑各小组问题;针对上机任务成果,各小组根据任务进行操作,对于关键问题可以实行交流探究;同时设定一些创新问题作为课下拓展训练内容,学生经过研究后,可以在线上或者线下进行二次探究。教学过程注重生生互动、师生互动效果的达成度,如图10-3所示。

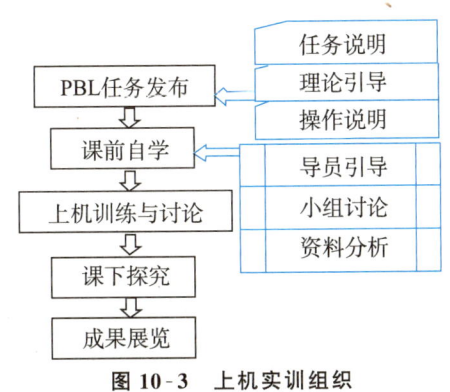

图 10-3　上机实训组织

143

(4)教学考核方式的优化

遥感考核采用基于 OBE 的多元化考核方式,主要包含线上学习考核、理论学习考核、上机操作考核、专题实训考核和生产实践考核 5 个部分,整个考核注重以激发学习动力和专业志趣为着力点的过程评价。线上学习考核是加强对学生课堂内外、线上线下学习的评价,强化阅读量和阅读能力考查,提升课程学习的广度。理论学习考核、上机操作考核是对学生专业基础知识和动手能力规范性测试,是传统模式考查。专题实训和生产实践采用项目式学习、成果答辩和海报展览等非标准化的方式进行评价,以提升课程学习的挑战性,见表 10-1 所列。

表 10-1 基于 OBE 多元化考核分值分配

内容	考核元素	分值比例
遥感原理与应用 (100 分)	线上学习考核	10%
	理论学习考核	40%
	上机操作考核	20%
	专题 PBL 考核	30%
遥感生产实习 (100 分)	实习考勤	20%
	实习表现	10%
	实习手册	20%
	小组实习报告	20%
	小组成果汇报	30%

(三)课程应用 1+3PBL 难点

团队利用 3PBL 教学模式和 OBE 考核方式对课程进行了改革,2018－2019 学期起,《遥感原理与应用》测绘工程、地理信息科学专业约 460 名学生学习,《摄影与遥感实习》测绘工程、地理信息科学约 360 名学生进行应用。课程组织和实施得到了学生认可和好评,激发了学生的学习兴趣,但同时也发现一些实际应用难点。

(1)应用具有工科特色的 3PBL 教学模式,需要根据学校自身的各项资源条件,以"问题""任务"或"项目"为主线,因地制宜地设计遥感 3PBL 教学案例库。由于学生数量较多而且要保证学生对 3PBL 学习的新鲜感,在实际应用时既要保证每组一题,又要保证选题内容学习的延续性,让学生能够获得持续、深入学习的机会。

(2)教学应关注培养学生理论联系实际,学会发现问题、分析问题和解决问题的高阶思维模式。在实际应用过程中,要充分利用线上 3PBL 教学资源,引导学生做好课前预习,教师应设计好课上如何引导学生,如何和线上资源有效衔接,以及课堂讨论时间分配和有效掌控等问题。

（3）从培养适应社会应用型、创新型人才角度出发，在整个学习过程中需要学生开展大量自主学习和交流探究活动。在学生3PBL自主探究过程中，必须有一定数量的引导员参与探究的过程，才能保证讨论的有效性。因此，进行3PBL应用时，需要建立引导员培训机制和内容。引导员可以是经过培训的研究生或青年教师，也可以是上一届遥感学习过程中表现优秀的学长。

第二节 《遥感原理与应用》课程思政设计与实践

遥感原理与应用属于新兴交叉学科。根据我校办学定位和专业需求，以"小立课程，大作功夫"为理念，明确思政目标、丰富思政内容、改进教学方法。将课程内容模块化，融入价值理念、职业道德、科学思维、团队合作、国家战略等思政元素。实现"智育""德育"的有机整合。在传授遥感知识的同时，用正确的思政观念引导学生，将知识学习与思政德行相结合，助其健康成才，培养德智体美劳全面发展的社会主义建设者和接班人。

（一）课程思政总体设计

根据我校"培养适应能力强、综合素质高的应用研究与创新型人才"的办学定位，测绘类"团队合作强、工程应用多"专业培养特色，考虑课程技术新、应用广的特点，将课程内容划分4个模块，课程目标与思政目标紧密结合，每个模块突出一个思政主题。

（1）在遥感基本原理和知识模块，培养学生专业素养和科学思维，融入前沿技术、逻辑思维、科学伦理、学术诚信和使命担当等课程思政点。例如，遥感密码知识点增加了遥感高光谱最新科研成果和案例，引导学生对高端技术产生兴趣、激发创新意识。

（2）在遥感校正、增强、分类及制图的技能模块，融入一丝不苟、精益求精、攻坚克难的工匠精神等思政点；在制作专题图流程过程中增加遥感监测非法种植罂粟、外籍船舶排污专题图制作案例，激发学生情感，引导青年大学生的时代责任和国家使命感。

（3）在遥感多行业专题应用模块，培养运用遥感技术解决复杂问题的能力，融入奉献精神、创造精神、生态文明、环境保护、绿水青山、科技创新等思政点；可以融合一些遥感应用热点话题，如PM2.5大气监测、矿山生态复垦、海水污染、农作物病虫害监测等，提高学生绿水青山和谐发展、爱家爱岗的社会责任感。

（4）在课程实验与实习模块，培养学生理论联系实际的能力，引导学生建立正确的科学信念、价值理念、道德情操，达成团队合作、爱岗敬业和职业道德等思政目标。引入具体应用实际案例或科研项目,从项目创新点挖掘、背景分析、知识攻坚、小组分工、共同试验到成果产出整个流程,向学生展示协作学习优势、自主学习重要性等等。

在教材内容的基础上,充分挖掘国内外科技差距、生态环保、防灾减灾和国民经济建设的遥感典型案例,扩充和延伸遥感教学宽度,将价值塑造、知识传授和能力培养融入理论教学和实践环节。

(二)思政点建设纲目

为实现《遥感原理与应用》课程内容与思政元素的有机整合,思政资源采用线上线下混合形式,突出 3PBL 学习需要,建立了课堂、线上和专题思政案例资源库。

线下思政资源与课程知识点相结合,案例资源内容相对丰富,见表 10-2 所列的课堂思政元素设计。在高分遥感卫星内容,融入我国重大战略工程,培养学生民族自豪感;结合我国科学家的光荣事迹,培养学生的爱国精神和创新精神等;结合小组合作学习形式,培养学生的团队协作精神;通过不良事件和事故案例,培养学生的工程伦理与诚信道德等。

表 10-2　遥感课堂思政元素案例库(部分)

内容	思政元素	融合方法	思政目标(价值引领)
基础知识	院士事迹	问题+讨论	学习老一辈科技工作者胸怀祖国、服务人民的爱国精神,勇攀高峰、敢为人先的创新精神,追求真理、严谨治学的求实精神
卫星平台	高分系列卫星、北斗卫星	案例分享+课堂讨论	培养学生民族自豪感,淡泊名利、潜心研究的奉献精神,集智攻关、团结协作的协同精神
辐射校正	大气气溶胶遥感与探测	热点讨论	生态兴则文明兴,生态衰则文明衰
辐射校正	秦岭生态环境质量、酸雨	案例分析	生态文明建设是每个人应当身体力行的元素,是为实现中华民族伟大复兴的中国梦的重要内容
几何校正	测绘精度	问题式+案例	追求真理、精益求精、严谨治学的精神
遥感解译	我国 1995—2020 年土地利用变化遥感分析	任务驱动+讨论	遥感调查需要淡泊名利、服务社会
遥感解译	中国沙漠复绿"中国奇迹"	案例分析	艰苦奋斗的中国精神、生态文明建设的重要性无声地融入课堂教学,融化在学生的心中

第十章 《遥感原理与应用》1+3PBL教学设计与实践

随着网络教学的发展,特别是受疫情影响,线上资源在遥感课程教学中所占的比重越来越大。为充分利用新媒体技术,拓展遥感课程思政教学的影响力,结合已有的思政元素资源,建立了线上遥感课程思政元素资料库,见表10-3所列。

表10-3 线上课程思政案例设计

序号	课程思政资源名称	思政目标(价值引领)
1	北斗卫星导航系统	通过了解我国遥感事业发展现状,了解科技兴国、创新强国的重要性。
2	天宫一号应用载荷巡天测地	
3	高分七号卫星	
4	我国首颗极地遥感小卫星初显身手	
5	航天局:我国在轨商业遥感卫星超过30颗	
6	我国成功发射遥感三十号05组卫星	
7	《大国工匠·匠心报国》	"敬业、精业、乐业"职业精神,珍惜工作机会、力求精益求精,为自己和家庭的美好未来、为工作单位的整体效用出力,也为个体在社会坐标系中发热、为国家进步攒力
8	深入实践一线 不负时代重托	
9	"80后"站长王建平:我在祖国的西陲仰望星空	
10	遥感看十一大阅兵	
11	疫情一线,平凡而伟大	
12	全球生态环境遥感监测2019年度报告	遥感等科技让环保、农业、执法、土地调查等更精准,成为环保监测、灾害执法等领域的"千里眼""顺风耳",对建立学生遵纪守法的观念,产生对遥感学习的兴趣,让"兴趣"这个最好的老师带领学生畅游遥感的、科技的海洋
13	1部手机"管"8条河流 河北部署水环境遥感动态监测	
14	全球首架大集成航空物探遥感综合调查飞机亮相	
15	遥感作"天眼" 农业更智慧	
16	基于生态保护格局的塞罕坝森林景观特征分析	
17	毛乌素沙地植被的生长状况	
18	渤海海洋环境状况	
19	渤海陆源入海排污口的多尺度遥感监测分析	
20	基于高分辨率遥感影像的大麻作物信息提取方法研究	
21	大气气溶胶成分遥感研究进展	

在实验或实训环节,对应的专题系列也融入一定比例的思政元素,见表10-4所列。在3PBL教学过程中,学生不仅主动探索知识,还能体会遥感各类思政典型案例带来的价值引领。让学生在掌握遥感科学技术的同时,培养学生的优秀品德及良好的人文素养,让课程既有理论深度,又有情感温度。

表 10-4　3PBL 专题课程思政元素设计(部分)

专题	案例	思政元素	思政目标(价值引领)
应急专题	卫星遥感(国内外)在应急救灾中的应用,如遥感在 2020 年鄱阳湖洪水中的应用情况	了解卫星遥感前沿技术、人民解放军坚持抗洪一线的奉献精神、测绘人面对应急救灾中的使命担当和科技创新的重要性	了解国家应急抢险机制;了解中华民族自强不息、民族团结、勤劳勇敢、不畏艰难、敢于抗争、患难与共的大无畏英雄气概;了解遥感技术在应急救灾中的应用,体会科技在强国中的应用
矿山专题	矿山生态环境监测	国家环境工程、环境保护	通过让学生了解我国致力于环境改革的努力,以及财力、物力的投入让学生感受中国力量。
植被专题	遥感在植被覆盖度、林业储量、植被病虫害监测等应用,如"大漠绿洲"之称的毛乌素沙漠复绿过程	奉献精神、环境保护、科技创新等	了解治理环境的过程中的植树英雄,感受甘于奉献的精神和科技强国的信念
水体专题	水体覆盖度、水体含盐量、水环境变化等应用,如,京津冀沿海海岸线提取、黄河遥感影像图制作等	环境保护、绿水青山、科技创新等	了解城市建设对海岸线变化的影响,感受国家保护环境的理念,意识到遥感技术是环境保护的执法保障

(三)课程思政教学组织

针对遥感课程技术新、理论难、实训多和应用广的特点,坚持知识、能力、素质(含思政)的有机融合,培养学生解决遥感复杂问题的综合能力和职业道德、科学思维、团队合作意识。为了做好遥感思政立德树人的润物无声,团队采取一系列措施开展实际教学。

(1)提高思政教育的真实性。建立了课程思政资料库,将思政点融入遥感知识点,引用前沿科技理论、热点案例、视频和动画,制作 20 个思政微型 PPT。课前可以发布拓展思政资料学习,课后在 PBL 专题融入一些思政点,让知识学习与价值导向同向同行。

(2)培养学生思政意识的高阶性。教师针对思政案例设置讨论互动,采用线上阅读、课中热点互动、小组 PBL 专题讨论等形式,提升师生互动、生生互动。通过这些显性知识考核与隐性思政教育相组合,引导学生"智育""德育"并举。

(3)做到课程思政有效性。教师需要精心设计和恰当引导,在知识讲授过程中自然引入思政元素,通过学生表情、感悟、课后交流等细节,提升学生的专业认同度、职业精神和社会责任感。让学生体会到遥感课程太重要,是国家执法千里眼、资源保护科学助手,让学生感受到一个PBL小组像一个家庭,很团结,很有成就感。

(4)做到思政教学可操作性。在课程考核的线上学习考核、理论学习考核、上机操作考核、PBL专题考核和生产实践考核5个部分适当融入了思政考核点。其中,线上学习思政考核点有思政类视频阅读数量、线上发布热点话题讨论、PBL专题心得体会等;上机操作思政考核点有数据真实性、操作熟练度、关键问题创新性等;专题实训思政考核点包括实训团结意识、遥感选题创新性、学习态度与集体协作表现等指标点。

(四)课程思政点示范

示范案例是第四章的遥感数字影像基础中的知识点"遥感影像空间分辨率",融入"高空间分辨率是科技强国的一个缩小指标,青年学生应有时代担当意识"这样一个思政点。

(1)学习目标

掌握遥感影像空间分辨率具体含义,让学生能够表述空间分辨率具体数值的地面像元大小尺寸和影像识别效果;能够对比遥感空间分辨率和手机分辨率的机理,拓展类比科学思维;能够意识到我国与遥感强国科技的差距,激发自己的科技创新意识和时代担当。

(2)思政素材

思政素材共有3个,通过具体图片和案例分析展开,包含遥感影像空间分辨率和手机屏幕分辨率类比分析;美国高空间分辨率卫星监测我国关键地物图片,增强学生的科技危机感;我国与美国高空间遥感卫星的发射时间对比、空间分辨率对比、发射卫星数量对比,直接量化两国遥感科技差距(见图10-4)。

(3)教学组织与策略

【01 导入,1分钟】采用图片导入,利用4张遥感上海市SPORT5卫星10米,5米,2.5米高光谱遥感影像,结合举例和课堂提问,引入空间分辨率这个知识点,引起学生兴趣。

【02 讲解,1分钟】通过图片、动画讲解空间分辨率具体含义。提出两个问题,让学生进行思考和讨论"大家展示一下各自手机屏幕分辨率? 大约为多少?""你手机自拍时,为什么有的手机照片会更清晰?",然后结合2个具体案例+图片讲解空间分辨率具体的含义:指图像上能够区分的地面最小单元的像元大小。

【03 讨论,2分钟】小组探讨"影像空间分辨率和手机屏幕分辨率类比",展示学生手机参数,讨论两种分辨率的差异和共性。整个过程教师需要引导,诱导学生进行讨论,对比知识共性和兴趣性,将学习知识进行适当迁移,产生类比创新思维。

【04 拓展,2分钟】通过8个具体遥感应用和高分辨率实际案例,讲解"高空间分辨

率"的战略意义,它是国家执法依据、科技制高点一个指标。引导学生对"高空间分辨率"战略意义的认同,作好思政教育的情绪铺垫。

【05 设置情境,1分钟】教师展示美国高空间分辨率卫星监测中国关键地物图片,利用清晰度和详细程度刺激学生视觉;讲解过程结合图片展示,教师需要具体开展专题定分析,烘托思政情境气氛,让学生感受科技差距的危机感。

【06 思政入心,2分钟】教师开展遥感卫星指标数据量化分析。通过我国与美国高空间遥感卫星的发射时间对比、空间分辨率对比、发射卫星数量对比,直接量化两国遥感的科技差距,激发学生的科技创新意识和时代担当意识。

04 何谓空间分辨率　　4.2空间分辨率战略意义

美国高空间分辨率卫星

卫星	IKONOS-2	QuickBird-2	Orbview-5
发射时间	1999	2001	2008
分辨率	1m (PAN) 4m(MS)	0.61m (PAN) 2.44m(MS)	0.45m (PAN) 1.65m(MS)

中国高空间分辨率卫星

卫星	GF-2	GF-6	GF-7
发射时间	2014	2018	2019.12
分辨率	1m (PAN) 4m(MS)	2m (PAN) 8m(MS)	1m (PAN) 1m(激光)

从发射时间、空间分辨率和发射数量对比,差距明显!

2014—2018年中国、美国及全球遥感卫星发射次数

图10-4　空间分辨率战略意义(PPT)

在思政点的遥感应用和实际案例讲解过程中,最重要的是让学生意识到高空间分辨率的战略意义;通过拓展引申我国与美国高空间遥感卫星差距,引起学生科技强国的共鸣。将爱国主义、科技创新教育融入专业教学,在学习各个环节强化思想引领,培养知国情、强专业的优秀人才。

第三节　基于Problem"地物反射特性曲线"设计与实践

(一)基于Problem理论教学的问题设计

遥感课程理论部分包括10章通用模块基础知识,6章方向模块的专业应用内容。为了拓宽学生知识学习的深度,团队将通用模块10章内容划分为37个知识点。以问题为导向,结合生产实践、生活案例、科研情境,进行基于Problem知识点的教学设计。

表 10-5 是部分知识点问题设计和案例素材。

表 10-5　知识点问题设计(部分)

知识点名称	设计意图及策略
遥感的概念及特点	以展示遥感产品"GF-2卫星校园""大白为群众进行红外体温检测"等引出核心问题——"何为遥感"
遥感技术的发展及应用	以"卫星视角下的 2019 年和 2015 年国庆大阅兵""我国第一颗人造卫星东方红一号到现在风云系列卫星、高分系列卫星等 300 余颗卫星""全世界卫星数量达 4000 余颗"这震撼的数字引出核心问题——"遥感技术的发展趋势是什么？"
大气窗口	以遥感影像看洪灾:"告急"的鄱阳湖发生了什么？引入核心问题——"阴雨天适合选择利用哪个大气窗口获取的数据？"
地物的反射特性曲线	展示利用 Landsat-8\GF-1\ GF-2 卫星影像记录的曹妃甸遥感影像图,引入问题——"国产 GF2 影像地面分辨率为 1 米,影像中道路、水体、建筑物、植被等均清晰可见,那么在遥远外太空获取的遥感影像中是如何精细记录地物特性的？",从而引出核心问题——"遥感密码—地物的反射特性曲线"
遥感图像特征	对比"不同空间分辨率的北京故宫遥感影像图""遥感影像看敦煌光热项目(2018—2022)",引出问题——"遥感影像有哪些特征？能够在哪些方面应用？"
遥感图像辐射校正	对比雾霾天和晴天拍摄的摄影作品和遥感影像,分析大气影响带来的影像识别问题,提出核心问题——"由于阴雨天云层较厚,导致电磁波无法穿透云层到达地面,如何消除薄云层对地面的影响呢？"
遥感图像几何校正	利用动画展示遥感图像在处理时会遇到的"一景遥感影像无法覆盖整个研究区,多景影像拼接时,同名地物有偏移、拉伸、扭动等问题,"引出核心问题——"如何解决这些问题？"
遥感图像空间滤波增强	对比婚纱照中的图像增强处理,如去除脸上的斑点、使五官更立体、模糊部分背景等处理,引出核心问题——"如何消除遥感图像中的斑点或者使地物轮廓更清晰呢？"
遥感图像光谱四则运算增强	以"20 世纪 60 年代以来,中国重大生态建设工程——毛乌素沙漠的治理这一项世界关注的奇迹"中遥感影像的应用为例展开,引入 20 世纪 70 年代至今毛乌素沙漠 NDVI 的变化,进而引出核心问题——"什么是光谱四则运算？光谱四则运算可以实现哪些增强作用？"
遥感图像面向对象分类	以学生提交的某区域监督分类结果为例,提出核心问题——"土地利用类型中的工矿用地和城镇的建筑材料基本一致,光谱相近,应如何分类？"

(二)基于 Problem＋BOPPPS 组合的教学组织

学生能够快速获得感兴趣的知识,但青年学习者对不感兴趣的事物也会采用"划水"的处理态度,因此,课堂对知识点的科学组织也是达到有效学习的关键。遥感课程理论知识点采用基于 Problem＋BOPPPS 组合的教学组织形式,将 BOPPPS 结构与基于 Problem 的发现问题、分析问题与解决问题相结合,形成了导入、前测、理论剖析(分析问题)、案例应用(参与式互动)、拓展探究(后测)、引申小结 6 个部分的教学设计结构。并以知识点问题为基础,以遥感在国民经济建设、生态环保等学生感兴趣的案例为情境,通过驱动性问题分析、探究和解决思路,引导学生逐步深入剖析知识点,提高学生对相关知识的兴趣、参与度及深度。

实际教学过程分为课前、课中及课后三个环节。课前,通过线上发布的学习资料,要求学生进行一定预习和知识准备;课中,除了一般的讲授学习外,课堂内还穿插多种案例应用、小组讨论活动,注重师生互动时长和有效性;课后,在线上发布最新的成果和案例,线上设置阅读作业,拓宽学习宽度。基于 Problem＋BOPPPS 教学整体设计流程,如图 10-5 所示。

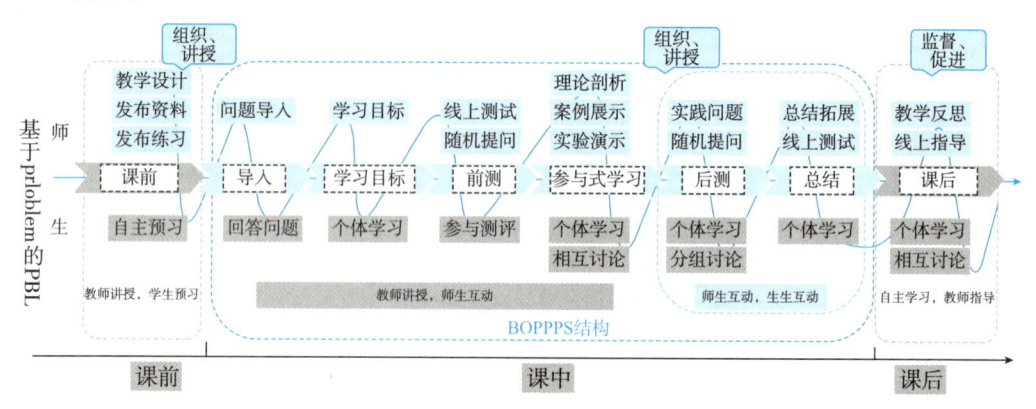

设立多层次师生互动,引导学生逐步深入、持续学习

图 10-5 基于 Problem＋BOPPPS 组合教学的组织流程

(三)"遥感密码"教学设计

(1)学习目标

知识点"地物反射曲线"是第三章遥感物理基础中的关键知识,是解译遥感影像与识别地物类型的"密码",是学生解决基本知识问题——"不同地物反射特性为何不同？遥感影像如何解译出地物类型？"知识点学习目标如下。

①要求学生学会地物反射对遥感数据产生的影响和遥感数据反演地物特征的原理。

②学习光谱与农作物种植面积估算、沙漠环境变化监测、海洋资讯等方面的相关案例。

③能够利用地物光谱特性曲线特征,识别农作物病虫害、海洋赤藻、森林火灾典型光谱曲线。

④通过现场学习光谱测量的方法并对比分析光谱仪测量地物光谱曲线的差异,进一步理解不同地物光谱曲线差异产生的原因。

⑤意识到高光谱试验操作的严谨性,产生对高光谱学习的兴趣。

⑥通过对注水猪肉检测、中药成分调查、矿物含量、地沟油检测药等发明专利的学习,体验遥感技术在质检、医学、矿物学方面的应用,打破学科界限,提高安全、创新意识。

(2)教学重点和难点

教学重点:通过对电磁波及地物电磁波特性的讲解,帮助学生从实践的角度理解地物的电磁波特征,并能够应用地物的电磁波特征进行地物的识别。

①理解电磁波的概念,通过口诀巧妙掌握典型地物的电磁波特征。

②实现知识的迁移,能够推断不同环境条件影响下地物可能会存在的实际光谱特征情况。

③掌握地物反射特性,能够依据此理论进行遥感图像地物的识别/分类理论推导。

教学难点:在于如何理解遥感光谱曲线的含义,并辅助学生将理论定义迁移到实际应用案例中。

(3)教学组织与策略

地物的电磁波反射特性是解释遥感为何能进行地物识别的核心理念,也是后续进行遥感图像解译的基础理论。基于此,本次教学内容采用基于 Problem+BOPPPS 组合教学形式展开。设有三条主线:其一,地物反射特性曲线的概念到典型地物反射特性曲线介绍;其二,影响地物反射特性的原因;其三,从理论学习到实践应用,教学内容的整体结构如图 10-6 所示。

为了提高"地物反射特性曲线——遥感密码"知识点学习达成度,建设了一系列辅助资源:包括问题库 1 个、知识点课件 1 个、思政资料 4 个、习题 10 题(包括课中测试题和课前课后练习题)。现场讨论主题 2 个、创新作业 1 个等,其中部分资源通过学习通平台发布给学生。

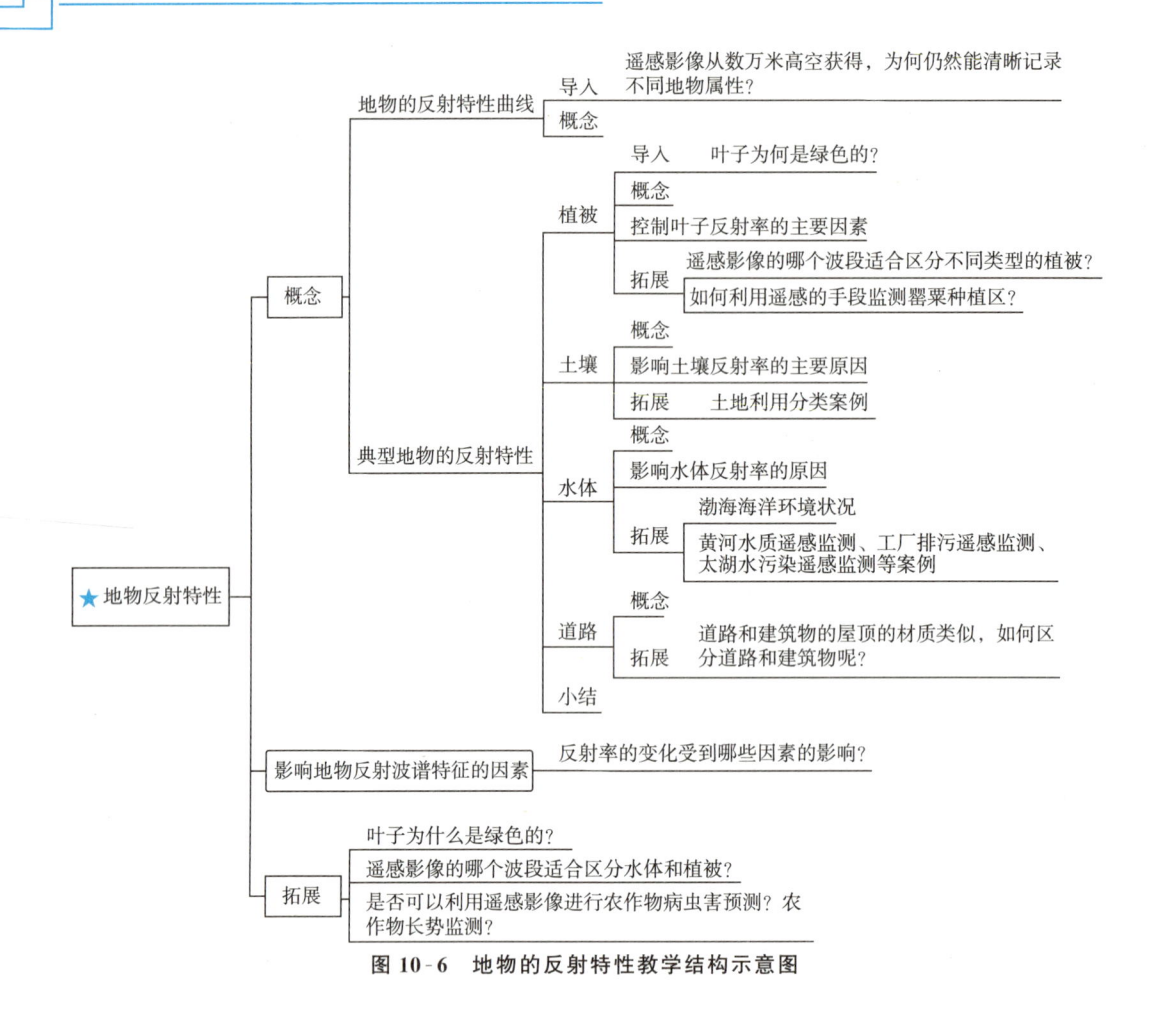

```
                                                         ┌ 导入 ── 遥感影像从数万米高空获得,为何仍然能清晰记录
                        ┌ 地物的反射特性曲线 ──┤         不同地物属性?
                        │                         └ 概念
                        │                    ┌ 导入    叶子为何是绿色的?
                        │                    ├ 概念
                        │              ┌ 植被 ┤ 控制叶子反射率的主要因素
                        │              │     │      ┌ 遥感影像的哪个波段适合区分不同类型的植被?
                        │              │     └ 拓展 ┤
              ┌ 概念 ──┤              │            └ 如何利用遥感的手段监测罂粟种植区?
              │         │              │     ┌ 概念
              │         │              ├ 土壤 ┤ 影响土壤反射率的主要原因
              │         │              │     └ 拓展    土地利用分类案例
              │         │              │     ┌ 概念
              │         └ 典型地物的反射特性┤ 水体 ┤ 影响水体反射率的原因
              │                         │     │      ┌ 渤海海洋环境状况
              │                         │     └ 拓展 ┤ 黄河水质遥感监测、工厂排污遥感监测、
★ 地物反射特性─┤                         │            └ 太湖水污染遥感监测等案例
              │                         │     ┌ 概念
              │                         ├ 道路 ┤      ┌ 道路和建筑物的屋顶的材质类似,如何区
              │                         │     └ 拓展 ┤ 分道路和建筑物呢?
              │                         └ 小结
              │
              ├ 影响地物反射波谱特征的因素 ── 反射率的变化受到哪些因素的影响?
              │
              │         ┌ 叶子为什么是绿色的?
              │         ├ 遥感影像的哪个波段适合区分水体和植被?
              └ 拓展 ──┤ 是否可以利用遥感影像进行农作物病虫害预测?农
                        └ 作物长势监测?
```

图 10-6　地物的反射特性教学结构示意图

(四)"遥感密码"教学实践

具体教学组织过程包括课前学习→课中学习→课后学习 3 部分。

1. 课前

在课前一周,教师发布线上学习资源,提示学生进行预习,学习资源包括知识点 PPT、思政资源、拓展学习资源等材料。要求学生提前学习相关内容。为了督促学生进行相关学习,提升自学的有效性,设置了知识点学习任务点,学生完成对应任务点才能够进行随堂练习。围绕着知识点"地物反射特性曲线",在课前随机发布 2~4 道,调查学生学习前期知识掌握程度和本节课的预习水平,在课中还有相应提问,用以测试预习程度。

2. 课中

课中按 BOPPPS+基于 problem 教学结构展开,包括导入→学习目标→前测→参与式学习→后测→小结,6 个部分。

第十章 《遥感原理与应用》1+3PBL教学设计与实践

【01 导入,3—5分钟】

导入式中围绕知识点地物反射特性曲线,采用案例结合问题驱动的教学方式,演示遥感影像,展示"遥感带你看黄河九曲十八弯"的壮丽景观,通过目视可以识别黄河及周边不同地物,提出问题"遥感可以做哪些工作?国产GF2影像地面分辨率为1米,影像中道路、水体、建筑物、植被等均清晰可见,那么在遥远外太空获取的遥感影像中是如何精细记录地物特性的?为何相机拍照时远处地物不清晰但遥感影像如此清晰?应用计算机语言对其进行分类,是依据地物的什么特征?"

【02 学习目标,1—3分钟】

在学习目标环节(见图10-7),需让学生明确知晓本节课程学习产出,可以通过流程图的方式明确告知学生,本节课要学习哪些知识,学这些知识能够应用在哪些方面,解决什么问题。学习目标应简洁明了,既可以辅助学生建立良好的知识、技能储备,为挑战高阶技能"备粮草",又可以作为学生检验自己学习成果是否达成的依据。

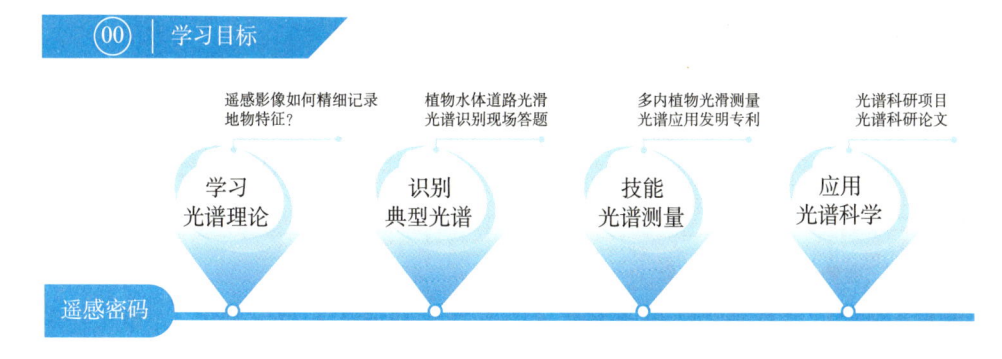

图 10-7 学习目标

【03 前测,3—5分钟】

前测是辅助检验学生已有知识储备和自学效果的方式之一,由于课前已经进行了学习通练习的考核,所以在课中主要采用提问的方式来检查。

老师:什么是电磁波?

学生1:电磁波是以波动的形式传播的电磁场。

老师:太阳光是电磁波吗?

学生1:是,老师。

老师:回答得非常正确,太阳光是电磁波的一种可见的辐射形态。被动遥感的主要能量来源是什么?还记得吗?

学生:太阳能。

老师：对，被动遥感的主要能量来源是太阳能。

老师：为什么遥感影像中不同地物的颜色不一样？

学生：地物的反射曲线？（部分学生的表情有些迟疑，部分同学摇头或低头翻书）

老师：好，请坐，太阳光照到物体上时会发生什么现象？

老师：在遥远外太空获取的遥感影像中是如何精细记录地物特性的？为何相机拍照时远处地物不清晰但遥感影像如此清晰？应用计算机语言对其进行分类，是依据地物的什么特征？这节课，我们就和大家一起来解决这两个问题。

通过问答，可以发现学生都进行了预习准备，对基础物理知识和已学遥感基础知识储备较充足，但是对涉及本节课所讲的"地物反射曲线"的问答效果有些不确定，说明学生虽然预习了，但是仍然理解欠佳，需要教师进一步引导、深入剖析。

【04 参与式学习，15—20分钟】

参与式学习主要采用案例式和讲练结合的教学方式进行理论的剖析，结合遥感影像中的地物，让抽象的知识更生动、更容易理解。

教师详细讲解地物波谱曲线概念，并结合遥感影像和实测高光谱数据，介绍不同地物的光谱曲线/同一地物不同时间或不同状态的光谱曲线的异同。调动学生和教师一起找"光滑灰瓦、风化灰瓦""铜、钢"的光谱曲线，一起分析异同，帮助学生理解地物波谱曲线的概念。

【04-1】**地物波谱曲线概念**

遥感之所以能够根据收集到的电磁波来判断地物目标和自然现象，是因为一切物体，由于其种类、特征和环境条件的不同，而具有完全不同的电磁波的反射或发射辐射特征。光谱反射率是物体的反射辐射通量与入射辐射通量之比，通常定义光谱反射率 ρ_λ，见公式(1)。

$$\rho_\lambda = \frac{e_{\rho\lambda}}{E_\lambda} \qquad 公式(1)$$

式中反射率是在理想漫反射体的情况下，整个电磁波长的反射率。

地物波谱也称地物光谱。地物波谱特性是指各种地物各自所具有的电磁波特性（发射辐射或反射辐射）。物体的反射波谱限于紫外、可见光和近红外。地物反射波谱是某物体的反射率（或反射辐射能）随波长变化的规律，以波长为横坐标，反射率为纵坐标所得的曲线即称为该物体的反射波谱特性曲线。

典型地物波谱反射特性的讲解结合遥感在农作物/植被种植区域调查、植被病虫害调查、水环境调查方面的案例进行（见图10-8），让学生感受遥感技术的科技性，激活学生主动识记专业理论的学习兴趣，同时，增强学生知识迁移能力，提高课程的创新性、高阶性。

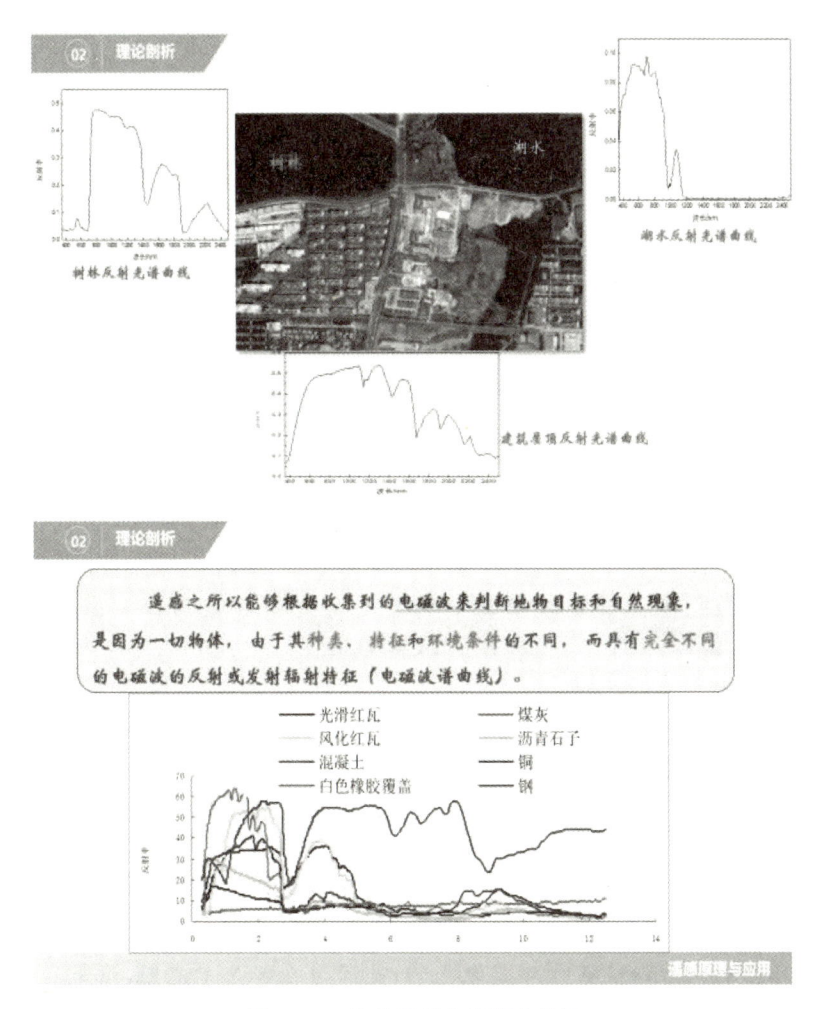

第十章 《遥感原理与应用》1+3PBL教学设计与实践

图 10-8 地物反射曲线概念讲解

讲解结束后,引导学生利用遥感图像处理软件查看国产卫星 GF-1\ GF-2 遥感影像和国外卫星影像 Worldview2\Landsat8 的同一地物光谱对比、同一卫星影像不同地物的光谱异同对比,让学生直观认识遥感影像中不同地物/同一地物不同位置的光谱差异,了解国内外遥感技术差异,激发学生的科技强国意识。

【04-2】典型地物波谱反射特性

遥感之所以能够根据收集到的电磁波来判断地物目标和自然现象,是因为一切物体,由于其种类、特征和环境条件的不同,而具有完全不同的电磁波的反射或发射辐射特征(电磁波谱曲线)。

(1)典型地物反射曲线讲授

各种物体,由于其结构和组成成分不同,反射光谱特性是不同的。即:各种物体的反射特性曲线的形状是不一样的,即便是在某波段相似,甚至一样,但在另外的波段还是有

157

很大的区别的。下边讲解不同地物的光谱反射特性曲线特性(见图10-9)。

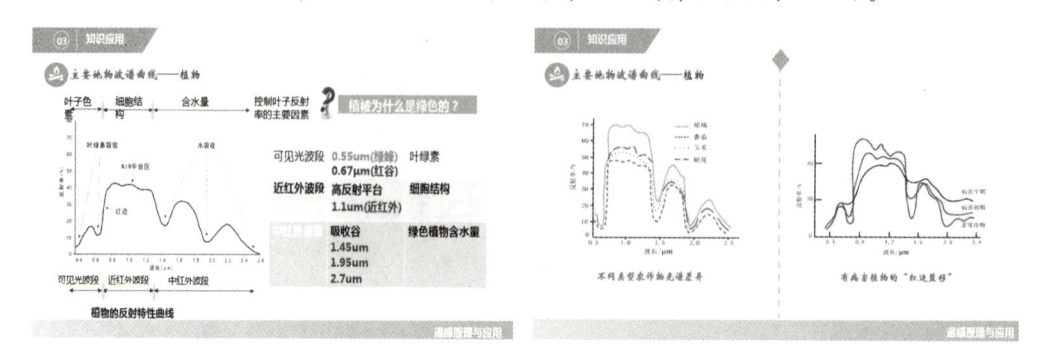

图10-9 植被光谱反射特性曲线

(2)植被的反射光谱特性

不同地物在不同波段有不同的反射率这一特性,物体的反射特性曲线才作为判读和分类的物理基础,下面举例说明植被的反射特性曲线在影像判读和识别的实际应用。

问题设计:窗外凤凰树长势茂盛,它的叶片为什么是绿色的?

学生1:因为叶绿素。(学生回答的不完全正确,教师需进一步引导)

老师:叶绿素是吸收了绿色还是反射了绿色?

学生1:反射吧?(学生略带迟疑的反问,说明他认为是,但是又不敢完全确定答案)

老师:是的,我们看到植被叶片是绿色的,是因为在可见光范围,红光和蓝光被大量吸收,绿色被吸收的很少,被反射了,所以叶片是绿色的(教师给予及时的肯定,有助于下次学生继续积极回答问题,同时给出明确的讲解)。

学生2:衣服的颜色是黑色、白色、彩色,也是这个道理吗(主动提问在现在的课堂中很少见,课堂氛围活跃学生才愿意主动思考,才能够提出问题)?

老师:生2同学这个问题问得非常好,答案是肯定的,具体的原理大家课后可以查阅资料,并将答案上传到咱们的微信群。

教师详细讲解植被的反射特性曲线,之后结合不同类型农作物光谱差异、有病害植物的"红边蓝移"两个具体案例进行进一步讲解,拓展学生的应用能力,提高学生的知识迁移能力。

教师依次讲解植被、水体、土壤、道路、建筑物等典型地物的光谱曲线特征及影响光谱特征的因素,之后,让学生打开电脑,利用遥感图像处理软件,查看不同数据/同一数据不同地物/同一地物不同时间的光谱曲线。

第十章　《遥感原理与应用》1+3PBL教学设计与实践

由于这个阶段学生对软件并不熟悉,为了防止该环节占用课堂时间过多,教师需在前边演示操作后,学生再进行自查。

【05 后测,10—15 分钟】

后测主要考核学生对知识的理解能力、拓展学生的应用能力。地物的反射特性曲线指以波长为横轴,地物反射率为纵轴建立的曲线,对于类似概念性、事实性知识的学习,主要是要求学生理解,通过理论剖析环节,学生已基本掌握了典型地物的反射特性曲线,通过简单的猜猜看环节,让学生通过练习主动回顾已学概念,并通过对例证的归纳,形成对概念的充分正确理解,提高知识识记效率及对概念的理解力。通过现场展示,可以引起学生学习的兴趣,激发其对知识点甚至课程学习的动机。同时通过基于问题的学习设计,检验学生对概念的理解情况,并引导学生将所学知识与实践应用联系起来,让学生感到所学知识对自己未来职业规划甚至生活相关,提升学生的专业兴趣;枚举光谱与多学科的交叉的专利,培养学生的创新意识。

【05-1】猜猜看:依据光谱特性曲线特征识别地物

问题设计:如图 10-10 所示,左侧图片为 4 种不同地物的光谱曲线,结合刚才所讲的地物的光谱曲线,猜猜每条曲线分别对应哪种地物?

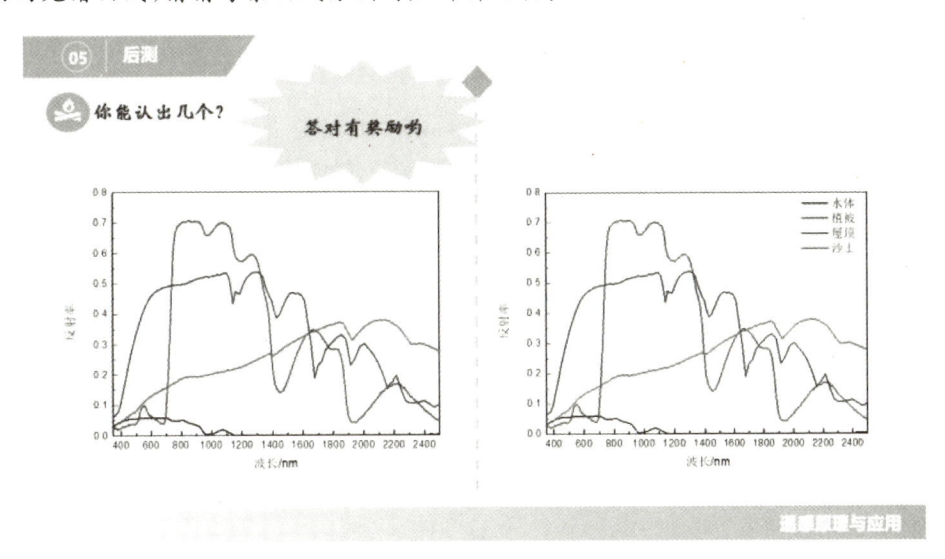

图 10-10　有奖竞答

老师:给大家 2 分钟时间,给出答案(学习知识后的即时提问,此时,大多数学生只是记忆,为形成系统理解,可适当留白,多给学生些准备时间,有助于学生消化知识)。

第一位同学回答不完全时,第二位同学补充,基本上两位同学就能完全回答正确。教师公布答案,给予大家肯定,送上小奖品。

【05-2】现场演示（见图10-11）

课前，教师要求学生带一些多肉植物到教室，教师自己也带了2盆仙人掌。利用实测光谱曲线的手段，学生解决了教师提出的问题，初尝科技改变世界的愉悦。讨论设计：看来大家都很热爱生活，养了这么多小植物，这些多肉的品种不一、颜色不一，不一样的多肉植物光谱曲线有什么差别？

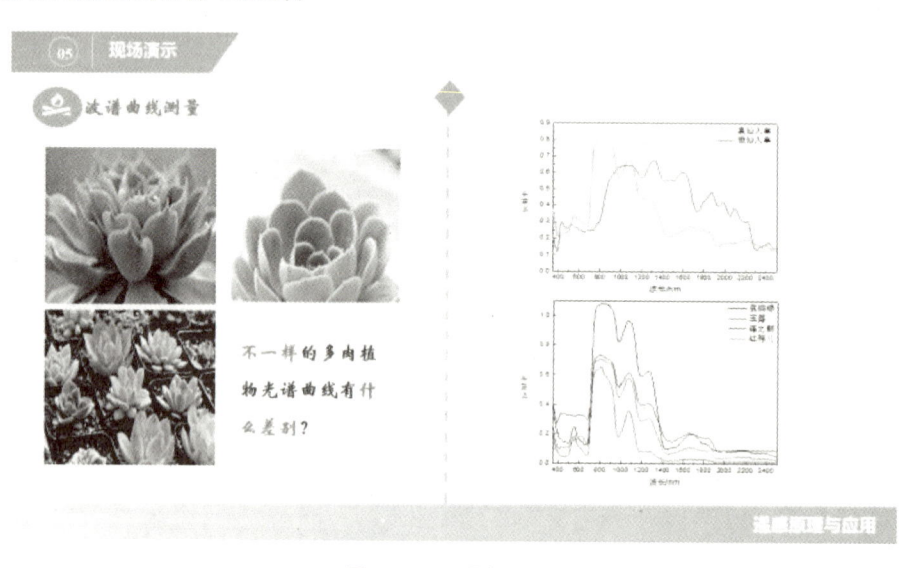

图10-11 现场展示

学生：小组讨论（1—2分钟，大部分小组讨论结束后，教师宣布停止讨论，学生给出答案）。

教师不要急于给出答案，而是利用便携式地物光谱仪实测学生们带到教室的各种多肉植物，测量的过程中，同学们发现了答案，也知道了各自小组讨论结果的正确与否。

老师：大家有没有发现，我带的两盆仙人掌的光谱曲线差异比较大？

学生：是啊，老师，为什么啊？

老师：大家"传阅"一下我的两盆仙人掌吧。

学生：有一盆仙人掌是假的！

……

【06 小结，5—7分钟】

小结部分主要是对课程内容进行总结，并通过问题与思考环节、拓展环节的设置，进一步巩固知识点，引导学生去主动了解科技前沿，提升课程的挑战度，并通过逐步深入地提问，调动学生学习的紧迫感，培养学生课堂认真听、课后认真学的学习态度。

【06-1】**问题与思考**

问题设计：地面测量的草地光谱与遥感影像上草地光谱一样吗？（该问题融入了前期已学知识）

学生10：不一样。

老师：为什么？

学生10：因为遥感影像上的草地的光谱里有大气带来的误差影响。

此时，学生能够很自信地给出答案，说明对所学知识有较深的理解。

老师：生10回答得非常详细，非常棒，请坐。

【06-2】**拓展**（见图10-12）

地物波谱应用范围涉及生活、农业、林业、医药、海洋等各个方面，如注水猪肉监测、中药成分调查、矿物含量、地沟油检测药品水含量检测等各个方面。

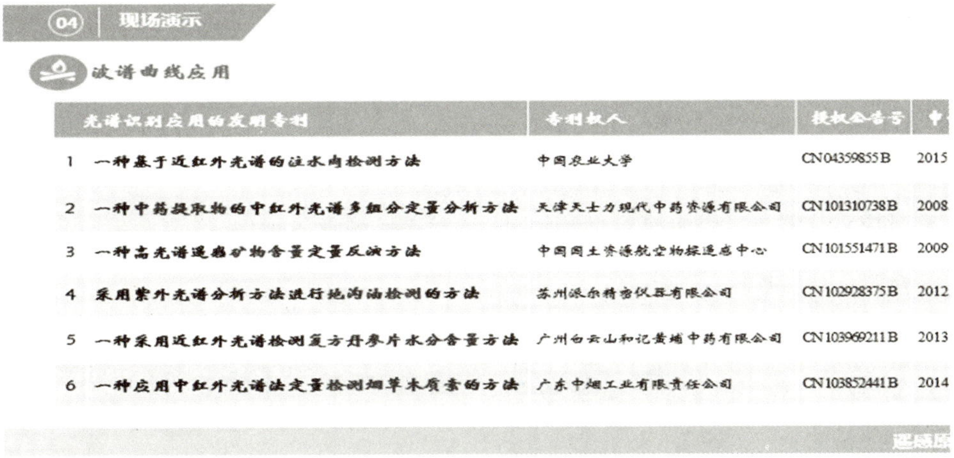

	光谱识别应用的发明专利	专利权人	授权公告号	中
1	一种基于近红外光谱的注水肉检测方法	中国农业大学	CN04359855B	2015
2	一种中药提取物的中红外光谱多组分定量分析方法	天津天士力现代中药资源有限公司	CN101310738B	2008
3	一种高光谱遥感矿物含量定量反演方法	中国国土资源航空物探遥感中心	CN101551471B	2009
4	采用紫外光谱分析方法进行地沟油检测的方法	苏州派尔精密仪器有限公司	CN102928375B	2012
5	一种采用近红外光谱检测复方丹参片水分含量方法	广州白云山和记黄埔中药有限公司	CN103969211B	2013
6	一种应用中红外光谱法定量检测烟草木质素的方法	广东中烟工业有限责任公司	CN103852441B	2014

图10-12　高光谱应用案例

【06-3】PBL **作业布置**

通过布置基于问题的PBL创新作业，引导学生进一步主动、持续、深入地学习，通过实践数据中对概念的应用、辨别、分析、归纳总结等过程，加强对知识点的理解，培养学生主动查阅资料、阅读及综合分析能力，提升课程的挑战度。

同时，可以将生态文明、环境保护、振兴家乡、宪法法治、法律法规等元素穿插在PBL题目中，形成良好的隐性教育元素。

布置PBL**题目及具体要求，学生按照小组进行讨论及选题，部分**PBL**题目见表**10-6**所列。**

表 10-6

应用领域	小组题目	应用领域	小组题目
农业管理	水稻种植区调查	灾害监测	震后受灾面积估算
林业监督	森林火灾监测	违法监察	罂粟种植遥感排查
海洋环境	海洋赤潮监测	资源调查	矿产资源区域调查

3. 课下

【学生：课下 PBL 讨论】

课下小班分组 PBL 学习及成果汇报（课外 90 分钟）。

【老师：教学总结及持续改进】

受大班授课限制，理论授课班级容量约为 55 人，师生互动时长和教师讲授时间应合理规划，教师应合理利用卷入式回答方式，提高学生的参与量，如果课堂中主动回答问题的同学总是相同的几个同学，教师应点名其他同学。学生回答问题时，教师应关注学生表情及语态，根据学生对问题回答的有效性，及时做出总结或引导。另外，需注意以下两点：①大多数同学都是沉默课堂的拥护者，不愿意或者不敢回答问题，教师应及时给予回答问题的同学以肯定或引导，以提高学生主动回答问题的积极性；②本例涉及实测展示，在实测时应将仪器与投影相连接，保证大屏幕上展示测量界面，将实测结果与每一位同学共享。

第四节　基于 Process "图像增强"设计与实践

（一）基于 Process 遥感上机教学整体设计

《遥感原理与应用》课程包含上机试验共计 14 学时，内容包括：图像辐射校正、几何校正、图像融合、增强处理、分类识别 5 个单元。团队依据课程学习进度，结合最新软件平台功能，设计了遥感图像处理、遥感图像分类、遥感制图与分析模块等系列任务，拓展增加了遥感数据识别、遥感软件的认识与使用模块任务，提升学生实战运用难度。在每个模块中，设置了基础、创新和挑战三个难度等级。其中，基础难度是学生大纲要求，学生必须掌握上机试验内容；创新难度是在基础试验基础上，是一些数据结构、智能识别与遥感有交叉的试验内容；挑战难度是综合性、交叉性内容，需要搜索资料独立思考完成，有较高的挑战度，具体任务见表 10-7 所列。

表 10-7　基于过程学习的任务(部分)

教学模块	难度等级	具体任务名称
数据/软件的认识与使用	基础	1-遥感数据头文件认识(Landat8/GF 影像)
		2-遥感头文件中参数用途
		3-软件主要功能介绍
	创新	3-对比、分析 Landat8/GF-1 卫星影像头文件差异
	挑战	4-预测高光谱/高空间分辨率与中低分辨率卫星影像头文件差异,并选择 GF 系列卫星影像/SPOT5 卫星影像等任意两景卫星影像对比头文件差异
遥感图像处理	基础	1-遥感图像裁剪——以曹妃甸为例(Landat8/GF 影像)
		2-图像镶嵌——应用拼接线的镶嵌(Landat8/GF 影像)
		3-辐射定标与大气校正—Log residuals correction
		4-辐射定标与大气校正—Dark Subtraction
		5-基于地形图数据的几何校正参数设置依据
		6-遥感图像增强—Band Math
	创新	1-影响几何校正质量的两个方面
		2-遥感图像增强—融合方法对比
		3-遥感图像几何校正方法精度对比(不同地形)
		4-遥感图像几何校正方法精度对比(不同校正方法)
		5-遥感图像增强方法应用及效果对比(针对建筑物)
		6-遥感图像增强方法应用及效果对比(针对农作物/植被)
		7-遥感图像增强方法应用及效果对比(针对水体)
		8-遥感图像分类—监督分类/非监督分类实践
		9-遥感图像分类—决策树法实践
		10-遥感图像分类—面向对象法实践
	挑战	1-九曲十八弯黄河影像制作
		2-曹妃甸区水域面积遥感监测
		3-××市城市扩张遥感监测
		4-××地区土地利用分类及精度分析

(二)基于 Process＋五星组合的教学组织

上机试验不仅要求学生理解图像处理的数学模型含义、参数设置特点,还要求学生能够独立使用软件完成图像处理。根据遥感数据的特点和生产需求,能够调控参数具体指标,处理图像,初步评价处理结果。

遥感课程上机试验采用 Process+五星教学的教学形式,将五星教学结构与基于 Process 的分析技术与应用案例相结合,形成了发布任务、激活旧识(小组分析)、示证新知(教师示范)、尝试应用(学生模仿)、小组实践(动手操作)和融会贯通(探究讨论)6 个部分的教学设计结构。结合试验的学习目标,引导学生对数据处理环节进行深入的学习和思考,逐渐养成通过自主学习、探究讨论、实践动手的习惯,简要实施过程如图 10-13 所示。

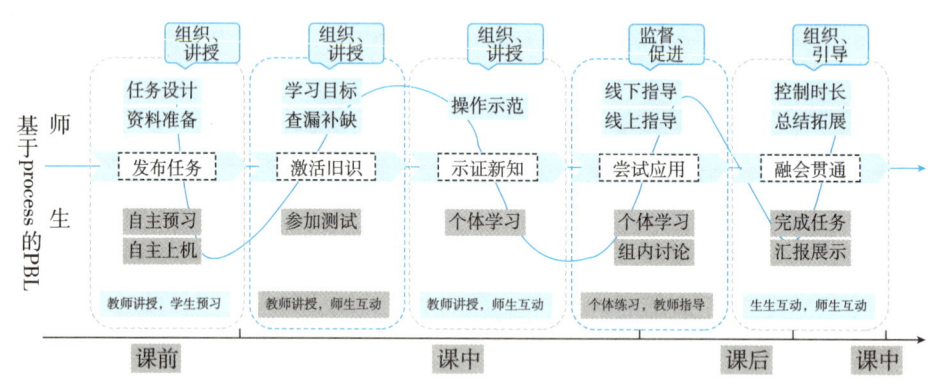

图 10-13 基于 Process+五星教学组合的学习流程

(三)"光谱四则运算"教学设计

1. 学习目标

"光谱四则运算"是图像增强模块的实验,对应理论知识是第七章第 3 个知识点。"光谱四则运算"是利用波段间的四则运算来达到增加某些感兴趣信息或弱化其他影响的一种图像增强的方法,广泛应用在植被覆盖度、水体提取、环境指数、温度反演等多个领域。学习目标如下。

(1)能够表述光谱四则运算的基本原理,指出每种光谱运算增强特点。

(2)能够使用 IDL 语言编写光谱四则运算公式函数,定义变量。

(3)能够设计比值、差运算方程式,并指出对应标准波段选取规则。

(4)使用指定数据,独立完成植被指数、水体指数、建筑物指数的运算函数。

(5)学会实验结果分析验证方法,能够评判增强处理效果。

2. 教学组织与策略

光谱四则运算实验是利用波段间的四则运算来达到增加某些信息或消除某些影响的目的的一种图像增强的方法,也是进行图像增强或专题信息提取的方法之一。本主题的教学内容将围绕三条主线展开:其一,光谱四则运算原理回顾和基本运算公式操作演示;其二,学生练习软件操作,并通过实验尝试回答"波段运算时可以增强哪些信息?为什么?"两个问题;其三,从理论学习、技术学习到实践应用,教学内容的整体结构如图 10-14 所示。

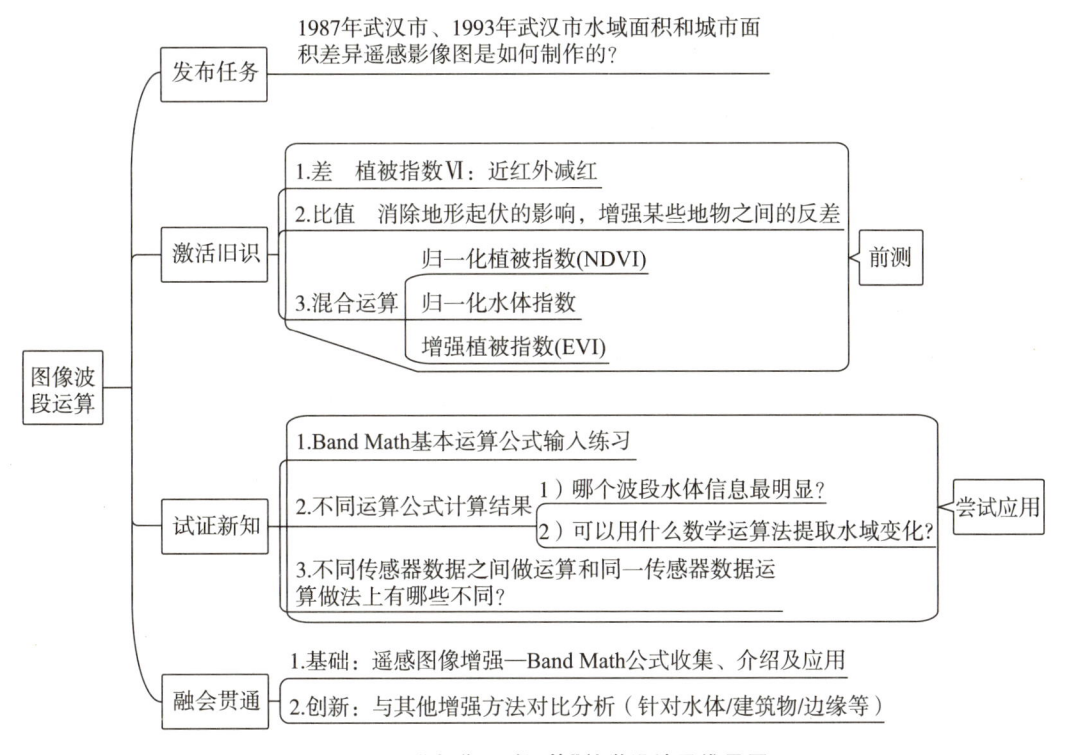

图 10-14 "光谱四则运算"教学设计思维导图

围绕着"光谱四则运算实验",本节课建设了一系列辅助资源。包括过程学习设计 1 个、知识点课件 1 个、思政资料 4 个、课中测试题和课前课后练习题共计 3 题、现场讨论 2 个、创新作业 1 个等,其中部分资源通过学习通平台发布给学生。

(四)"光谱四则运算"教学实践

1. 课前

在课前一周,教师发布教学辅助资料,提示学生进行预习,学习资源包括上机操作视频演示、上机数据包、思政资源、练习题、拓展学习资源等材料。

为了督促学生进行相关学习,提升自学的有效性,要求学生提前学习相关内容。设置了知识点学习任务点,学生完成对应任务点才能够完成上机练习。围绕着光谱四则运算应掌握的基本技能,在课前发布 3 道,学生可以对自主学习效果进行评价。

2. 课中

为了提高学生技能理解、应用能力,课中采用五星教学法进行,主要包括四个环节。

【01 激活旧识,3—7 分钟】

激活旧识主要包括前测、学习目标和知识点回顾三个环节,如果学生前测完成情况良好,应当减少知识点回顾的时间。

【01-1】前测(见图 10-15)

该环节设计了线上随堂练习、问题式学习等了解、激活学生已有知识、技能的方式。通过随堂练习,可以直观地了解学生已有知识储备情况及应达到的知识储备情况。通过问题式学习,激活学生思维,激发主动思考的乐趣,驱动学生主动学习已解决问题。

师生课堂活动简述如下。

老师:发布学习通随堂练习,请同学们作答。(限时 2 分钟练习)

练习:下图 4 种光谱曲线分别雪、沙漠、湿地、小麦 4 种地物的光谱特性曲线,光谱曲线 1、2、3、4 分别对应_____4 种地物。

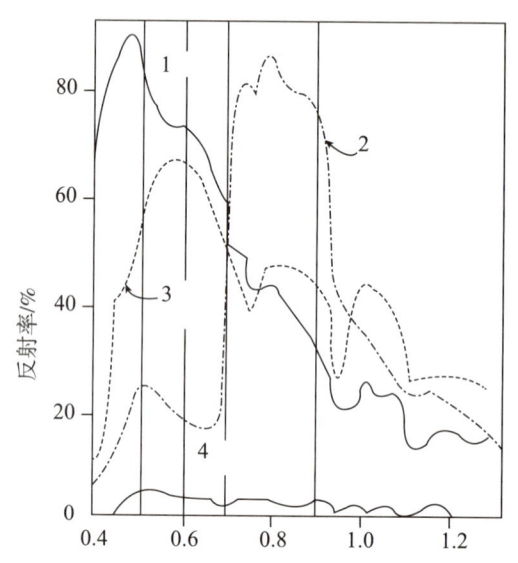

A. 雪、沙漠、湿地、小麦

B. 雪、小麦、沙漠、湿地

C. 小麦、雪、沙漠、湿地

D. 沙漠、小麦、雪、湿地

学生:完成练习。

老师:结束答题,答题情况如下。

老师:答案是 B,好几个同学选错了,曲线 2 误认为是沙漠了,哪位同学来给大家说一下,这 4 种地物的光谱特征(等待学生讨论 1 分钟后,生 1 同学主动回答问题)?

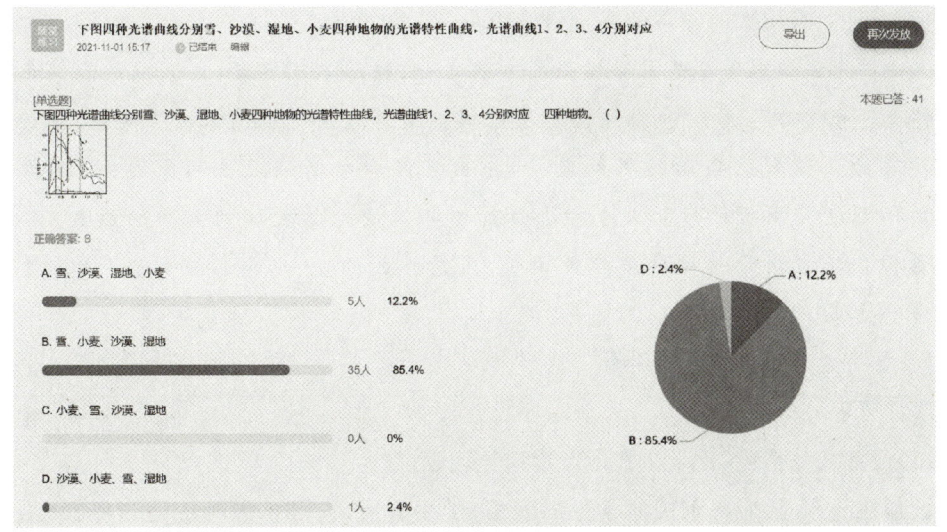

第十章　《遥感原理与应用》1+3PBL教学设计与实践

图 10-15　学生答题情况统计(学习通)

学生1:湿地中含有大量水,整体反射率应该最低;小麦是植被,应表现出植被"几字形"的特征;新雪在阳光下很亮,呈现白色,所以应该是反射率最高的;剩下的一条是沙漠的光谱曲线,在各波段反射率都比较高。

老师:生1同学解释得非常清楚,如果让你识别植被小麦和湿地,你会选择哪个波段的遥感影像去识别?

学生1:可能会选择近红外波段。

老师:为什么这么选择?

学生1:因为小麦和湿地在近红外波段的反射率差距更大些。

老师:请坐,生1同学对典型地物的反射特性理解很到位,我们一起来回顾一下光谱四则运算的概念和地物的反射特性曲线并进行光谱四则运算的上机实验。

【01-2】知识点回顾

知识点回顾的时长设置和学生前测完成情况相关联,学生完成效果好,前期知识储备讲解时可以简短介绍,重点回顾一下光谱四则运算的理论基础,辅助后续理解如何依据地物的光谱特征设计光谱四则运算公式。

【02 学习目标】

在学习目标环节,将本实验课应达到的教学目标告知学生,由于光谱四则运算是隶属于图像增强的一种方法,是图像增强实验(包括图像融合、光谱四则运算、彩色变换、卷积运算、傅里叶变换等实验)的方法之一,因此,在介绍学习目标时,应有层次,除了简要说明是图像增强方法之外,首先应说明应达到的应用目标,之后是分析目标,最后是评价/创造性目标,同时,还应具体说明利用光谱四则运算能够完成什么实践工作,拓展学生的视野。通过逐层深入的学习目标,学生可以考量自己的学习结果,而且可以依据学习目标有目的、有层次的逐步朝高阶目标跨步。

老师:"光谱四则运算是图像增强的方法之一,通过本次实验,大家应该能够正确操作软件进行光谱四则运算,熟练使用已有的四则运算方法进行图像增强实验,分析不同四则运算方法获取的实验结果的效果,指出可能影响增强效果的原因;能够尝试应用光谱四则运算原理设计扩大或减小目标物与其他地物之间的差异的函数;光谱四则运算被广泛应用于植被绿度指数调查、生态指数调查、水体指数调查、热岛效应反演等多个方面。"

【03 示证新知,10—15 分钟】

【03-1】导入

(1)设置任务情境,让学生在学习前遇到问题。

教师在导入时,应时刻关注学生的表情,学生有所震撼时,教师应适当停顿,给学生适当留些思考时间,教师紧接着抛出第二个案例(见图 10-16)。

老师:通过计算 NDVI,可以看植被覆盖度,如何利用软件计算 NDVI?还有哪些光谱运算可以计算什么?(停顿,等待学生卷入式回答 1 分钟)

老师:好,大家对光谱四则运算的计算公式有了一定的理解,如图,利用 1987 年、1993 年武汉市的遥感影像,可以分别提取 1987 年武汉市、1993 年武汉市水域面积和城市面积。可以制作 1987—1993 年武汉水面增减专题图、1987—1993 年武汉市城市增减专题图。这些图都是运用光谱四则运算做的,具体如何做?

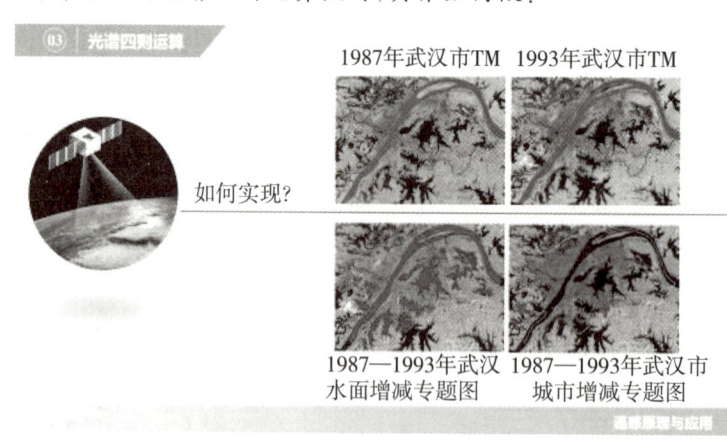

图 10-16 过程性问题 PPT

【03-2】上机演示

教师课前需查看学生线上练习完成情况,如完成情况较好,该部分可以略掉减法运算、乘法运算,直接讲解光谱四则运算的典型案例 NDVI 值计算的过程,否则,仍需逐步展示。由于已经提前发布视频,因此,教师的重点应在解释参数设置的依据。

教师共享屏幕,并结合案例进行上机演示。

第十章 《遥感原理与应用》1+3PBL教学设计与实践

【03-3】设置基于过程学习任务

课堂中的基于过程学习任务在导入时已经提出,教师演示结束后发布任务,确保每个学生收到任务。

老师:"请大家利用上机数据包中数据或者你们下载的感兴趣区域的数据,进行光谱四则运算,要求大家首先完成NDVI值计算,之后利用两期不同时间图像变化区域提取,如水域面积增减或城市面积增减。"

【04 尝试应用,25—35分钟】

遥感上机课程中,始终要求以小组为单位就座,尽量避免好学同学、惰性强的同学扎堆坐,希望能够通过组间互助的形式,推动后进同学的学习能力,同时,让能力较强的同学通过"教"这一方式,提升其知识内化程度,促进高阶能力形成。

【04-1】上机练习

学生进行上机,同时,教师、助教团队在教室中解答大家遇到的五花八门的问题。不管是什么样的问题,教师团队都应第一时间给予耐心解答,辅助学生以最快速度掌握基本技能。

【04-2】课后学习

在课程中,教师发布创新性学习任务,要求学生通过讨论、实验、文献调查等方式完成。针对光谱四则运算,设计的创新性学习任务为"遥感图像增强——Band Math方法汇总及实验验证",该问题难度系数一般,是学生通过文献检索、实验、讨论等方式可以完成的任务,主要由于此时学生仍处于初学遥感阶段,并没有将全部理论学完,设置学生轻轻跳一跳就能完成的任务,有助于鼓舞学生的士气,展示出学生应有的"我们能""我们行"的学习态度。

创新任务发布:遥感图像增强——Band Math方法汇总及实验验证

具体要求:完成任务并制作PPT进行汇报,汇报时间为下周上课时。

【05 融会贯通,20—25分钟】

融会贯通主要是通过学生自主完成挑战任务并进行汇报展示、问答、反馈完善4个环节来实现的。其中,汇报展示是学生们既期待又有些忐忑的环节。期待是因为已经做了良久准备,想将学习结果展示给大家;忐忑是因为问问题的同学真是不少,老师为了鼓励问题问得好的同学还给发棒棒糖,确实怕答不上来略显尴尬。汇报展示是同学们对知识学习融会贯通的主要途径,能够明明白白地给大家讲解或者能够提出有效的问题,是学生由知识被动输入主动输出的跳跃。本次实验布置的创新任务是收集各类指数、介绍用途并尝试应用。

汇报组收集了8种指数,包括NDBI(Normalized Difference Built-up Index,归一化建筑指数)、SAVI(Soil Adjusted Vegetation Index,土壤调解植被指数)、GNDVI(Green

Normalized Difference Vegetation Index,绿度归一化植被指数)、EVI(Enhanced Vegetation Index,植被增强指数)、MNDWI(Modified Normalized Difference Water Index,改进的归一化水指数)、RDVI(Renormalized Difference Vegetation Index,重归一化差异植被指数)、IOI(Iron Oxide Index,氧化铁指数)、ARVI(Atmospherically Resistant Vegetation Index,耐大气植被指数),并对每一个指数的公式进行了介绍和尝试应用。

【师生互动,思考探究】

汇报组同学汇报后,是互动环节。

学生1:植被指数NDVI和增强植被指数EVI的差异是什么?

汇报组生1:相比NDVI,EVI减少了部分来自大气和土壤噪声的影响,能更加稳定的反映所测地区植被的情况。

学生2:我有点儿不太理解,为什么土壤调节植被指数适用于稀疏植被地区?

汇报组生1:公式解释中说明了,这个指数可以抑制土壤像素的影响。

老师:这个问题问得很好,我来给大家解释一下。土壤调节植被指数主要用以减小土壤背景影响,大家可以看公式,公式中,L是随着植被密度变化的参数,取值范围是0~1,当植被覆盖度很高时L=0,很低时L=1。很明显,当L=0,SAVI=NDVI,也就是植被覆盖度很高时看不到了土壤,也就没有减少土壤背景影响的必要了。

老师:大家还有其他问题吗?请继续。

学生3:IOI指数都在什么情况下适用?

汇报组生2:IOI指数是一个地质指标,在需要识别含铁氧化物时用。

学生3:你们的应用案例选择了曹妃甸的一景遥感影像,影像中还有大面积海域,做完后你们发现哪里有含铁氧化物了呢?

汇报组学生商量了一下,回答道:我们没有考虑具体找到含铁氧化物,就是把这个公式用了一下。

这个问题再问下去已经没有意义,因此,教师应及时截断,引导学生解决问题。

老师:IOI指数既然突出显示了含铁的氧化物的含量,是不是如果遥感影像中有铁矿,而这个铁矿恰好是赤铁矿或者针铁矿,我们就可以用IOI指数来突显这个区域呢?

教师停顿30秒左右,给学生思考和与周边同学交流的时间,然后继续讲解。

老师:希望大家下课后找一个铁矿,尝试一下IOI指数能否突显这个矿区。汇报组的同学,你们课下可以换一景有铁矿区的遥感影像再尝试验证一下。

由于汇报组的数据选择有问题,教师应对学生进行引导,科学验证时要用数据说话,而用数据说话就不要嫌麻烦,一定要针对需要验证的问题找数据,否则就是无用的验证。

3. 课后

课后汇报小组需结合课堂中教师、同学提出的建设性意见进行内容完善，形成最终文档，并上传至学习通系统，其他小组进行线上学习、评价。

（五）教学反思与持续改进

随着课程进度的推进，本次课学生的交流能力逐步提升，教师也基本了解了哪些同学爱偷懒，哪些同学爱动脑。对爱偷懒的同学，教师团队应多走到其身边检查其过程性结果，对爱动脑的同学教师应多给出提升性的指导；汇报交流可以安排在课堂中第一个10—15分钟，在这个过程中，教师除了引导学生不要带偏主题外，还应主动控制时长，让学生保持意犹未尽的学习感觉，然后开始新实验的讲解，更有益于提升学生求知的欲望。

在应用了基于过程的 PBL 教学的遥感的上机环节，教师每一个阶段的工作都要付出更多的时间。从课前教学资料准备，到课中与学生交流的引导，再到课程评价，教师不仅要提供适当的资源，更重要的是指导学生如何进行课外资料的查询、综合，如何进行深入的学习，经过几轮基于 Process 的教学，总结基于 Process 的教学关键点如下。

第一，遥感上机是课程的一部分，共 14 学时，在短短的时间里，通过基于 Process 的 PBL 教学，学生取得的成果超过我们的想象，学生的潜力被充分调动；在这一过程中，教师引导学生能够主动提问，引导学生互相帮助，合作共赢，为后续的基于项目的 PBL 教学打下良好的基础；

第二，基于过程的 PBL 教学占用了学生大量的课外时间，但是，在这个学习过程中，学生逐渐养成通过查阅资料、资料综合分析、反复实验验证取得有效结果主动学习习惯，培养了独立解决实践问题的能力。

第三，为了保证每一个学生参与到基于过程的 PBL 教学任务中，防止有"打酱油"的同学，上机环节的考核包括 PBL 评分和上机考核两部分，通过上机考核保证学生对技术的习得程度，通过 PBL 考核提升学习的难度、挑战度，培养学生对技术的灵活应用力和迁移能力。

第五节　基于 Project "曹妃甸区水稻种植面积动态监测"设计与实践

（一）基于 Project 教学整体设计

遥感图像处理实训采用基于 Project 学习形式，要培养学生能够独立完成图像校正、图像增强、计算机分类基本操作，能够正确制作遥感专题图，评价信息提取的精度。学生能够应用遥感信息动态监测植被、土壤、地貌、土地利用、资源环境等专题信息，提升运用遥感技术解决实际问题的综合能力。

学生选题时,同一个题目的小组之间所选区域不相同,做到每组一题。项目选题一般是结合教师科研课题或者生产实践技术问题,主要内容涉及遥感专题图制作、信息提取的算法研究等。基于 Project 专题内容见表 10-8 所列。

表 10-8 基于 Project 专题内容

PBL 专题	备选项目名称
植被遥感	1.1 京津冀一年四季植被面积统计
	1.2 京津冀植被区域动态调查(以夏季为准)
	1.3 草场资源调查(呼伦贝尔或塞罕坝或坝上草原)
	1.4 植被资源调查(东北、华北、西北)
	植被绿度调查(南方地区一年四季植被绿度调查、北方某地区连续 n 年)
环境遥感	2.1 唐山市迁安市矿区植被动态变化分析
	2.2 唐山市迁安市植被、水域、建筑物变化(2012~2020)
	2.3 矿山生态遥感
	2.4 某地区热岛效应遥感调查(矿区、城镇、钢厂、发电厂、工业区)
农业遥感	3.1 农作物识别、种植面积估算
	3.2 丰南区冬小麦种植区域变化分析
	3.3 丰南区小麦—玉米轮作种植区提取
	3.4 曹妃甸区水稻种植区域动态变化分析(2002~2020)
	3.5 某区域土壤墒情分析(省/市/自治区)
水体遥感	4.1 曹妃甸沿海海岸线提取及变化分析(2002~2020)
	4.2 曹妃甸港口水环境分析(2002~2020)
	4.3 滦河流域生态环境监测与评价
	4.4 黄河/长江流域遥感影像图制作
土地利用遥感	5.1 唐山市土地利用分类(土地利用分类体系、分类)
	5.2 唐山市市区土地利用分类变化分析
	5.3 环津冀海岸线周边地区土地利用变化分析
城市变迁	6.1 2013—2021 年雄安市城市范围变化及土地利用变迁动态调查
	6.2 2000—2020 年京津唐地区主要路网动态调查

上述选题仅供给学生作为参考,教师对任务完成的最低要求是完成图像的分类和制图工作。学生可以根据自己的兴趣和需求,对所选题目进行内容拓展和提升,可以与教师协商后适当丰富学习内容和主题。为了保证学生层次性发展需求,将选题进行了难度分级,选题难度系数用☆表示,三颗☆表示难度最高(见表 10-9)。当然,学生针对选题内

容,加入一定量前沿技术或热点问题,如果达到了较好的效果,教师可以增加一部分挑战分作为奖励。

表 10-9 难度系数及分值设置

难度系数	对应要求	满分
☆	分类＋制图	90 分
☆☆	分类＋制图＋时序/空间动态分析 分析＋制图＋算法	95 分
☆☆☆	分析＋制图＋算法＋时序/空间动态分析	100 分
挑战分	和数据量、难度、深度、完美程度相关	1～5 分

(二)基于 Project＋KOSEAM 组合的教学组织

基于 Project 学习是以项目内容的关键技术为载体,将技术的驱动性问题设计成小组探究的难点问题。整个项目学习采用基于 Project＋KOSEAM 组合的教学形式,在项目 Project 选取题目和组建小组之后,按照 KOSEAM 组织形式展开。学生开展小组自主学习、协作合作,探究项目中的挑战性难题。教师全程指导,需要帮助学生分析项目关键技术,启发引导学生探究时的思维。最后,针对项目成果进行师生互动、生生互动,展示汇报和量化评价。实现学生在认知领域、技能领域、情感领域的螺旋式提升。简要实施过程如图 10-17 所示。

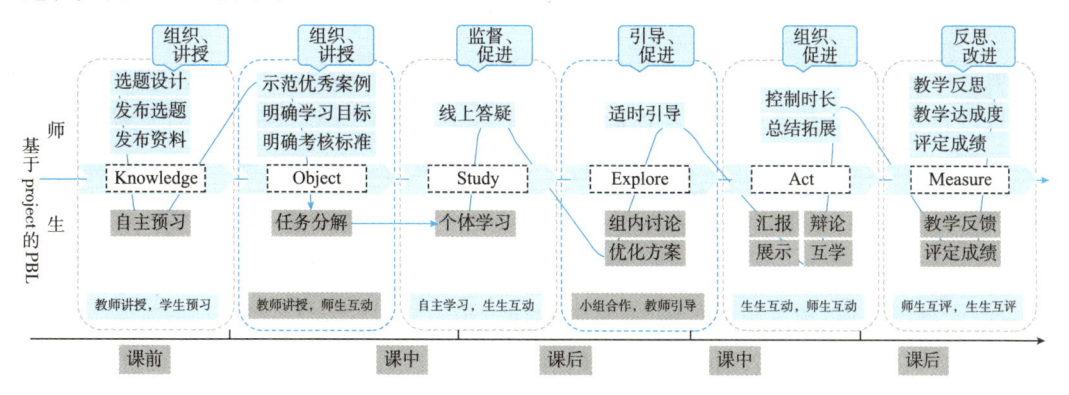

图 10-17 基于 KOSEAM 学习环的 Project 教学组织

(三)"曹妃甸区水稻种植面积动态监测"教学设计

1. 学习目标

依据遥感原理与应用的教学目标。"曹妃甸区水稻种植面积动态监测"项目教育目标有基本知识、技能应用、价值引导三个维度,包括具体如下:

- 分析曹妃甸区水稻的遥感资料,设计数据选择方案和图像处理流程;
- 使用遥感专业软件、工具进行图像辐射校正、几何校正及增强处理;
- 结合项目实施过程,评价遥感图像处理的精度,动态分析曹妃甸区水稻变化趋势;
- 通过查阅书籍、文献,将遥感与交叉学科(农业)相联系,培养遥感技术在水稻动态分析中的应用技能,利用遥感技术解决与农业实践问题相关的工程应用能力;
- 能够进行自主学习,可以参与团队协作,具有一定独立思考、批判意识;
- 训练学生的交流、决策能力,整合不同学科知识的能力;
- 能够提出遥感生态监测建设性的问题,多学科交叉解决问题的思维。

在整个项目学习过程中,学生需要付出较多的时间,查阅图书和文献、开展试验或实验,并针对实验结果和难点进行交流汇报,有一个不断重复探究和解决问题过程。让学生从中体会到解决某一个问题、承担项目某一工作的乐趣。

同时,教师在学习过程中要发挥主导作用,从项目研究进度、难点分析上要进行整体把控,在交流探究时,教师指导、引导要有一定指向性思维引导,要做到"点到不说破",让学生思维有发展空间,促进自主学习的深度,拉伸学生思维长度。

2.项目脉络设计

基于 Project 教学与基于 Problem\Process 学习方法的不同之处,对整个过程有明确的脉络。但是对项目成果没有明确答案,需要学生去探究和发现。

脉络设计可以是以"学生的学习过程"为主线,也可以是以"项目实施过程"为主线。本项目脉络设计是以数据处理流程为主线,需要学生完成辐射校正、几何纠正、图像增强、图像镶嵌等预处理工作;结合曹妃甸区水稻的遥感特征,进行图像分类、方法选择或改进;进行水稻专题信息提取精度评价;曹妃甸区 2003—2020 年水稻种植区域动态变化分析方法选择及动态分析及专题制图;汇报展示曹妃甸水稻动态监测专题,并进行对抗性交流(见图 10-18)。

具体设计为:学生以小组合作的形式完成图像处理(辐射校正、几何纠正、图像增强、图像镶嵌等预处理)和专题图制作(遥感专题信息提取、专题制图);撰写项目完成报告和展示海报、PPT;定期、不定期的项目汇报和结题汇报及讨论。

项目式学习的课堂教学没有唯一确定的方式,其实施过程从总体上分为以下几步。

(1)课前准备。包括教师依据学习目标设计、选择实习项目、设计课堂教学过程、预测学生学习过程及预期指导关键内容;学生自主学习线上平台中的知识点课件、图像处理流程及相关拓展学习资料;基于项目的 PBL 教学示范。

(2)课堂实施。在项目学习过程中,大部分教学时间里学生是行为主体,学生选题、自主讨论、主动收集资料、合作学习、合作实验。为了促进学生探究式学习的高效、有序性,教师按照 KOSEAM 学习环,将教学活动分为获取基础理论(knowledge)、建立学习

第十章 《遥感原理与应用》1+3PBL教学设计与实践

目标(object)、自主学习(study)、交流探究(explore)、行动实践(act)、综合考评(measure)6个环节,逐步引导学生进行深度探究学习。

（3）课外学习。课外学习以学生个人、小组的自主学习为主,包括资料查找、交流讨论、实验、文档撰写等。

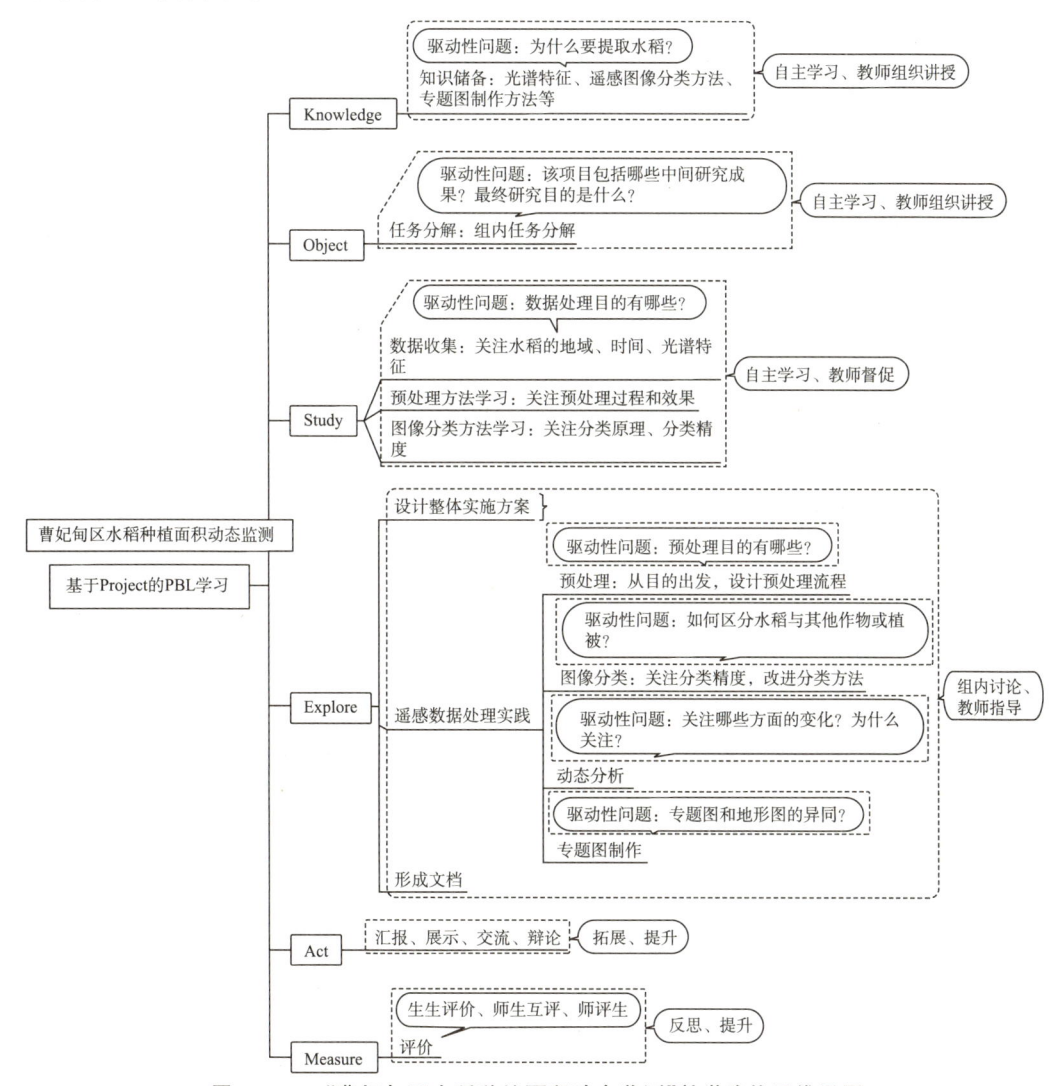

图10-18 "曹妃甸区水稻种植面积动态监测"教学脉络思维导图

(三)"曹妃甸区水稻种植面积动态监测"教学实践

基于项目学习实施过程示范过程如下。

【01 K-知识准备】

项目发布通常是以PPT微课程的形式讲授给学生。当前的教育方式多为教师教授为主,学生不明白什么是基于Project的PBL的学习方式,更不知道在项目式学习中自己

175

应达到的真实水平是什么样的。因此,在首次进行项目发布时,应进行项目式教学示范。PPT 内容包括项目名称、任务要求、推荐阅读的书目和参考文献、往届优秀案例展示等内容。推荐书目和参考文献的阅读,可以辅助学生回忆、构建解决项目的先决知识和技能。往届优秀案例展示可以辅助学生构建有用的解决项目的流程,提供解决项目问题的"支架"。

【01-1】PBL 教学示范

由于学生对 PBL 教学接触较少,为了使学生更好地了解基于 Project 的 PBL 教学,教师团队在课间做了教学示范。李老师化身汇报组学生,给大家做"遥感在农业方面应用"的 PBL 汇报,同时,邀请了 4 名同学做组员,一起回答其他小组或汪老师抛出的问题。

汪老师:李同学,请问什么是土壤墒情?

汇报组李同学:土壤墒情指土壤湿度的情况。

汪老师:为什么利用遥感手段可以获取土壤墒情?

汇报组李同学:因为不同含水率的土壤的光谱曲线不一样。

汪老师:你们调查了遥感可以用于进行土壤墒情评估,具体方法可以举例吗?

汇报组王同学(汇报组讨论了一下):可以用光谱四则运算,其他的方法我们还不清楚。

汪老师问第三个问题时,李老师没有直接回答,而是转向同组同学寻求帮助,因为 PBL 汇报时,汇报组的其他同学也需要积极回答,既是群策群力,也是为了防止学生会产生"PBL 是只有汇报的同学会就行,我可以不好好学"这种错误的想法。

通过 PBL 示范,学生不但了解到基于 Project 的 PBL 学习的成果完成情况,也意识到自身需要对项目进行较深入的学习,否则将面临无法和大家进行有效交流的尴尬处境,更应该通过努力学习和反复实验的苦来换得成功的甜。

【01-2】遥感专题数据处理图式讲解

课堂中教师利用课件讲解遥感图像专题图制作图式,引导学生注意、激活原有知识,并引导学生了解如何通过"教材"获得更多所需知识、技能。教师教授的图像处理图式是范式的,但不是唯一的,能够规范学生数据处理的整体流程,学生通过项目学习后,可以构建具有项目特色的图式。而且,学生的注意是信息进入人脑的门户,也是学习者产生有意识学习的前提。因此,教师在设计课件时,采用导入→前测→案例法展开,主体内容讲解→小结的四步教学设计,在导入环节应激起学生的关注。

【02-0】建立目标

对于学习者而言,知识和技能的获取始于学习者的注意,而能够进行持续有效的学习则源于对未来学习成果的预期。在学习目标引导下,学生可以有目标的工作,有助于维持学生持续学习的动力,同时,也是学生自我评价工作目标是否达成的标准。因此,在项目实施时,教师首先明确项目学习目标,包括知识、技能目标和关键技术要点,还需要明确完成成果的具体形式。同时,引导学生进行任务分解,为后续学生能够优质完成任务打好基础。

【02-1】项目发布

项目发布时,除了要交代清楚项目的名称、项目的教育目标、学生的学习目标和项目的脉络之外,还需要对学生教学团队进行项目学习意义的引导,引导的方式可以多样化。由于遥感项目大多与时事、工程、科学事件相关,所以,教学团队经常会采用讲故事的方式,将这些事件以视频或者PPT的方式展现给学生,激发学生的学习兴趣。

【项目情境】民以食为天,选择关系国计民生的话题,从袁隆平院士"一颗影响世界的种子"的短视频,引出主要粮食作物水稻的种植在国民经济建设中的地位,进而选择我们最熟悉的校园所在地曹妃甸为例进行水稻种植区提取,通过实践,从最真实的角度展示遥感为曹妃甸水稻种植区调查做出的贡献,是学生们很乐意参与的幸事。

"曹妃甸区水稻种植面积动态监测"项目发布设计了PPT,插入了视频"一颗影响世界的种子"和曹妃甸水稻图,通过介绍袁隆平院士在水稻事业的倾心付出和曹妃甸的主要粮食作物水稻,提高学生对项目的关注度。进而展示曹妃甸水稻图,同时讲解曹妃甸水稻种植情况,学校所在地曹妃甸地处环渤海中心的地区,水稻产业不仅有规模,而且产量高(亩产600公斤以上)、米质优,所产稻谷经国家绿色食品中心检测全部达到AA级标准,被誉为"世界可持续发展农业的典范",让学生意识到关注水稻种植区的重要性。

当学生的眼神聚集在PPT中时,教师发布选题,让学生带着激情开始项目学习的旅程。

【02-2】任务分解

项目发布后,是小组讨论选题时间,大概给学生15—20分钟时间,选题主要是依据学生的兴趣,如某小组以"曹妃甸区的柏各庄大米好吃""支持曹妃甸农业发展"为由将选题定为项目"曹妃甸区水稻种植面积动态监测"。选题确定后,学生小组继续进行分组讨论,主要讨论内容为任务分解和关键技术分析。

第一次进行项目化学习,学生没有解决实际问题的经验,很难抓住项目解决的要点进行任务分配。为了使讨论能真正形成有效结论,教师除了给学生提供项目脉络外,还需要给学生适当的引导,所以选题后的第一次讨论是在教室中完成,教学团队在教室中调控各组进行任务分解。

【讨论】依据已有知识储备,该小组将项目"曹妃甸区水稻种植面积动态监测"分解为:数据收集、遥感图像预处理、遥感图像分类、技术报告撰写等,欠缺对项目解决关键点的挖掘,教师采用了驱动性问题进行辅导。

老师:曹妃甸区的水稻种植区有何特点?

学生小组：四五月份播种，十月底收获。

学生小组：曹妃甸的主要粮食作物。

老师：为什么遥感能够区分水稻和其他植物或农作物？

学生小组：水稻和其他植作物光谱特征不同。

老师：如何进行分类结果的优选？

学生小组：多种方法对比分析？

学生通过回答问题，对解决这个项目的关键点有了进一步认识。通过交流，最终将任务分解为数据收集、分类方法相关文献整理、曹妃甸区水稻及其他植被的遥感特征收集、遥感图像预处理、遥感图像分类工作、分类效果评价、数据处理过程记录，数据分析，汇总报告等工作。

针对上述工作，小组进行分工，给每个人安排分项任务，强调合作的重要性，以提高整体工作效率和项目完成率。

同学 T-1 查询文献，了解曹妃甸区水稻的遥感特征并制作技术路线。

同学 T-2 检查数据完整性，并进行常规遥感图像预处理。

同学 T-3 在处理软件平台进行水稻光谱特征提取。

同学 T-4 整体收集前三名同学的信息，负责沟通协调、整合信息并进行分类效果评价，并制作探究讨论PPT及汇报。

【03 S-自主学习】

学生完成任务分工后，进入了有目的的主动学习阶段，在这个阶段学生可以借助优质的书籍或网络资源进行辅助，对水稻种植面积动态监测涉及的分类、动态分析等关键点的基础理论、常用方法、数据处理的过程及参数选择方法到结果分析方法逐步深入的进行总结归纳，为解决问题进行知识储备。虽然已经进行了任务分解，但是在自主学习时是以小组任务为核心，以完成个人任务为目标的学习。自主学习的过程贯穿整个项目学习阶段。

【04 E-交流探究】

由于学生的实践工作经验不足，在项目完成过程中，通常要通过多次尝试解决方案才能解决某些项目要点中存在的问题，其过程依据沃尔福克的问题解决图式如图 10-19 所示。

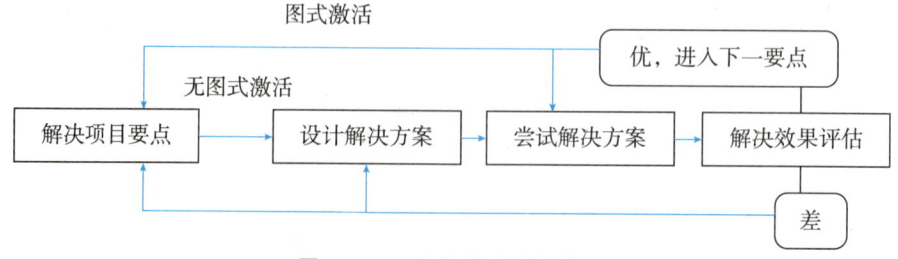

图 10-19　项目解决过程简图

第十章 《遥感原理与应用》1+3PBL教学设计与实践

为保证教师能及时给予学生反馈、辅助学生及时解决问题,可以每天安排1~2个小时集中在教室集体学习,其他时间学生可以通过微信群与教师团队随时沟通。同时,为了提高学生学习的时效性,保证学生学习有秩序推进,可以选取进度快的小组进行不定期汇报,教师以此为主题交流讨论,引导大家思考。通过交流,教师可以及时发现学生小组中存在的问题、督促学生推进学习进度,同时学生可以在汇报时进行组间交流,互相借鉴。

互动环节之一是师生互动。学生在选择遥感数据的时间序列是遇到问题向老师求助,教师可以采用问题驱动式互动,通过反问,引导学生自己寻找答案。

学生:依据曹妃甸区水稻的生长周期(每年的5—10月)选择了7月中下旬水稻孕穗期的遥感影像,该时期水稻生长旺盛,但是,此时期其他作物和植物也生长旺盛,如何区分水稻和其他植物或作物呢?

老师:曹妃甸的农作物有哪些?生长周期是否一样?

老师:农作物种植区域和其他植被的种植区域的空间特征是否一样?

老师:水稻有什么独特的生长习惯吗?比如,对水的需求是否和曹妃甸其他农作物一样?

学生小组:老师,我们调查一下您提出来的这三个问题。

教师如果直接告诉学生,应当选择10月份,或者告诉学生可以结合多期数据进行综合分析,那么学生又将进入机械执行的过程,没有思考,因此,教师并未进行正面回答,而是反问了学生三个问题,学生通过解答这三个问题,发现了遥感影像分类过程中要合理利用不同地物的时间特征、空间特征信息,找到了解决问题的方案。

通常项目研究到一定程度,需要开展定期汇报。汇报一般结合PPT进行,学生展示了目前的学习成果。在项目汇报时,主要对基于本项目的遥感数据选择、预处理、遥感图像分类方法选择和分类结果进行了简单的介绍,这部分数据处理几乎是每个小组都会经历的过程,是在原有知识和数据处理技能基础上,结合实践项目的经验爬升,内容相对简单,但是又很难做到完美。因此,汇报不仅可以检查学生的阶段学习成果,组间也存在一定的生生互动,可以相互学习、相互借鉴经验。

汇报组汇报:提取曹妃甸的水稻信息,选择的遥感数据时选择2013年10月、2016年10月、2019年10月三个时间段。

学生1:请问,为什么选择10月份的数据?

汇报组学生A:曹妃甸的水稻生长周期大致可以分为幼苗期、分蘖期、抽穗期、乳熟期、蜡熟期、晚熟期,10月份处于完熟期,这个时期其他农作物已经收获,树木、草坪等植被仍然为绿色,而水稻为成片的黄色,更有利于区分水稻和其他作物.

老师:我们研究北方的植被时,多采用夏季图像,因为夏季是植被最茂盛的时候,便

179

于我们提取植被信息,但正是由于是植被最茂盛的时期,区分不同植被的难度就更大了,尤其是我们选择的数据空间分辨率、光谱分辨率较低的时候,寻找待区分植被与其他植被的可区分时相特征就更加重要了,给汇报组的学习成果点赞!

汇报时,学生展示了监督分类的成果,但由于选择的样本可分离性很低,导致存在大面积的误分。教师给出误分的主要原因是由于曹妃甸沿海有盐田、养殖池等,这些地类在遥感影像上的色调与植被非常类似,呈现出大面积的、形状规则的绿色。在告知学生此区域存在误分后,教师对学生提出了问题:"如何判断这两个区域分别是什么地物?""如何保证所选训练样本的正确性?"通过问题,让学生认识到查看地物的光谱特征、实地考察对建立良好分类样本的重要性。

在合作学习的过程中,通常由组长担任讨论的领导者,教师偶尔插入一些评论或问题,提升学生思维的活跃度和思考深度,保证学生学习的有效性。

当合作小组为着同一个目标努力时,会产生一种"同伴效应"。同伴间互相督促、互相帮助,讨论行为在整个项目学习过程中处处存在。同时,由于 PBL 考评时可能会对组内任何一位同学提问,不能回答将影响整组成绩,这就要求不能丢下一个人,这个过程中,较差的同学获得了进步。

【05 A-行动实践】

学生完成任务后,由教师统一组织进行集中汇报、展示讲解的环节,这个环节通常采用学术会议的模式,学生可以做海报展示,也可以做学术报告。学生作品展示对学习效果起到强化作用,是学生之间通过相互学习、评价将技术流程整合吸收的重要环节。通过每个小组作品的展示和交流分享,其他小组可以学习到不同类型遥感专题制作的图式,拓展了组间的学习效应。同时通过学生互评和讨论,又起到反馈纠正和知识内化的作用。

【05-1 结题交流】

该组选择的结题交流形式为学术报告。该组汇报内容至为了提高水稻提取精度而采用图像增强方法时,汇报人 A 给大家抛出了一个问题。

【生生互动 1】

汇报组同学 A:我们在做监督分类时,在选择完感兴趣区之后做可分离性测试,发现可分离性很低,接着学生 A 指着图像中的某一区域说:"就是这个很具有迷惑性的区域,颜色和水稻一样呈现绿色,所以我们把这个区域认为是水稻了,但其实这是水,大家觉得这个区域如何和水稻种植区区分开呢?"

同学 1:运用 NDVI 或者 NDWI 这样的光谱运算。

汇报组同学 A(摇摇头,很开心地继续说到):"光谱运算确实很好用,但是还有一招大家都没想到,那就是假彩色合成!"

该小组不但解决了在中期汇报时存在的误分问题,而且找到了分类时的小窍门并能分享给大家,喜悦之情溢于言表。

【生生互动 2】

该组在第三次汇报(结题汇报)时,对项目的整体解决设计流程、精度评定、动态分析过程和最后的专题图进行了展示,并利用遥感的方法统计了水稻种植面积。京津冀一年四季植被面积统计小组成员针对共同的工作内容"植被面积统计"提出了问题。

学生 4:"你们如何保证面积统计的精度?"

汇报组:"我们是通过查找曹妃甸的年鉴中关于水稻种植面积的统计值,来估计我们统计的精度的。"接着反问京津冀小组,"你们是怎么保证面积统计的精度的?"

学生 4(略显尴尬):我们没有进行与实际数据相关的精度评价,只是采用混淆矩阵做了基于影像的分类精度评价。你们做的比我们更全面。

教师追问:"除了混淆矩阵、查阅资料外,精度评价的方法还有哪些呢?"

等待学生在座位上讨论、各种回答后,教师继续说到:"对,野外调查,虽然由于身处校园,我们没办法进行野外调查,但是我们不能忘了还有这样一种方法。"

通过生生、师生间的提问、回答、反问、追问甚至反驳,汇报的过程使学生对问题的认识更全面也更深入,也使教与学更具有科学精神,富有创造性。教师作为问题的调节者,主要起监督、指导、观测学生反应的作用,要让尽量多的学生一起参与讨论,保证讨论不离题,并帮助学生总结。

【06 M-综合考评】

【06-1 成绩考核内容及办法】

实习成绩考核内容主要包括①实习工作日程饱和度及实习态度及表现;②完成实习任务的数量及质量;③实习观测、记录和分析问题解决问题的能力;④上交资料及实习报告的质量。PBL成绩评定方法详见实习成绩评分表,成绩评定表和项目同时发布,学生可以以评分标准衡量各小组的实习进展。

实习成绩考核综合学生出勤率、实习工作日程表现、完成实习任务的数量及质量、上交资料及实习报告的质量综合评定。

小组成绩=PBL 成绩 70%+遥感专题图×10%+小组实习报告×10%+ 实习表现×10%

个人成绩=小组成绩×60%+出勤与实习表现×20%+实习手册×20%

【06-2 实习成绩评定表】

成绩评定包括师评生、组评组、生评生三部分,按照实习成绩应量化易于学生了解学习目标的原则,制订了小组实习成绩评定表、个人实习成绩评定表,其基于Project的综合评价,见表10-10所列。

表 10-10　基于 Project 的综合评价

项目名称					
组号		成员		总分	
项目	评定标准			分值	
专题制作及汇报展示（80分）	数据选择及分析合理(5)				
	数据预处理过程完整、合理（一般包括辐射定标、大气校正、正射校正、图像融合、图像镶嵌、图像裁剪）(10)				
	专题信息提取（根据专题,确定提取目标、提取方法）能够突出遥感在某方面的应用,流程合理,内容翔实(20)				
	分类后处理（影像分类后处理、精度分析）流程合理(10)				
	分类结果分析有效,并具有一定的实际意义(10)				
	专题图制作规范（图名、图号、制图信息等正确、规范）(5)				
	成果汇报时能够将主要内容解释清楚(10)				
	成员之间相互探讨,能够解决各类技术问题(5)				
	小组分工明确,合作有效(5)				
成果完整性（5分）	技术设计、数据选择、数据处理、数据分析、技术总结等资料完整且质量高				
方案设计（5分）	能根据选题内容查阅文献；提出较好的实验设计和实施方案；能够快速收集、加工各种信息并获取新知识；方案设计合理				
工作量及态度（5分）	工作量饱满,任务完成率高；遵守纪律,严谨务实				
创新性(5分)	有创新意识,创新点明确,有独特见解				
意见及建议					

评语人：　　年　　月　　日

（四）教学反思与持续改进

上述项目设计及汇报的过程其实也只是基于项目学习的冰山一角,并不能把所有教学过程展示给大家,包括各种课堂外的、组内的互动、组间互动、师生互动等等,整个项目式学习过程注入了教师和学生的大量心血。

项目式学习,要取得良好的效果,有以下几点是不容忽略的。

第一,项目式学习不仅要激发学生的兴趣,还要让学生保持这股热情,并投身于解决

第十章 《遥感原理与应用》1+3PBL教学设计与实践

问题的研究性学习当中,其中很重要的一点就是要让学生有所收获,确切地说,是在较短的时间内有所收获。通过解决问题的过程不断获得学习的乐趣,让其自发地进行下一阶段的学习,但教师不能为让学生有所收获而进行盲目的指导,剥夺学生试错的机会,因为错误本身也是一种收获。因此,项目式学习给教师的教学能力提出了更高的要求,需要课程组进行有效的资源整合和教育方式的学习及思考。

第二,在项目式教学时,给学生及时反馈是很重要的,当学生有疑问或者完成一部分内容征求教师意见时,教师必须做出及时的反馈,这是激励学生不间断学习、有所收获学习的有效途径。因此,除了课堂交流外,课程组在学习通、微信中均建立了学习互动群,在第一时间给予学生回答和赞誉。

第三,相对于其他学习方式,项目式学习更加注重过程的考核。因此,课程组对考核方式做出了相应改革,将学生的汇报、合作学习的过程等均尽量以量化考核的方式给予学生评分,既满足高校学分制考核要求,也能适应项目化教学方式。

另外,在本课程的项目中,还融入了多学科元素、德育元素(如改变世界的杂交水稻、生态环境等),有效地拓展了学生的思维力和情感能力。"授人以鱼不如授人以渔",希望学生通过自主学习的经历,保持学习的活力和研究的动力。

教育箴言

> 学校的目标应当是培养有独立行动和独立思考的个人,最重要的教育方法总是鼓励学生去实际行动。青年人在离开学校时,是作为一个和谐的人,而不是作为一个专家。——爱因斯坦

阿尔伯特·爱因斯坦(1879—1955),出生于德国巴登—符腾堡州乌尔姆市,现代物理学家。爱因斯坦开创了现代科学技术新纪元,被公认为是继伽利略、牛顿之后最伟大的物理学家,也是批判学派科学哲学思想之集大成者和发扬光大者。1999年12月,爱因斯坦被美国《时代周刊》评选为20世纪的"世纪伟人"。

第十一章 《遥感原理与应用》教学达成度分析

教学设计过程是否合理,设计学习目标、互动环节、案例、教师指导手册、媒体、工具等是否有效、有吸引力?需要经过一系列测试与评价来反映。《遥感原理与应用》课程为了测试3PBL学习模式有效性,分析学生核心素养达成指标,设计了基于OBE的多元化过程性考核方式,并结合教学过程中调查问卷、学生反馈和达成度分析报告综合评价教学效果,及时优化教学设计和改进教学策略。

第一节 《遥感原理与应用》多元化评价

(一)基于OBE的多元化考核设计

传统的教师教授为主、考试为辅的教学模式通常将"试卷考试+平时表现"作为课程评价的标准,容易将学生的学习过程固化为课程成绩而进行的知识灌输。"新工科"要求高校培养多样化、创新型卓越工程科技人才,试卷考试很难反映学生通过学习获得迁移能力、表达能力、思维拓展能力。成果导向教育(Outcomes-based Education,缩写为OBE)是工程教育认证中的一个核心方法,注重素质评价与过程评价相结合方式,要求从以学生的实际产出为目标进行考核评价。

基于OBE的多元化考核方法是以激发学习动力和专业志趣为着力点的过程性评价,包含线上学习考核、理论学习考核、上机操作考核、PBL考核和挑战附加成绩5个部分。具体考核要求以及各项所占比例见表11-1所列。线上学习考核是对学生课堂内外、线上线下主动学习情况的评价,课程依托学习通平台,发挥网络平台的优势,建设了课程知识点课件、线上拓展资源库和试题库等资源。在教学过程中提倡学生主动学习,强化对学生学习资料阅读量和阅读能力考查,有效提升了课程学习的广度;理论学习考核、上机操作考核是对学生专业基础知识和动手能力的规范性测试,是传统模式考核;PBL专题考核主要考核学生在分组PBL学习过程中的参与度,学习成果(汇报PPT内容/海报/实验成果)的规范度、丰满度、深度、广度及创新性,汇报时的表现能力、对抗性问答环节的问题解决能力,小组学习、组间互动过程中表现出来的合作能力、领导能力,等等。PBL专题考核方法综合性强且考核内容非标准化,有助于提升课程学习过程的挑战度;挑战附加成绩主要包括学生主动参与课程建设情况、作业完成情况、学习创意情况,通过挑战附加成绩,可以鼓励学生参与课程师生共建、激励学生精益、创新的工匠式数据处理精神,同时,保证了学生个性化发展需求。

表 11-1　课程考核项目与课程目标对应关系

内容	考核元素	主要考核内容	所占比值	预期学习产出水准	对应的课程目标
遥感原理与应用	线上学习考核	线上、线下预习资料、拓展资料、思政资料阅读量;试题库完成情况等;课堂表现;学习笔记	10%	进行主动深入学习,利用已有知识储备、资料查询、实验分析等方法解决某一遥感问题	课程目标1,4
	3PBL专题考核	学习表现(包括工作态度、参与互动情况、表达力);遥感在图像处理、图像应用等方面的应用实践成果规范度、丰满度、深度、广度及创新性	30%	能够主动、深入地进行持续学习;主动参与各项活动,积极发表个人想法,学习氛围活跃;将所学知识与实践应用相联系,利用已有知识储备、资料查询、实验分析等方法解决某一遥感问题	课程目标1,2,3,4
	理论学习考核	围绕课程培养的知识、技能、综合能力、素质目标设置题型	40%		课程目标1,2,3,4
	上机操作考核		20%	熟悉应用遥感专业处理软件;能够用某一图像处理软件完成遥感图像处理	课程目标2,3
	挑战性附加成绩	参与课程师生共建情况科学基础、创新实践等小课题完成情况	0~5分	了解遥感技术在国民经济领域的价值,具有科技强国、爱岗敬业的信念以及较强的环境保护、法律意识;养成主动学习、深入思考的良好习惯	课程目标3,4
遥感原理处理学习	个人评价	实习考勤、实习表现、个人实习手册	40%	能够主动参与各项活动,积极发表个人想法;能够通过资料查询、实验分析等方法设计、完成项目的某一环节;参与项目解决全过程,并对其他小组项目有一定理解	课程目标1,2,3,4
	小组成果评价	实习报告、成果汇报、实习考勤、互动交流等	60%	小组合作愉快,能够有序设计、完成项目;汇报展示条理清晰,能够解决其他小组提出的问题;项目成果完成度高,且具有一定创新性等	课程目标1,2,3,4

(二)理论教学多元化考核

1. 线上学习考核

线上学习强调学生自主学习,主要是强化学生基础知识和阅读量,了解更多的遥感前沿领域知识。培养学生主动学习的初步能力,提升学生自主学习成就感和课程融入感。同时通过测绘名人、遥感大事件,培养学生的爱国情怀和职业精神。

课程在学习通平台上建有丰富的线上资源。有知识点课件、电子书、上机辅助资料、PBL案例资源、课程思政资源、试题库、拓展资料等多种类型资源。内容包括基础知识、基础技能的学习文档,遥感行业科技发展现状、遥感卫星技术现状、遥感图像处理分析方法以及遥感工程实践项目案例等,涵盖了"基础—技能—拓展—应用—提升"5个层次的资源。其中线上试题库包含多个模块,有基础理论题,知识运用题,操作基础题,参考资料和课外阅读资料题,创新思维题五个层次,每个层次的占比分别约为41%、21%、22%、8%、8%。线上题型有填空、判断、选题、问答4类,占比例分别约为49%、25%、14%、12%,如图11-1所示。

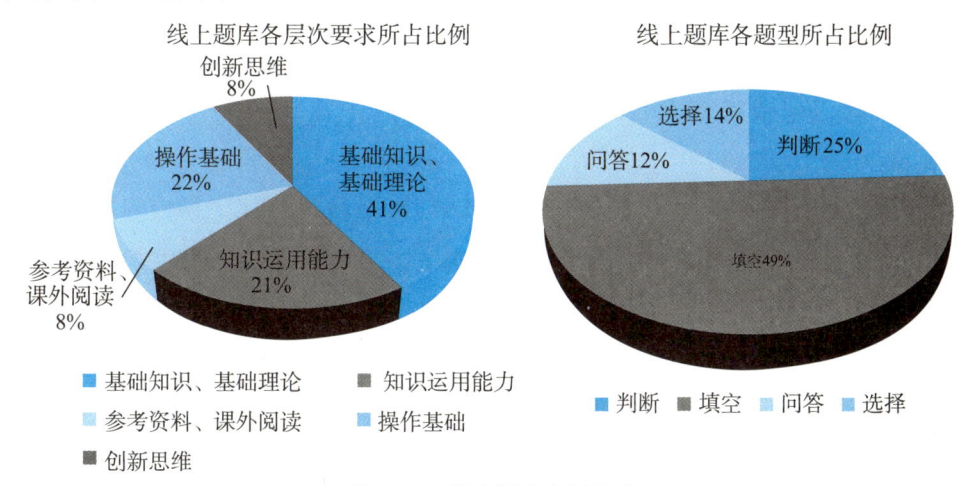

图 11-1 线上题库比例设计

线上考核有多种形式:(1)自主学习测试。为了鼓励学生主动学习,对知识点课件等资源设置了任务点,学生完成任务点后可以开启对应章节试题的权限,将随堂、课后试题成绩和阅读量、阅读时间等作为考核指标。(2)课堂前测。课堂教学可以利用学习通设置抢答题、随机选人答题等形式进行前测,为基础知识讲授做好铺垫。(3)期末检测。理论讲解结束,可以利用线上平台自动组卷,发送给学生,检验学生的总体学习效果。

线上学习的方式方法多种多样,考核形式需要结合任务,制定灵活多样评价细则,才能客观评价学生的学习情况。表11-2为课程的线上考核标准。

表 11-2　线上考核标准

定量考核指标	所占比重	考核细则
习题作业	20%	通过学习平台统计学生作业并计算平均成绩（百分制）
考试测试	30%	根据课前和课后对教学单元内容的测试,计算平均成绩（百分制）
观看课程视频	15%	教学视频和资源是否全部看完,全部看完100分,未看完酌情减分
抢选答题	10%	抢答题一次得20分,随机选人答题每次10分,满分100分,答题次数不足者酌情减分
访问学习平台次数	10%	每周访问网站5次,一个教学周达到100次者得100分,访问次数不足者酌情减分
发帖讨论	15%	在讨论区发表或者回复帖子,一条得2分,点赞得0.5分,获得点赞者得1分,上限100分

2.3 PBL 专题考核

PBL 专题考核是基于学生学习过程的考核,包括基于 Problem 考核、基于 Process 考核、基于 Project 考核的3种成绩。最终成绩依据学生的平时表现及成果的丰满程度、汇报展示情况、主动参与互动情况等综合评定。

【基于 Problem 考核】

基于 Problem 的 PBL 教学以知识点为载体,问题为核心,以"提出问题—分析问题—解决问题"为主线,采用"教师发布问题→学生小组讨论/学生回答问题→教师引导→……"的教与学模式,师生/生生在互动过程中逐渐深入地剖析知识,提升学生学习的深度,由于该部分仅要求学生参与互动,没有具体形式的成果要求,因此,考核的主要指标为学生参与频数和提出/回答问题的有效性。

【基于 Process 考核】

基于 Process 的 PBL 要求学生结合具体的任务,通过实验、文献检索等方式完成任务并制作汇报 PPT 进行汇报展示,因此在该部分考核时,主要包括教师给定成绩（包括学生小组对 PBL 专题理解的广度和深度、最终成果的完成程度、汇报展示情况、回答听众提问情况、团队合作情况等）、组内互评成绩、组间互评成绩3个方面,为了让学生充分体会合作和分享的快乐,同时防止部分同学在组内工作中不出力、不动脑或试图滥竽充数,在成果汇报展示、回答听众提问等环节,学生小组集体到讲台前,学生或教师可以任意指定组内任何一个同学汇报或回答问题。

【基于 Project 考核】

教学过程中考虑了多学科交叉理念需求,设计了多个基于 Project 的 PBL 案例,案例涵盖了遥感技术在农业、环境、土地利用、生态复垦、地质环境、矿产资源等多个方面的应用,同时,将思政元素隐于案例之中。例如,案例主题设计为"水稻是我国的主要粮食作物,请应用国产高分 1 号卫星影像,进行曹妃甸区 2015—2020 年水稻种植面积动态监测""唐山市某年小麦—玉米轮作区域提取""海岸线周边环境变化直接影响近海环境,请以津冀海岸线为例,对海岸线周边土地利用进行分析",等等,学生在文献检索、方法总结及实验验证过程中,培养其团队合作意识、环保意识,同时增强对遥感技术科学性的认同感,提升学习遥感知识的兴趣及职业荣誉感。这部分考核需要最后生成成果、汇报内容,同时还要对团队合作情况、个人活跃度进行评价。

3. 理论学习考核

课程理论学习考核在学期末进行,主要目的是测试学生对遥感技术的发展动态、遥感平台与遥感物理基础知识、遥感探测的基本原理和基础知识、遥感图像处理、分类和表达的数学原理和基本方法、遥感专业处理软件、遥感图像传输、校正、增强、计算机分类及遥感制图的方法和技能的掌握程度。

按照学校统一要求,期末理论考核试卷分为 A、B 卷,主要题型为选择题、判断题、简答题、实训题和案例题 4 大类,考核学生对不同层次知识的掌握能力,包括遥感基础知识和基础理论、对遥感知识运用能力、技能、拓展学习能力、创新能力等进行考核。

4. 上机操作考核

上机操作考核环节,主要是从学生上机使用遥感处理软件实操的正确性、熟练度、达成度三个方面检验学生对遥感知识应用的能力及操作技能的规范性,考量学生能否自主解决遥感影像处理中的实际应用问题。

上机操作考核任务包括模拟多种实际工程需求情况下进行针对多源遥感数据预处理中参数设置、处理方法的选择、影像分类方法选择及参数设置、影像色彩的显示效果等多个内容,根据操作、理解难易给定每项成绩。上机操作考核时,要求学生在规定的时间内使用机房电脑和软件进行,采用一人一机、随机抽题的方式,按照考核要求独立完成考核内容。

5. 挑战性附加成绩

大学教育鼓励"五指山型"教学效果,既能突出有能力学生的优势,又能保证基础稍差学生的基本能力形成。3PBL 教学模式有效提高了课程的创新性和挑战度,为了提高学习者的分层培养目标,增设挑战性附加成绩。挑战性附加成绩主要是通过完成创新作业或者某一项目完成近乎完美可以获得加分,其中创新作业主要是将课程内容涉及的基础遥感科学知识、实践应用科学方法,如辐射概念分析、回归分析算法实践、遥感图像云层处理方法、植被光谱与农业关系等稍具难度但学生可以通过查阅资料获得结论的问题抛给学生解决,学生自主选择是否进行该项工作,并且不限制完成数量,多题成绩可以叠加,最终学生学习成果以课堂汇报或视频录制等方式展示,主要考核学生查阅资料、文档综合、口头汇报能力,促进学生自主学习能力、迁移能力、创新能力的培养,保证学生个性化发展的需求。挑战性附加成绩根据成果难易度、完成度、完美度等不同可获得 0~5 分的附加分值。

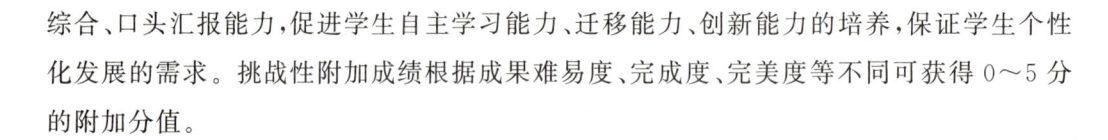

(三)实践教学多元化考核

《遥感原理与应用》课程理论教学结束后,有 2 周实训环节。实践教学环节采用基于项目的学习方式。项目选题通常是农业、林业、地质、矿产、水资源、环境方面遥感信息提取和动态监测内容,需要制作系列专题地图和分析变化趋势。在这个实践环节,学生需要掌握图像获取、辐射校正、几何校正、增强处理、计算机分类和专题图制作,生成一系列成果。考核方法选用多元化过程性考核,包含最终成果综合评价、学习过程中的主动性和积极性、自主探究、沟通表达能力评价。成绩由个人考核成绩和小组考核成绩构成。主要考核成果规范程度、团队协作、汇报展示、PPT 制作 4 个部分,考核量化表见表 11-3 所列。实践成果考核由教师、组内、组间三方评定,在实际实习时,依据需求设计了教师 PBL 评分表、组间 PBL 评分表、组内 PBL 评分表,有效保证评分的公平公正。

表 11-3 小组实践考核量化表

考核项目	考核细则
成果规范程度(40%)	专题图制作规范程度
	专题表达规范程度
	专题信息提取的误差是否满足要求
	内容完成挑战度评级
团队协作(20%)	是否凸显组内核心协作能力
	是否表现出质疑、创新能力
	课堂互动是否积极、活跃
	讨论前的沟通交流是否充分
	对他组/他人评分规范性
汇报展示(20%)	海报展示是否完整
	肢体与言语表达是否协调
	汇报思路是否清晰有条理
ppt 制作(20%)	界面是否简洁、清晰
	字体、色彩是否鲜明
	主题脉络鲜明,重点突出

第二节 《遥感原理与应用》教学达成度分析

(一)理论考核达成效果评价

基于 OBE 理念的多元化考核形式可以概括为过程性考核和形成性考核,具体的考核形式、成绩组成、教学策略、学习产出证据见表 11-4 所列。表中主要是 40 学时理论学习部分的考核内容,理论学习后的 2 周实习采用基于 Project 教学方法,这里未在下表中列出。

表 11-4 多元化考核内容

考核形式	成绩组成	教学策略	学习产出证据
过程性	PBL 考核	基于 Problem	提出/回答问题
		基于 Problem	专题图、海报、汇报、PPT/视频、参与互动频数
	发布创新小课题	汇报 PPT/视频/交流互动	
	线上资料学习	学习通学习时长、试题完成情况	
形成性	上机操作考核	演练 基于过程的 PBL 教学	上机操作试卷完成情况
	理论学习考核	课堂讲授 基于问题的 PBL 教学	试卷检测,统计学生分数

针对具体的教学内容和考核内容,预期学生学习效果如下。

(1)PBL 考核。要求学生能够主动、深入地进行持续学习;主动参与各项活动,积极发表个人想法,学习氛围活跃;将所学知识与实践应用相联系,利用已有知识储备、资料查询、实验分析等方法解决某一遥感问题。

(2)课堂内外表现考核。要求学生进行主动深入学习,利用已有知识储备、资料查询、实验分析等方法解决某一遥感问题。

(3)自主学习考核。要求学生了解遥感技术在国民经济领域的价值,具有科技强国、爱岗敬业的信念以及较强的环境保护、法律意识;养成主动学习、深入思考、持续投入的良好习惯。

(4)上机操作考核。要求学生熟悉应用遥感专业处理软件;能够用某一图像处理软件完成遥感图像处理。

(5)理论学习考核。要求学生掌握遥感技术的基本概念和理论基础、遥感图像处理的方法及过程,理解遥感在测绘、农业、林业、矿产、海洋等专题应用的基本理论。

(二)实际达成效果分析

通过对 2021—2022 学年共 91 名同学的学习情况进行分析统计,按照 2 分一档将期末总体成绩进行分项统计,如图 11-2(a)所示,由图可知,学生总体成绩成正态分布,90 分以上 12 人,85 分以上 38 人,占总人数的 41.8%,70～85 分 50 人,占总人数的 54.9%,60～70 分,占总人数的 3.3%,无 60 分以下者。说明所有学生在基于 OBE 的多元化考核模式下,均获得了一定的学习成果,而且能力较强、投入充分的同学能够取得较优成绩,考核方式能够兼顾优秀学生与普通学生的分层考核需求。

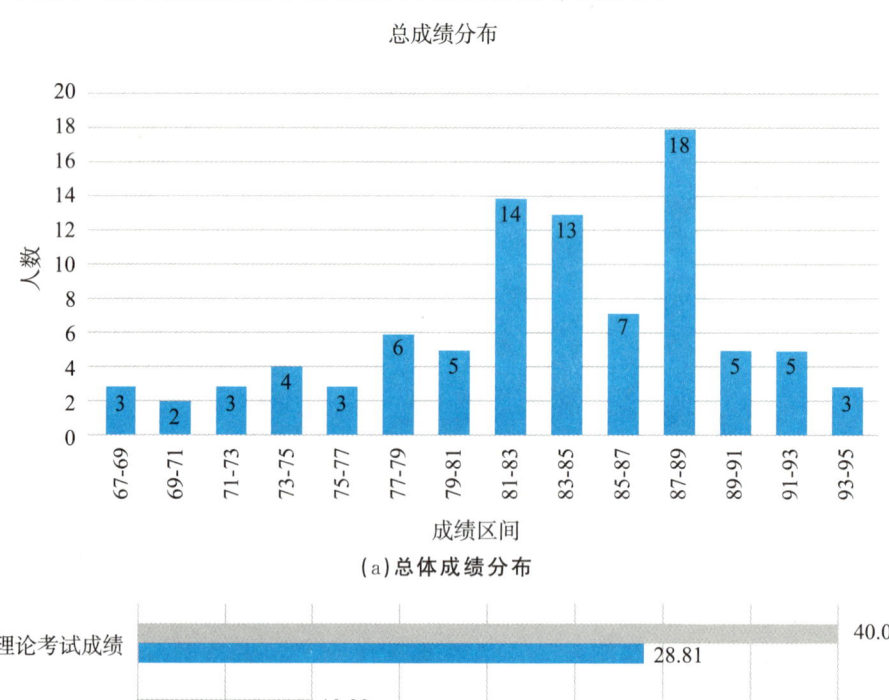

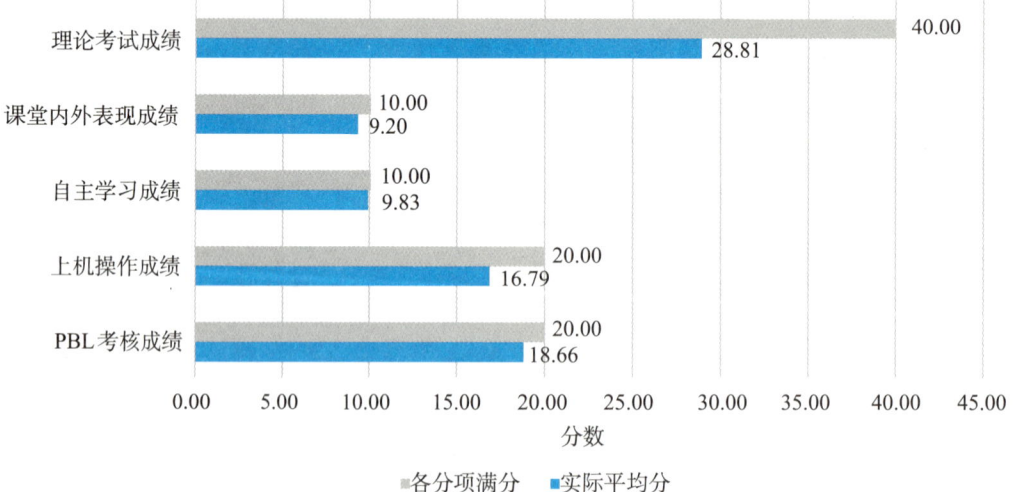

总成绩分布

(a)总体成绩分布

分项	满分	实际平均分
理论考试成绩	40.00	28.81
课堂内外表现成绩	10.00	9.20
自主学习成绩	10.00	9.83
上机操作成绩	20.00	16.79
PBL考核成绩	20.00	18.66

(b)各分项成绩达成度

图 11-2　学生总体成绩统计分析

第十一章 《遥感原理与应用》教学达成度分析

图 11-2(b)通过对比各分项考核实际平均成绩和满分成绩,由图可知,满分达成度最低为形成性考核中的理论考试考核,达成度为 72.0%,最高为过程性考核中自主学习考核,达成度为 98.3%;其他各分项成绩的满分达成度分别为上机操作考核 84.0%,课堂内外表现考核 92.0%,PBL 考核成绩 93.3%。过程性考核的总体达成度明显高于形成性考核成绩,说明教师主导、学生主体的教学设计能够激发学生的学习兴趣,提高学生主动投入比例,学生乐于且能够通过主动学习、团队协作获得较好的产出。同时,侧向证明了 PBL 教学模式下课堂氛围活跃、学生学习态度积极,能够有效提高学生的产出能力。

通过对各分项成绩进行数据归一化处理,选择总成绩较高的 5 名同学和总成绩较低的 5 名同学进行各分项平均成绩综合比较,如图 11-3 所示。横向对比两类学生的各分项考核成绩可知,课堂内外表现成绩和理论考核成绩相对于其他分项成绩,更是成绩较低学生的"短板",说明课程学习投入少可能是成绩低的原因之一。同时,由于相对较为出色的 3PBL 专题成绩、上机实操成绩和自主学习成绩保证了低成绩学生的总体成绩及格,说明 3PBL 考核能够提高学生的学习投入,在一定程度下能够有效提高学生的产出。

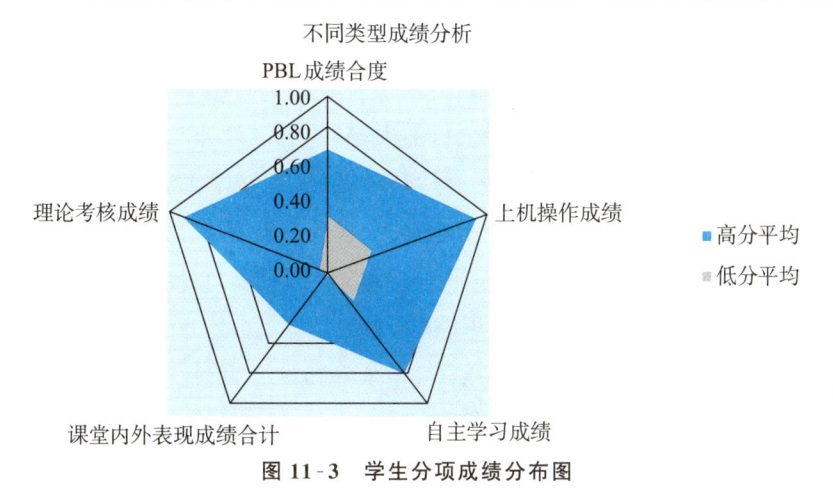

图 11-3 学生分项成绩分布图

3PBL 专题考核为小组考核,通过对比不同 3PBL 专题小组的成绩可知,3PBL 成绩较高小组其成员的其他几项的平均成绩要高于 3PBL 成绩较低小组,而 3PBL 小组中基础较差的同学在其他小组成员的带动下通常能够进行一定的学习投入,3PBL 专题考核成绩达成度能够达到 70% 左右甚至更高,客观上表明学习小组内学习态度端正、能力较强的同学能够对同组同学产生积极的同伴效应,促进了小组成员对于遥感基础知识、实践操作能力甚至沟通能力、迁移能力的整体提升。

综上所述,3PBL 模式的互动教学设计,对学习的过程有积极促进作用。不仅提高了学生对知识、技能的迁移能力,也提高了交流沟通能力、团队协作能力、创新能力和写作能力。针对"高阶性""创新性"和"挑战度"具体案例,3PBL 模式能够切实提高学生解决复杂问题的综合能力和高级思维。

第三节 《遥感原理与应用》3PBL 教学效果及反思

《遥感原理与应用》理论及对应实习课程通过 3PBL 学习设计,提升了学生自主学习、知识迁移、创新、实践与合作能力,但课程的难度、创新性和学生课堂参与度、课后投入时间都较传统课堂大幅度增加,在十几年的以教授为主的传统教学模式影响下,有一部分学生在角色转换教学中表现出不理解、不习惯、不适应,但从总体上来说,同学们虽然普遍反映有难度、有压力,但还是很喜欢这种学习方式,认为 3PBL 教学能激发他们的学习兴趣,提高自主学习的能力。

(一)3PBL 应用的教学效果

1. 基于 Problem 理论教学效果

基于 Problem 实际教学过程中的教学效果主要体现在两方面。

一是教师在授课过程中采用基于 Problem+BOPPPS 形式开展知识讲解。通常会以热点问题、案例形式进行导入、提问,其间结合相关知识采取课堂互动和拓展。在这个过程中主要表现为师生互动,教师讲、教师引,学生答,学生讨论。在教与学过程中,学生对课程的关注度明显提高。课堂上学生的表情是灵动的,能够紧跟演讲组与提问同学的思路。课后学生明确表示"我很喜欢这种学习方式,提问时我很紧张,我需要紧跟大家的节奏""我喜欢遥感课,我们国家的高分系列卫星是我们的骄傲""老师让我们记笔记,还举办了笔记评比,通过记笔记,我不但厘清了课程学习思路,还吃到了奥利奥"。图 11-4 为 PBL 课堂中活跃的师生互动、学生踊跃发言,生生互动部分照片。

图 11-4 基于 Problem 教学踊跃发言与互动讨论

第十一章 《遥感原理与应用》教学达成度分析

二是在课堂知识讲解过程或者结束时,教师会围绕知识点,抛出1~2个既与本知识点相关又具有一定深度或者拓展性问题。现场讨论,根据学生回答和反映设立创新作业。这个作业其实也是基于Problem,只是针对个人学习Problem。创新作业可以是认领制,也可以是教师随机指派某个学生来做。学生领取任务后,需要查阅资料,制作解说PPT,发布到班级学习群里。老师会在群里进行指导并明确修改意见,经过多次反复调整得到老师认可后,录制视频发布到群里和学习通。这个老师和学生一对一在群里指导和修改过程,是全班同学均可以看见和学习的。这其实是线上二次基于Problem拓展教学,给所有同学一个自我学习、促进其主动深入思考、不断提高的过程示范。

见表11-5所列课堂讲授过程中发布给学生的问题,主要用于在课堂中激发学生自我探究学习。表中问题要求学生通过文献检索和资料综合,尝试完成初阶的PBL任务,为后续深入的PBL自主学习奠定基础。

表11-5 基于Problem创新作业部分题目

序号	具体问题
1	最新国产7号卫星的主要用途是什么?它轨道参数有什么特点?是不是立体图像?
2	国外高空间分辨率卫星有哪些?选一个最新卫星进行介绍,说明其战略意义。
3	国内外卫星空间分辨率发展进程如何?对比之后,将你的感想分享给大家。
4	什么是遥感"三高两全一体化"?它的国家发展进程和战略意义是什么?
5	遥感影像云层对数据处理有什么具体的影响?消除方法有哪些,分别适用哪些情况?
6	什么是程辐射?哪种大气校正方法可以减弱其影响?
7	图像处理中的"蓝幕"技术是什么?在影视电影里面你见过哪些例子?它的核心算法是什么?
8	"监督分类"中阈值如何设定?有哪些具体计算方法可以确定阈值?
9	"评价分类样本区分度"这一步骤,不同软件中评价方法是否一样?
10	TIFF格式是目前遥感图像普遍应用格式,查阅资料说明其格式基本结构及存储方式。

如图11-6所示为学生提交的基于Problem学习成果。

图 11-6　学生提交的基于 Problem 学习成果

2. 基于 Process 上机教学效果

遥感上机课采用了基于 Process+五星的学习方法。随着课程内容的推进，教师在学习通里发布相关的学习资料，包括任务和遥感数据包、软件教程等材料供学生课前学习。每个小组学生带着指定任务，进行上机操作、练习提令和完成任务。

一是在老师前测和讲授规范操作后，要求学生完成指定的练习任务。这个练习过程，有较多问题交流和指导、主要是以师生互动为主，也是大多数上机课常用的一种形式。二是在老师看学生们完成本节课相应基本操作和任务之后，会抛出 2~3 个与本节课有关且难度较高的数据处理技术，指定一些小组来承担。当然，老师会在机房简单分析这些数据处理技术的要点和难点，提供一些文献，让学生们课下去操作、去验证、去总结。这个操作任务其实也是基于 Process，只是针对小组学习 Process。小组领取任务后，

第十一章 《遥感原理与应用》教学达成度分析

需要查阅资料,练习操作和关键函数,验证 Process 结果,制作解说 PPT,发布到班级学习群里。老师会在群里进行指导和明确修改意见,经过多次反复调整得到老师认可后,录制视频发布到群里和学习通。老师和学生一对一在群里指导和修改的过程,全班同学均可看见和学习。这其实是线上二次基于 Process 拓展教学,给所有同学一个自我学习、促进和探究学习的示范(见图 11-7)。

图 11-7　基于 Process 上机课汇报＋辩论

第二次上机课,老师会让这些小组现场演示 Process 操作和结果。此时,一些学生会针对这些问题设置好提问。整个上机课前半程采用了 battle 模式。小组展示结束后,学生可以自由发问,小组人员当场解答,老师负责串讲和补场。这种汇报、对抗辩论等环节,使学习互动气氛十分热烈。学生对此很有成就感,尤其是课堂对抗辩论中获胜的同学,幸福之情溢于言表。

通过对战模式增添了学习的趣味性,学生对任务的学习都很认真,认为"PBL 教学能让同学们独当一面,各展风采""喜欢有奖罚制度的课堂,棒棒糖很甜,最重要的是能让我们在自己探索的时候学得更多、更深刻",学生在完成基于 Process 的学习任务后,受益匪浅,"我们互动可以取众人之所长补己之短,教学相长,拓宽知识""能够打开我们视野,接触到遥感先进的知识,提高我们的创造性"。表 11-6 是学生上机课中基于 Process＋五星的一些难度创新题。

表 11-6　上机课的基于 Process 创新题目(部分)

序号	具体问题
1	Ladsat 8 遥感影像的头文件是什么格式?都包含哪些关键信息?对应案例大气校正关键参数在头文件提取位置等。
2	高分二号卫星 GF2 遥感影像的头文件是什么格式?包含哪些关键信息?选取一个头文件案例,解释对应关键参数提取位置等。

续表

序号	具体问题
3	遥感图像裁剪有哪些？如何利用行政边界矢量边界进行裁剪？行政边界矢量边界获取方式有哪些？
4	长条带状遥感图像对地形图进行校正时,控制点如何选取,有哪些关键点需要注意？
5	非同源的数据融合如何实现？如 Ladsat 8 遥感影像和高分数据。
6	空间滤波有哪些算子,不同算子变化后效果差异？实际应用时如何选取滤波算子？
7	用遍历法探究不同监督分类方法的效果,对比不同监督分类不同算法适用情况？
8	为什么要进行遥感图像分类后处理？分类后处理图像精度是降低了还是升高了,如何解释？

(3) 基于 Project 的教学效果

遥感理论课的应用知识模块和 2 周生产实训均采用了基于 Project＋KOSEAM 组合教的学习方法。应用模块的 Project 题目相对简单,生产实训内容 Project 题目难度较大,是应用 Project 内容的升级。

学生选取题目,经过 KOSEAM 学习环的认知和探究过程后,进入成果总结的阶段。学习成果经过加工整理之后,形成数据集、PPT 文档、海报或者报告等文档,以书面或者海报展示或者学术报告的形式向师生展示。海报展示或学术报告展示通常在教室中模拟会议场景展开,学生将自己实践学习的成果展示给大家。通过成果的展示与交流,不仅提高了学生表达沟通和应急反应能力,而且在展示与交流的过程中,学生可以同时学习、探究其他小组的成果,与自己小组学习成果产生对比形成主动思考,进行积极的问答,完善学习过程并拓宽视野,提高学生从事研究的能力,养成良好的科研态度。学生在成果展示过程中,互动现场很有气氛,如图 11-8 所示。偶有言语激烈的对抗,需要教师恰当引导。既要鼓励学生勇于质疑的态度,也要引导学生学会理解和宽容。学术的争议有益于学业上的成长,而谦逊恭谨的做学问的态度能让一生受益。

图 11-8 基于 Project 教学汇报与探究现场

第十一章 《遥感原理与应用》教学达成度分析

学生成果的书面展示也可以上传到学习通平台,与同学分享,如图 11-9 所示为学习通平台中共享的海报、PPT。

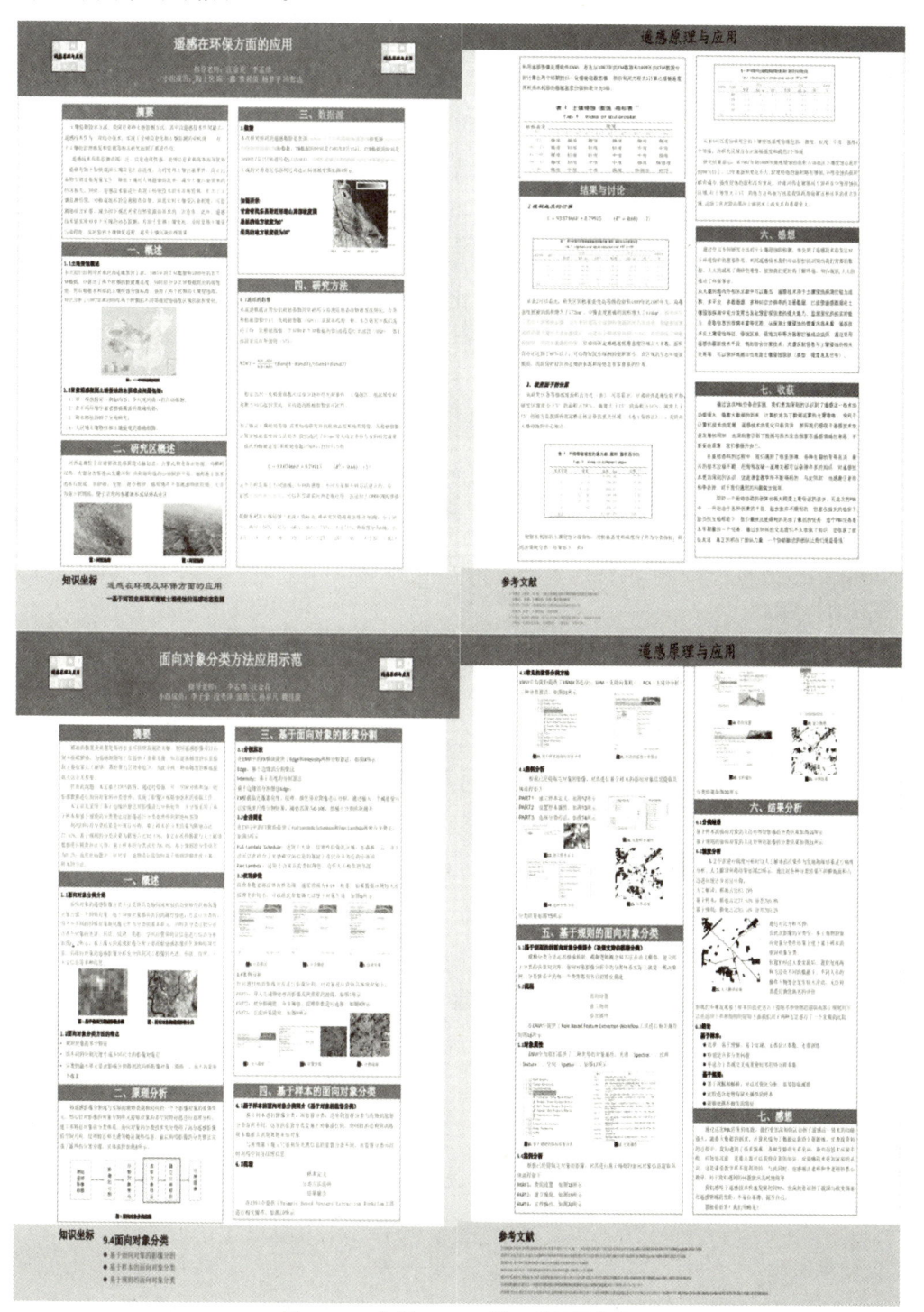

图 11-9 小组 Project 学习成果及海报

(三)课程学习调查问卷

在"以学生学习和发展"为核心的3PBL学习模式中,随着课程挑战度的逐步提升及学生协作学习的主动性大幅提升,教师、同学之间形成了联系密切的学习社区。学生在课后投入了大量精力,有学生表示"短时间的学习密度较强,任务完成压力大""这学期的课外时间贡献给写遥感作业了,痛并快乐着",同学们也逐步适应了这种协作学习模式,"我们组是宇宙最强""我们组的李××太积极了,跟他一队想不学都不容易""汪老师、李老师一刚一柔,太可爱了,走,跟老师一起坐遥感火箭探索去"。3PBL学习让同学间、师生间的感情更亲密,学生们在其中也收获了比知识更重要的协作能力。

为了更加直观地获得学生对课程授课方式的满意度、了解学生学习需求,持续改进课程内容,提升教学效果,课程教学组设计了面向学生的问卷调查,以2021—2022年秋季学期为例,问卷总共包含四大部分:第一部分主要是对师资、课程学习收获的体验;第二部分是关于课程学习学习资源设置、3PBL学习挑战度和学业压力程度调查,第三部分是关于学生学习投入度和师生互动频度、满意度调查;第四部分调查问卷总体调查方向与课程目标一致,分析涵盖了理论知识掌握程度、技能训练关注度、素养(思政)及情感收获等方面内容。

《遥感原理与应用》课程教学评价调查问卷设置如下。

亲爱的同学:

《遥感原理与应用》课程已经结束! 经过一个学期的学习,你对这门课和老师的授课有怎么样的评价?请你真实地填写本调查问卷。

感谢大家对我们工作的大力支持与配合!

1. 经过一个学期的学习,你对这门课的授课教师有怎样的评价? 请将你的真实想法写在下面空白处,或者你认为这门课应该在哪些地方进行改进,请提供你的意见和建议。

2. 您认为本课程的教学内容是否能够让你掌握遥感基础知识、掌握遥感在各行业应用的技术基础?

A. 课程信息量大,有一定的深度和难度　B. 课程信息量一般　C. 课程信息量较小

D. 其他_____

3. 您认为本课程中是否将国计民生、爱国精神等方面的正能量与课程学习紧密结合?

A. 非常好　　　　B. 较好　　　　C. 一般　　　　D. 非常差

4. 您认为本课程内容是否具有先进性? 能否将本专业的核心理论和最新成果引入课堂教学?

A. 非常好　　　　　B. 较好　　　　　C. 一般　　　　　D. 非常

5. 任课老师在专业知识、严谨治学、言传身教等方面做得（　　）

A. 非常好　　　　　B. 较好　　　　　C. 一般　　　　　D. 非常差

6. 您认为本课程的理论、上机、3PBL 等教学环节的安排是否合理？

A. 合理，每一环节教学目标明确，理论、实践、自主学习模式相结合的教学方式充分调动了学生的主观能动性，并具有一定的挑战度。

B. 存在不合理，比如_____

7. 您认为本课程的作业、练习、实验等课业安排是否合理？

A. 合理，虽然课下需要付出较多的时间学习，但是作业分量适中，基本能够完成

B. 不合理，内容过多

C. 不合理，内容较少

8. 您认为本课程的教学设计能够激发你主动学习的愿望吗？

A. 适合我的学习需要，多数能引起我的学习愿望

B. 偶尔让我感到很期待接下来的学习

C. 不能吸引我继续学下去

9. 您在每节课前，是否可以通过学习通等网络平台对课程主要内容进行学习？

A. 每节课都可以　　　B. 偶尔可以　　　C. 不可以

10. 您认为本课程的线上资源是否能够让你清楚地知道本课程的主要教学内容及拓展知识，并能辅助完成课程的学习和考核。

A. 是，能够　　　　B. 一般　　　　　C. 较差

11. 您认为本课程教学是否能够面向全体同学？

A. 注意分层教学，教学过程中注意关注后进同学的课堂状态。

B. 只照顾个别同学学习情况

C. 不能关注学生状态

12. 本课程能否通过线下或者微信、学习通等线上平台及时解答同学们的疑问？

A. 能　　　　　　B. 否

13. 本课程教师与同学的互动情况

A. 很多，学习氛围活跃

B. 较多，学习氛围活跃

C. 一般，学习氛围较沉闷

14. 您认为本课程中 PBL 问题的内容、深度是否合理？有什么建议？

A. 合理，能够引导我更深入地了解和学习遥感的理论知识和技术应用

B. 不合理，某些 3PBL 问题较难，部分问题无法解决

201

C. 其他,如_____

建议:_____

15. 您认为本课程的多元化考核方法能否调动你主动学习的热情?

A. 能　　　　　　B. 一般　　　　　　C. 不能

16. 本课程的学习是否有压力? 有哪些收获?

A. 很有压力,觉得学习困难

B. 压力一般,刚好是学习的动力

C. 无压力

收获了_____

17. 您认为本课程是否达到您的学习预期?

A. 能,满足我的学习预期

B. 一般,基本能符合

C. 不能,达不到自己的学习预期

18. 在本课堂的 3PBL 教学中,您认为有什么优缺点? 能否调动自己的学习兴趣?

_____

_____

19. 你印象最深的教学案例是什么?

_____

_____

2021—2022 年学期回收有效问卷 91 份。通过对回收的问卷进行总结、分析,结果表明:学生对本课程教学方法、考核形式、师资队伍的评分较高;学生普遍认为遥感很有用,学习很有趣;但基于 OBE 的多元化的考核方式相较于传统考核更具挑战性,需要增强课外学习才能跟同学进行 battle;同时很多学生表示需要投入更多精力进行课外学习,很辛苦但是收获满满。

(四)3PBL 教学的思考

学生对遥感课程学习的肯定是对教师团队工作的认可,在近 4 年的 PBL 教学中,学生由茫然到逐渐肯定 PBL 学习模式的有效性,学生的认可是学生学习、师生互动的力量源泉。在学生认可 3PBL 学习方式后,学生的学习成果水平较前两年有明显提高。因此,在遥感课程教学过程中,教师团队会继续通过问卷、访谈、聊天等方式了解学生的学习需求,并依据学生的学习需求适当设计学习内容,让 3PBL 逐步成长为以学生发展为中心的学习模式。

3PBL 学习模式与遥感课程学习形成了一个良性的学习环,3PBL 学习目标明确了遥感的多学科交叉应用价值,获得了多数学生的关注,能够有效促使学生产生学习行为,学生的学习进步督促了教师的成长,教师的引导又促进了学生再进步。3PBL学习模式与BOPPPS结构、五星教学模式、KOMEAS学习环结合,不仅提高了学生的课堂参与度,而且将课堂学习自然延伸至课外,引导学生进行自主、深入的探究性学习,学生在收获了知识和技能的同时更体验了主动探究遥感技术的乐趣,为后续进行探究性的工作打下良好的基础。3PBL将工、农、林等跨学科知识融合,让学生可以在跨学科和遥感科技应用中实现学科交叉渗透、整合,提升学生整体就业率。同时,3PBL问题的设计凝练了隐性课程思政元素,在3PBL学习中引领学生情感态度和价值观,引导他们探究遥感技术的科技前沿,体验遥感技术在执法、环境保护方面、地质资源调查、灾害防治等方面的应用,提升了学生的职业认同感,让遥感的学习成为一件有意义的事情。

教育箴言

> 我爱我师,我更爱真理。——亚里士多德
>
> 我们的学生却少有这种气量。自我意识是人的存在本质。教育要使学生敢于思想,善于思想,塑造民族的脊梁。这与"尽信书,则不如无书"的思想一样,教师需要培养对社会、对国家有益的人,敢于质疑、勇于创新的人。

亚里士多德(公元前384—前322),古代先哲,古希腊人,世界古代史上伟大的哲学家、科学家和教育家之一,堪称希腊哲学的集大成者。马克思曾称亚里士多德为古希腊哲学家中最博学的人物,恩格斯称他是"古代的黑格尔"。他几乎对每个学科都做出了贡献,他的写作涉及伦理学、心理学、经济学、神学、政治学、修辞学、自然科学、教育学、诗歌等。

> 百年大计，教育为本。教师是立教之本、兴教之源，承担着让每个孩子健康成长、办好人民满意教育的重任。希望全国广大教师牢固树立中国特色社会主义理想信念，带头践行社会主义核心价值观，自觉增强立德树人、教书育人的荣誉感和责任感，学为人师，行为世范，做学生健康成长的指导者和引路人；牢固树立终身学习理念，加强学习，拓宽视野，更新知识，不断提高业务能力和教育教学质量，努力成为业务精湛、学生喜爱的高素质教师；牢固树立改革创新意识，踊跃投身教育创新实践，为发展具有中国特色、世界水平的现代教育作出贡献。——习近平

第四篇　工科1+3PBL教学感悟与展望

"新工科"教育理念要求培养出深厚的科学文化素养、强大的心理素质、出色的工程技术能力、较强的批判性思维、一定的创新意识和超凡的工匠精神的"新工科"人才。为了全方位培养工程人才，教师需要重塑工程教育的新结构，进行专业和课程的边界再设计、课程内容的重构和教学方法的创新等。基于此，华北理工大学矿业工程学院教学研究团队提出了工科1+3PBL的教学理念。工科3PBL教学模式是以培养学生综合能力为核心，围绕提出问题、探究问题、解决问题等主线，通过讨论探究、动手实践等形式，使学生对所学理论知识理解得更透彻，让学生在探究和合作的过程中尝试解决真实性问题，掌握问题背后隐含的知识，培养学生的大工程观思维、批判性思维能力及自主学习能力等综合素养。但是这个过程的有效达成，需要教师全身心投入，精心设计，才能让学生感觉到学习有趣、学习不易和学习满意，从而达到预期的教学效果。

第十二章　工科1+3PBL教学感悟与分享

教育的目的是什么？到底什么才是真正的教育？获得知识？掌握技能？取得成功？赢得尊重？还是，享受乐趣……哈佛大学教授提出，教育的目的不是学会一堆知识，而是学会一种思维。中国《论语·为政篇》提到"学而不思则罔，思而不学则殆"，主张学与思相结合。"纸上得来终觉浅，绝知此事要躬行"指出了学习"做中学"的重要性，学习过程中要"躬行"，力求做到"口到、手到、心到"；同时，获取知识后还要"躬行"，通过亲身实践化为己有，转为己用。工科1+3PBL研究团队认为，学生学习过程只有做到"学"了"问"，"问"了"学"，才能真正有了学问。真正的工科教育，不仅需教会学生工程理论、知识，还需要让学生学会处理工程问题的技能，更要引导他们学会批判性的独立思考和终身学习习惯。为了达到理想的教学效果，现代教学课堂需要实现有效创新，应从知识架构、价值取向、组织形式等方面进行改革，老师要付出很多，准备很多，才能达到预期效果。学生也需要改变学习状态，主动投入学习，才能收获更多。

工科1+3PBL教学实践已经在华北理工大学矿业工程学院开展了7年，在本科生课程《结晶学及矿物学》《晶体光学》《岩石矿物学基础》《工艺矿物学》《遥感原理与应用》《电气工程设计与实践》《路基路面工程》，硕士研究生课程《地球科学进展》《现代矿物学》《应用矿物学》《摄影遥感前沿进展》及全校本科生公共选修课《宝石知识与鉴赏》《走近遥感》等课程的应用过程中不断积累经验并进行改进和完善，逐步得到了老师和学生的认同，取得了良好的教学效果。

第一节　教师对工科1+3PBL教学实践的体验与思考

工科1+3PBL教学应用过程中，对教师提出了更高的要求，教师必须具有调动学生学习兴趣、引导学生积极有序发言和完成计划学习目标的组织协调能力，真正实现传统的灌输式教学向学生为中心讨论式自主学习的教学模式转变。这就需要教师根据教学目标对专业知识点进行精心设计，除了知识理论、案例内容的科学性外，还需要保证教学对学生学习要有一定难度，产生高阶性和挑战度。这里对3PBL教学实践过程中老师的经验和体会做系统梳理，供以后的应用教师参考。

(一)重塑教师 SOFT 角色,成为 3PBL 导演

每种教学方式都有其特定的价值内涵,有其适用的教学条件,有其通用的教学方法。在不同的教学情境中,每种教学方式又有其变式运用。在同一项教学任务中,可以单独运用一种教学方式,也可以依据学习对象、学习内容、学习情境的复杂程度同时或交叉使用多种教学方式。3PBL 应用过程中,教师需要注重在信息时代的大背景下,以学习者为中心,以高阶能力和解决问题的培养为目标,将知识内容、教学方法和组织形式进行合理整体设计,在整个学习的不同情境中,教师角色一直在变化,需要提前制订好脚本,才有好的效果。教师角色可以采用 SOFT 角色模型,SOFT 的涵义是:① Stimulator 激发学生兴趣者。学生是讨论者、计划者、调控者、评估者。教师是激发学生兴趣者,是学生的管理者、激励者、诊断者、征询者、指导者、学习的典范。② Organizer 组织者。在课堂上,教师可以组织讨论、辩论、演讲等。③ Facilitator 助动者。在教学活动中,学生是学习的主体而教师则起主导的作用。具体而言,应强调学生是课堂活动的主角,在教师的帮助、引导和鼓励下,加工所获信息,建构自己的知识系统。④ Trainer 训练师。教师训练学生逐渐解决以上问题。

在实际教学实践体验中发现,3PBL 认为教师的角色是教练:提供问题情境,从示范、教练、参与学习合作人,学习效果评估者。讨论前,教师是策划者和组织者;上课时,教师是点评者和总结者。3PBL 教学法对教师提出了更高的要求,要求教师熟练地掌握本学科及相关学科的知识,同时具有较高教学技能和驾驭教学情境的技巧,这样才能达到较好的教学效果。

(二)优化课堂组织形式,提升学生参与度

随着课堂创新改革的推进,很多专业大力推进启发式授课、批判性思维、探究式讨论、全过程学业评价、非标准答案考试的课堂教学改革,还有尝试"探究式—小班化"发展方向。1+3PBL 研究团队认为课堂教学形式可以相互借鉴,在吸收"外来"的同时,不忘自身的"本来"。课堂需要根据专业特点、课程内容和教学进度,合理组织,有效创新。

3PBL 教学其关键在一个"活"字,核心是要"从学生角度着想",激发学生的学习兴趣和热情、促进他们自学能力的提高,启迪他们提出问题的创新思维,锤炼他们分析和解决问题的能力。要设置小组或团队探究活动,将探究设计成类似程序断点调试的课堂学习 bug,让学生在课堂交流碰撞中发现问题(bug)、发现兴趣点、获得新技能、激发新思维,学会科学思考和自主反思。对于工科的关键技术和前沿知识点,尽可能使用基于项目(project-based learning)和问题(problem-based learning)的学习形式,从发现问题、提出

问题角度,利用分组研讨形式,组织学生分析问题和互动交流,引导学生在解决问题过程中,升华、顿悟,激发多元化的思维产生。

所谓优化课堂组织形式,其实并没有固定的参考形式,应该根据学科特点、学情需要,进行合理设计。注重课堂教学过程中多样性、互动性、潜心性、高效性,真正让学生加大学习投入,科学"增负",实现学习过程的知识固化,达到自主学习目的。千万不能把愉快教学当成"哇哈哈"教学,让学生"开心"的同时更要让学生"开窍"。不能完全推翻教师讲授性课堂,教师讲解是知识传递最直接有效的方式,可以在讲解过程中适合融入 BOPPPS 策略、五星教学法的互动参与式讲授形式,达到启发学生思维,互动探究的目的。

(三)精心设计教学情境,提升教学效果

教学情境是教学开展的场所、平台及资源。有效的教学情境有助于多样性、互动性教学开展,更好地促进学生能力养成。2016 年《英国高等教育白皮书》指出,评价教学卓越的标准是能创设"以学生为中心"良好的学习体验,教学情境能实现深度学习,引导和鼓励学生原创思维的发生。

卓越教学情境应如何创立?必须先有"料",需要微视频、授课 PPT、思考习题集、小组探究专题库等资源,为智能化课堂提供支持。

需要架构一个面,建设信息化网络平台、教学辅助 APP 和精品网络资源。让平台建设多样化,丰富学习资源库,如理论知识精讲视频库、实验上机操作演示视频库、实践知识应用案例库、相关仿真实验平台等。

需要贯穿一条线,将红色精神、典型人物和创新思想嵌入理论知识和实际案例,将思政元素融入理论讲解、实践应用和网络资源,在课堂教学中将思想引领和科学专题做细做透,提高课堂讲授的吸引力和渗透力。

突出几个点。建立几个典型有亮点的教学情境,让学生课前期待,课中震撼,课后流连,印象深刻。例如,将采用理论教学和现场教学进行虚拟现实(VR)技术融合,让学生体会从理论过程直击实践现场,开展一次体验式的学习;也可以将知识创新、创新人物及科研案例,通过信息展示手段,创设关联教学情境,再结合课堂以理论事、以事助理的剖析,激活学生兴趣点与创新点。

建立多形态的课堂学习场景,最重要的还是以情入境。卓越教学情境创设的灵魂是老师,老师必须对教学情境有知识认同、情感融入、浓情引导,这样教学情境才能在学习过程中让学生感同身受。例如,教师讲解工程应用、科研成果的同时,可以谈自己或他人工程实践和科研过程中的心得体会和经验教训。

教学是艺术,教师要善于将直接奉送知识转为巧妙问题的藏掖,让教学变得有吸引力。在讲授知识点与科技创新有效融合时,需引入高校学术交流、知名企业行业热点对话,学术发展趋势和我国现实相结合等真实情境,以及自身对这些资料信息的剖析和感悟,让整个情境做到有实料有情意,教学过程有吸引力、说服力和感染力,才能触动学生内心,激发学生主动学习、积极思考。

(四)教师学习过程的有效干预,提升学习效果达成度

经过长期1+3PBL应用,研究团队发现3PL教学过程的调控和反馈十分重要。干预和反馈阶段贯穿在1+3PBL整个教学过程中,这些在整个学习过程中都有穿插,并不局限于某个时段。教师可以采用多种方式,例如向学生提供线索和提示进行有效引导,不断提供评价、反馈和调控,将学习内容、形式和标准有效地整合在一起。

在课堂学习中,学生表现专注力、情感和压力是不一样的。当学生在学习活动中高度参与、积极投入,沉浸在学习中,会表现出高兴、愉悦的情绪,且有较高的专注力,教师应当给予正向肯定和表扬。当学生在学习任务中迷失,跟不上学习进度,往往表现出消极、厌恶的情绪,专注力低,压力过高。这时教师应能对"迷失"的学生及时给予干预、指导或帮助,让学生尽可能回归到学习的节奏中。

小组问题解决、合作学习或协作课堂中,教师需要进度跟进和把控,需要进行活动、任务的设计与分配,并根据学生状态实时调整自己的课堂进度和安排;需要及时了解每个小组的学习情况和进度,保证不掉队,也可以要求学生定期展示或汇报相应进度或成果。如果发现某小组在错误的方向上或因为某个问题停滞不前,教师可以进行及时干预和引导。教师在向学生提供有针对性的干预之前,应对学习目标有所把握,否则无法向学生展示高质量的工作效率。其反馈必须帮助学生理解什么是正确的,并说明正确操作的具体细节,这个过程既可以增强教师和学生的课堂感知能力,也可以帮助教师及时有效调整教学的策略。

(五)教师及时主动反馈,促进学生学习过程满意度

3PBL教学过程是学习主动学习、参与式学习的一个全过程。中间学生会有诸多行动和表现,教师需要对学习过程进行及时主动的反馈,来促进学生学习的满意度。对学生一些问题或认知的反馈,教师就是给出直接答案、暗示和提示等;对学生一些非认知类的反馈,教师就是给出表扬、奖励和批评等。教师需要根据不同的学生状态做出不同的主动反馈。可以通过课堂现场及时口头反馈,也可以通过微信、学习通等网络平台反馈。及时反馈比延时反馈效果要好,教师应该提供尽可能快的正面反馈。教师应当创建宽

松、民主、愉快、自由的教学气氛使学生在课堂上能抬起头、爱答问、敢答问和会答问,而教师的态度和蔼、语言亲切是创造良好的课堂气氛的重要条件,它会消除学生害怕回答问题的心理障碍,使学生情绪高涨、思维活跃、学习主动。

另外,探究过程中,教师提供反馈应该把握一个原则:学习者不应该只听到或看到正确的答案,还应该知道这些答案为什么是正确的或为什么是不正确的。比如,提出一个问题,教师可以让一个小组先回答,让另外一个小组分析前面小组答案存在什么问题,也可另外一个小组说明这个答案是为什么的理由。要善于给学生间制造学习两难思考,在此期间,教师要通过表情、肢体来传达反馈,引起学生关注,如点头、微笑或者简短的问候等可以强化整个学习气氛,提高达成度的效果。如果是网络学习,教师要安排学生做好准备,如整理日志或档案袋,让学习者参与到对学习过程的记录和反思中,然后对其学习反思进行及时评价。

(六)教学相长,构建师生合作学习共同体

小组协作学习状态对小组协作学习成果输出是同等重要。3PBL 小组合作学习形式,容易造成"能者多劳"现象,教师要时刻关注组内分工的合理情况,争取让每个人都得到相应的锻炼与提升。如何调度学生在学习活动中的参与程度?参与度越高,学习效果越好,且从被动学习、主动学习、建构学习到互动学习,学习效果会依次增加。教师从划分小组合作学习、探究等过程,都需要营造一种协作学习、团队合作的氛围;同时,老师要参与讨论和探究,去促进学生进行互动学习,主张师生在共同研究中共享研究乐趣和研究成果。在小组协作学习中,若某个成员不表达观点,只是被动地听其他人的发言,对小组无贡献,那么该成员就是在被动学习。只有当所有成员都表达自己的观点,积极参与讨论,才是有效的协作学习。因此,教师需要一些其他的变通方法。例如规定合作学习结束之后,指定小组汇报人;规定学习时间后,指定人员互动,通过讨论引导其参与。通过一些活动组织设计,逐渐让每个学生都参与其中。

(七)精心设计问题,构建学习过程中轴线

3PBL 教学中,设计问题一直贯穿整个学习过程,问题选取、情境设计会直接影响学习效果达成度。由于 3PBL 的教学理念源于构建主义学习理论,构建主义的学生观强调,教学不能无视学生已有的经验和知识,另起炉灶,从外部装进新知识,而是要把学生现有的知识经验作为新知识的生长点,引导学生从原有的知识经验中"生长"出新的知识经验。所以,教师在设计问题时,不仅要充分熟悉教授课程与前置和后续课程的关系,了解各知识点间的内在联系,更重要的是还要充分掌握学生已有的知识或认知状态,使新的

学习内容建构在已有知识的基础之上。因此设计 PBL 问题需要考虑以下因素：①选题内容是否具有启发性和开放性，表述是否具体、清楚。②学生的思维能力是否得到有效锻炼，选题内容是否留给学生发挥高阶思维能力的空间，例如分析、综合、概括、评价等能力。③专题内容的实施过程是否能够有效发挥团队协作，培养学生合作共赢的意识。④专题内容的难度是否恰到好处。因为过于困难的内容适得其反，挫败学生学习积极性；而过于简单，没有挑战度的内容将不能达到应有效果。⑤专题内容必要时还要关注理论与实践相结合，留给学生实践探究空间。

当然，在实际应用过程中，部分学生对 3PBL 教学法不能适应。由于高校课堂教学中仍然大量采用讲授法，学生已习惯于被动地接受知识，对所学内容不假思索地全盘接受，不注重思考与质疑。大多数学生思维的灵活性和批判性严重不足，一时改变不了被动学习的习惯，产生畏难情绪，甚至有些抵触，影响了 3PBL 的教学效果。另外，学生的课程较多，没有充足的时间查阅文献和讨论，难免出现应付现象，学生提交的报告大部分局限于对课本知识的陈述。有些学生对 3PBL 教学方式关注度还远远不够，学生提问、讨论环节仍然存在诸多的障碍，教师基于教学计划的顺利实施的需要，对学生的课堂提问讨论环节需要留出时间不断引导。

工科 1+3PBL 教学模式对培养工科大学生的综合能力来说，是一种好的教学方法。但应用教师需要根据所在学校人才培养定位、实际学生情况和课程资源的实际情况灵活应用，不能完全照搬已有流程和环节；应与传统的教学方式相结合，不断吸收其他教学方法的优点，在实施的过程中不断地认识、反思与总结，使其逐步完善。专业知识、实践能力、创新思维和智慧才能是一个人成功的重要属性。要培养适应社会发展需求，具有综合专业素养的新时代中国特色社会主义的建设者和接班人，教师不但要教会学生专业知识，更要注重培养学生自主学习的能力，还要培养学生分析的、实践的、创新的、智慧的思考习惯。

第二节 学生对 3PBL 学习的感想与体会

1+3PBL 教学模式已在我校多门课程中得到实际应用，有专业基础课、专业课及全校公共选修课等理论课堂的教学，也有上机操作、动手实验等实践教学。多样化的教学策略极大地促进了学生参与课堂教学的积极性，提高了学习兴趣，增加了学生间的交流讨论，使学生能主动参与到教学中。学生们通过课前查阅资料找出问题的答案，在解决问题的过程中，不断进行自我评估和寻找答案，促进了学生的自主学习。一个问题或任务需要小组共同完成，同学们之间相互配合、分工协作的过程，也增强了彼此的沟通交流,团队合作的意识。学生关于教学效果的反馈信息多种多样,有的来自课堂当面的交流,网络平台,也有些来自专题心得体会或者小组成果汇报。大学生的教育工作关键在教师,教师要发挥积极性、主动性、创造性,要给学生心灵埋下真善美的种子。当研究团队的老师收到学生当面赞扬和认可时,无疑心情是愉悦的,无数付出瞬间在这一时刻都重新归零,成为下一次精心设计的动力!当夜深人静阅读学生报告、心得或者平台留言时,学生对3PBL教学模式的喜欢和夸奖,会让我们油然而生一种为人师的幸福感和满足感,那是一种通过教学"晃动学生灵魂"的幸福,更是一种"甘为人梯"的满足。书中篇幅,不可一一赘述,这里摘选几段,分享给大家。

(1)3PBL教学模式是学生自主学习能力提高的一种有效方式。在课堂学习和专项训练后,发现自主学习能力得到了有效的提高。最明显的感觉是学习过程是互动的,自己必须思考,必须去学习,学习兴趣有了显著性变化。这也恰恰说明了学习兴趣作为学习的内在因素,可以通过外界的因素——教学模式的影响,"催化"提高学生的学习兴趣。

①韩老师是主讲矿物学方面的老师,她的主要科研方向是工艺矿物学,主要研究烧结矿、保护渣及天然矿石及选矿产品的质量问题。在讲《工艺矿物学》课程中,她总是强调要用地质人的眼光看问题,从自然形成的矿物入手,分析烧结工艺过程中矿物形成机理……在对待学习这件事情上,我还保留着大学一年级的学习习惯和学习方法。而韩老师应用于课堂的"PBL教学法"和"3W理论"——"What,Why,How",让我感觉不一样状态,一种长期兴奋、快乐的思考状态,一学期下来,我居然学会了主动对专业知识的思考,学会了主动学习,学会了主动批评别人观点,去寻求新问题……

②……在学习方式方面,通过PBL的教学方式,学习了如何基于问题进行学习。给了我们任务,自然会有压力,有压力就有动力,也自然会有兴趣……基于问题去学习知识点,通过知识点扩充知识面,从而得到一个完整的知识架构。同时,基于问题的学习要求我们学习新的知识,跟随时代的步伐,了解行业的最新动态,学习最新的知识,开阔眼界,从而扩充知识面。

③……和蔼的汪老师并没有因为我们理解问题的浅显而去批评我们,只要我们有所收获就会给予鼓励,因此我们也逐渐变得大胆起来,在课上积极踊跃地表达自己的见解再也不怕说错了会怎么样,老师耐心地聆听我们每个人的意见并加以补充,让我们构架更完整的知识体系,让我体会学习的快乐……

(2)参与3PBL学习的学生喜欢课堂中互动,但也感觉到实实在在的压力。在课程内容的学习和讨论中,往往会发现自己知识不足,从而希望多了解相关知识,从而保持了浓厚的学习兴趣。同时,学生在问题的解决过程中,通过查阅资料、钻研教材,最终使问题

第十二章　工科1+3PBL教学感悟与分享

得到解决,极大地满足了认知需求。小组讨论创造了师生双向交流的学习氛围,增强了学生学习的内动力。

①好多的课堂都是老师在讲台上讲课,学生在下面听课,偌大的教室里回响的只有老师的声音,老师们讲课当然很用心,但是说实话,其实我们没记住多少,有时复杂公式、枯燥推导,很快便会感到无聊并且不能集中注意力。李老师给我们用PBL教学模式,让我们感觉很新鲜,学生之间、学生和老师之间都可以进行互相交流分享,并且需要很认真地完成自己的课题。……并且大家都希望呈现出自己最好的内容,所以自觉地到处去查阅资料,还要集中精力去学习大量相关的知识,因为你要给大家讲明白,不能太差……当自己的成果得到老师和同学认可,自信心就会得到提升,感觉很好!在听到相互分享知识的时候,也可以获取更加多元的知识,既丰富了知识面,也可以让课堂更加有趣。

②……在独立搜集资料的时候,发现不会的知识可以和同学以及老师讨论,所谓学习就是要把不会的东西搞透彻,我们遇到不会的问题并且自己实在无法完成的话再去问老师就会比较深刻,毕竟作为我们学生,来到学校是要学习更多的知识……3PBL教学模式也是很有趣,老师学生之间都可以交流,都可以提问,甚至可以指出对方不足,没有想到问题……把时间更多的留给学生,让学生独立自主地去交流学习。

③……这种讨论是包括学生与学生之间,老师与学生之间的讨论。通过讨论的形式,使学生真正地理解知识,并引出新的问题,使问题的辐射面逐渐扩大,发散我们的思维,了解的内容也不再仅仅只是PPT上所展示的东西……3PBL教学模式给我带来的收获,在此次课堂中的PPT展示过程中尤为突出。在课堂上,老师针对我所准备的内容,提出不同的问题来让大家一起思考讨论,不仅使我放松下来,也让我对我所讲内容有了不同的认识,知道了自己的不足在哪里,确定了自己的努力方向。

(3)3PBL教学模式通过构建学生自主学习的问题情境和学习环境,保证了自主学习在学校教育中的有效实施,提高了学生自主学习的能力。由于自主学习和探究交流的需要,参与3PBL学习的学生不知不觉中,会使用多种平台搜集资料,会制作成果展示,学会小组之间合作,分享和争辩。习惯了老师旁听和指点,也愿意接受同伴批评。

①在韩老师的课堂上,我学会了有目的地去寻找课题,去图书馆、网络等多种平台搜集资料,深入探索问题是什么、问题的本质、问题的意义。……我知道了做PPT不是将文章大篇幅的搬运,而是提取重点;不是照本宣科,而是灵活讲解。一个好的PPT不仅仅是做得精简,更重要的是讲得精彩。如何生动形象的讲解PPT,如何将PPT的精髓完美地表达出来,如何让同学们从一知半解到恍然大悟,这就需要极强的逻辑能力、灵活的

思维以及对课堂的掌控力。这些在韩老师的课堂上，在讲解PPT的过程中，就极其锻炼我们的口头语言表达能力和讲台表现能力。

②……采用3PBL教学方式，老师抛出相关问题，我们学生可以带着目的性去学习，针对性更强，而且记忆更加深刻。……就像庄稼的成长需要自己扎根，自己去吸收养分，倘若依赖于外力牵引才能生长，就会出现揠苗助长，会适得其反。我觉得在晶体光学这门课学习中，我们步入了新的赛道和新的平台，借助于这个平台我们可以得到更多的资源，学习更多的知识，所以我们获取知识不仅仅局限在课堂上，多种学习方式让我们自由发挥，自由选取各类信息资源，利用这些资源去学习更多知识。

③……我很幸运能够体验这种课堂，教学内容开放，不依赖教材作为教学知识的唯一来源，学习材料多样化。我们课后去图书馆或者在知网上查阅相关文献，让我们充分地发挥主观能动性去学习知识。利用这种方式学习使我收获颇丰，老师讲课的目的不在于记住老师给予的固有答案，而是掌握结论推导的过程，并在其中发现问题，进行批判性思考。

④虽然只是短短的4次3PBL形式的课，但是从这4堂课中，我们不仅学到的是专业课的知识，更多的是学习的方法。让我知道学习的地点不局限于学校、教室，而是学会打开思路寻找更多的学习途径。不以分数作为单一的评价标准，而是采用全面综合的评价方式对我们进行考核，课上的发言以及我们对作业的用心程度。这种新颖的教学模式全面激发了我们学习的积极性，我们喜欢这种教课模式，同时也希望老师的这种上课模式能够得到推广，使更多的同学能够有所收益。

（4）3PBL教学也是引导学生思维形成过程，学生提问、讨论问题环节具有更高层次的主动精神与认知卷入，不仅可以强化学习兴趣，还可以促进学生思维的扩散和发展。在教会他们发现问题与分析问题的同时，也引导他们学会解决问题。大部分学生由于参与3PBL学习，已经有了科学思维的萌芽。

①……我知道在今后的学术生涯中还需要学习更多的知识，学习更多地技能，在自学的时候我也可以利用这种学习方法学习，发现问题，然后想尽办法去解决问题，这样才能进步得更快，学习的时候还需要自己多实践、多总结。我觉得通过这几次课，我学到了特别多，学习效率比较高，并且交流能力、PPT制作的能力都得到了很大的提升，并且我不会把这看成一种任务背负在身上，更多的是一种学习新知识的渴望，希望在今后的学习生活中，我依然能像今天一样充满热情。

②3PBL教学模式，我更倾向于把它理解成一种思维方式。这种模式强调对一件事物的了解要从三方面入手，是什么，为什么，怎么做。我觉得这是一种非常重要的思维方式，很多时候我们拿到一个新的任务，会不知道从何下手，没有一个整体的思路，而3PBL

是适用于所有问题的一种思维方式,可以帮助我们梳理框架。……以此次我分享内容为例,我想分享的内容是药用矿物交叉知识的相关内容,但一上来不知道要查哪些资料,也没有一个大致的框架。通过"发现问题,然后想尽办法去解决问题"这个思路,你会知道了解一个新领域的知识时,要从它是什么,为什么会出现这个领域,它是如何操作的或者怎么做,这样就有了一个大致的框架,然后逐渐向里面补充内容……

教育箴言

> 教育者，养成人格之事业也。使仅仅灌注知识、练习技能之作用，而不贯之以理想，则是机械之教育，非所以施于人类也。美育者，应用美学之理论于教育，以陶养感情为目的者也。纯粹之美育，所以陶养吾人之感情，使有高尚纯洁之习惯，而使人我之见、利己损人之思念，以渐消沮者也。我们教书，并不是像注水入瓶一样，注满了就算完事，最要是引起学生读书的兴味。——蔡元培

蔡元培(1868—1940)，字鹤卿，又字仲申、民友、孑民，乳名阿培，并曾化名蔡振、周子余，汉族，是素食主义者，浙江绍兴府山阴县(今浙江绍兴)人，清光绪进士。教育家、革命家、政治家。民主进步人士，国民党中央执委、中华民国国民政府委员兼监察院院长。中华民国首任教育总长。

展　　望

　　随着全球新一轮科技革命的兴起,科技创新能力越来越成为一个国家或者地区综合实力的根本支撑。要想在新的全球竞争格局中建立优势、赢得主动,最需要的还是科技创新的国家储备人才。"新工科"之新,其一就在于培养的工程人才之新。新工科教育培养的不再是被动适应世界工程工业强国的跟跑型工程人才,而是希望培养能够引领全球工程教育发展方向和改革走势的新时代工程人才。源源不断地聚集数以万计的新型工程人才,才能实现我国工程工业技术的升级换代,推动我国真正走向世界工程工业强国。在这一背景下,需要教师在教学全过程中引导学生具备一定的科学文化素养、强大的心理素质、出色的工程技术能力、较强的批判性思维、一定的创新意识,这是时代对工科教育新要求。教学是人才培养的主渠道,3PBL教学模式需要改变以授受为主的模式,强调知识传承、工程应用和创新实践的主动学习形式,这种模式在工科教学中的应用,需要具体教学环境和课程作为载体,可以更好地进行示范推广。

　　可以建立一种校级单位 3PBL 虚拟共同体或者 3PBL 虚拟教研室。以解决教学问题为契机,突破学院编制,打破学科和专业界线,旨在交流 3PBL 这种互动教学内容,激励教师参与 3PBL 教学实践的活动。这种教师虚拟共同体以实现 3PBL 教学改革目标为主线,汇聚教师的思考,交流教师的实践性知识,让教师在这样一个载体中将这种模式进行更好的应用和发展。

　　可以成立 3PBL 教学工作坊,将 3PBL 教学模式、KOSEAM 学习环教学要点对一些骨干教师进行专项培训。培训这些教师怎样将传统教学的明教育转为 3PBL 教学的潜教学?如何引导学生深入性再学习的策略等教学技术,如何从传统教学转身进入 3PBL 教学?如何调动学生参与小组讨论的积极性?利用工作坊形式对不同学科应用 3PBL 案例进行推广。

　　当然,还可以积极搭建 3PBL 教学共享案例库。教师在实践教研室中分享知识,交流教学体会,积极搭建教学共享案例库。3PBL 培训资料、教学案例、教师指导手册、讨论案例汇集、教学辅助资料、学生讨论课及小组报告录音录像、学生学习感悟、实践成员教学反思报告、会议讨论资料等,将教学中隐形的实践性知识转化为显性的、可理解、可传递的教学资源。

　　3PBL 是华北理工大学矿业工程教学团队针对工科专业学科特点,提出的注重培养学生主动自主性学习的一种教学模式。通过该教学模式的实践,证明该方法可行。但工

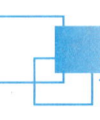

科1+3PBL教学理念还需要在实践中不断摸索,不断改进。该模式只是提高教学质量、培养工科一流人才的一种有效手段,并非唯一也非万能,旨在抛砖引玉,使该套理论和方法引介到各兄弟院校的工科领域,为工科人才培养提供一种有效途径。各工科专业的教师需要根据不同课程特点及教学目标进行调整改进。社会不断发展,科技不断进步,知识不断增长,工科1+3PBL教学模式还需要随着国家社会经济发展对人才的新需求,不断更新、补充和完善。

要使1+3PBL人才培养理念和建设思路在全校乃至全国工科院校得到更好的应用和推广,还需要学校和相关管理部门给予高度重视与支持,成立教学研究工作坊,建立科学可行的运行和保障机制,加大宣传力度,组织宣讲培训活动,提高师生的认同感和参与感。

新时代赋予新使命,新使命呼唤新作为。当前,我们正处在决胜全面建设社会主义现代化国家、实现中华民族伟大复兴中国梦的伟大进程中,高等教育肩负着前所未有的使命与担当,我们要秉承应对变化、塑造未来的新工科建设理念,以立德树人为引领,以继承与创新、交叉与融合、协调与共享为主要途径,培养在思想素质上具备国家情怀与社会责任感、全球视野和批判思维,职业素质上具备人文素养、强大心理素质、创新创业能力、自主学习能力、工程技术能力、批判性思维、创新意识和工匠精神并适应可持续发展能力的高素质一流工程人才。

参 考 文 献

[1]教育部课题组.深入学习习近平关于教育的重要论述[M].北京:人民出版社,2019.

[2]本书编写组.习近平总书记教育重要论述讲义[M].北京:中央文献出版社,2022

[3]本书编写组.习近平总书记教育重要论述讲义[M].北京:高等教育出版社,2020

[4]黄钢,关超然.基于问题的学习(PBL)导论:医学教育中的问题发现、探讨、处理与解决[M].北京:人民卫生出版社,2014

[5]德雷克·博克;侯定凯.回归大学之道:对美国大学本科教育的反思与展望[M].梁爽,陈琼琼译.上海:华东师范大学出版社,2008

[6]钟志贤.大学教学模式革新:教学设计视域[M].北京:教育科学出版社,2008

[7]浙江省教育厅教研室.重新定义学习[M].北京:教育科学出版社,2020

[8]夏雪梅.项目化学习设计:学习素养视角下的国际与本土实践[M].北京:教育科学出版社,2018

[9]夏雪梅.项目化学习丛书:项目化学习设计、跨学科的项目化学习,共2册[M].北京:教育科学出版社,2018

[10]习近平.做党和人民满意的好老师:同北京师范大学师生代表座谈时的讲话[C].《师陶学刊》2016年3月,2016:4-12.

[11]习近平.在北京大学师生座谈会上的讲话[N].人民日报,2018-05-03(002).

[12]刘国龙,孙上敬."新工科"课程思政的育人意蕴与教学实践研究[J].学校党建与思想教育,2022(7):46-49.

[13]魏春艳,方益权,衡孝庆.基于知识形态的新工科产教融合机理探究[J].中国高教研究,2022(2):89-94.

[14](美)罗伯特·J.马扎诺;盛群力,唐玉霞.教学的艺术与科学:有效教学的综合框架[M].曾如刚译.福州:福建教育出版社,2014

[15]孙波,庞涛."动"见学习体验:图解五类学习活动设计[M].北京:电子工业出版社,2015

[16]R·M·加涅,W·W·韦杰,K·C·戈勒斯,等.教学设计原理[M]5版.上海:华东师范大学出版社,2007

[17]程书肖.教育评价方法技术:教育学专业基础课[M].北京:北京师范大学出版

社,2007

[18] 裴娣娜.现代教学论基础[M].北京:人民教育出版社,2015

[19] 朱德全,罗开文."双线融合教学":高等教育未来教学的新形态[J].现代教育管理,2022(2):1-8.

[20] 韩秀丽,汪金花,李鸣铎,等.新工科需求下PBL教学深度学习的模式研究[J].华北理工大学学报(社会科学版),2022,22(2):87-92.

[21] 汪金花,韩秀丽,李鸣铎,等.基于脑科学理论的工科教学策略研究[J].华北理工大学学报,2020 20(6):106-109,120.

[22] 汪金花,张永彬.工科实践教学五星模式的应用研究——以测绘实践教学为例[J].测绘通报,2011(8):92-94.

[23] 韩秀丽,汪金花,李鸣铎,等.实用创新型人才培养模式的研究与应用[J].教育教学论坛,2018(23):41-42.

[24] 汪金花,韩秀丽,李鸣铎,等.学习循环圈模式在研究生课堂教学中研究与应用[J].教育教学论坛,2019(4):182-183.

[25] 杨冬.从科学范式到工程范式:高质量新工科人才培养的逻辑向度与行动路径[J].大学教育科学,2022(01):19-27.

[26] 曹冲,韩秀丽,刘磊.PBL教学方法在《晶体光学》教学过程中的应用[J].华北理工大学学报(社会科学版),2022,22(03):97-103.

[27] 姚威,毛笛,李飞,等.新工科建设中的"中国特色"探索——基于"新工科研究与实践"项目文本的扎根分析[J].高等工程教育研究,2021(6):17-23.

[28] 张娟娟,陈旭远,毛清芸,等.促进深度学习的师生对话特征:基于会话分析理论的探索[J].教育科学研究,2021(10):82-89.

[29] 李丹,谭江月.多元主体交互共建的全程性学业成绩评价路径——评《"多元交互式"教学评价》[J].教育发展研究,2021,41(8):86.

[30] 潘柳燕,叶茗媛."基础"课小组合作学习教学改革新探[J].学校党建与思想教育,2021(8):58-59+96.

[31] 李鸣铎,曾凯,汪金花,等.多学科交叉毕业设计模式研究[J].华北理工大学学报(社会科学版),2021,21(1):102-105+117.

[32] 颜京霞,汪金花,李辉,等.地方高校青年教师教学互动实战式培训模式的研究[J].华北理工大学学报(社会科学版),2021,21(1):112-117.

[33] 郭建东.混合式教学评价指标体系的构建与应用研究[J].成人教育,2020,40(12):19-25.

[34] 林楠.思政课视域下讲好中国故事的三个维度[J].中国青年社会科学,2020,

39(6):45-51.

[35]郑浩,陈晨,张印鹏.教师肯定对本科生课堂教学参与行为的影响机制研究[J].中国高教研究,2020(10):88-95.

[36]李鸣铎,汪金花,甘泽,等.联合毕业设计评价方法探讨[J].华北理工大学学报(社会科学版),2020,20(05):108-111+133.

[37]李琳琳.本科生课外学习时间投入特征与影响因素研究[J].中国高教研究,2020(06):20-24+31.

[38]张华峰,郭菲,史静寰.我国大学生课堂积极表达行为的现状及对学习收获的影响[J].教育研究,2020,41(04):85-94.

[39]范圣法,黄婕,张先梅,等.基于"产出导向(OBE)"理念的本科教学培养体系探究[J].教育理论与实践,2019,39(24):6-8.

[40]陈稳,韩秀丽,刘磊."四位一体"实用创新型人才培养模式初探[J].知识文库,2017(23):213.

[41]汪金花,张永彬,田桂娥.组件式的实践教学组织与评价模式的应用研究[J].教育教学论坛,2015(12):153-155.

[42]汪金花.地方工科院校创新应用型实践教学集约化模式的构建[J].教育与职业,2013(5):121-123.

[43]汪金花,张永彬,张爱霞.实验示范平台的测量实践的研究与应用[J].河北联合大学学报(社会科学版),2012,12(4):145-147.

[44]王健,张爱霞,田桂娥,等.采矿专业《测量学》课程多元化教学模式[J].河北联合大学学报(社会科学版),2012,12(4):86-88.

[45]马亚杰,常江,韩秀丽."水文地质学基础"课"精小化"实践[J].河北联合大学学报(社会科学版),2012,12(4):102-104.

[46]李丽萍.PBL课程改革中教师实践共同体的构建与思考[J].中国高教研究,2010(9):90-92.

[47]张永彬,汪金花.测绘实践课程教学的探讨[J].测绘科学,2009,34(4):239-240.

[48]李晓文,王莹.教学策略[M].北京:高等教育出版社:2006(07):228.

[49]张楚廷.教学论纲[M].北京:高等教育出版社:2008(03):403.

[50]巩建闽.高校课程体系设计研究:兼论OBE课程设计[M].北京:高等教育出版社:2017(12):335.

[51]李孟倩,汪金花.遥感原理与应用课程思政教学探索[J].当代教育实践与教学研究,2021(05):211-212.

[52]Anderson Jnhn Robert. Cognitive Psychology and Its Implications[M]. New

York:Worth Publishers,2000.

[53]L. Anderson, D. Krathwohl, B. Bloom. A taxonomy for learning, teaching, and assessing: A revision of Bloom's Taxonomy of educational objectives[M]. New York:Longman.2000.

[54] Arter, Judith, McTighe, Jay. Scoring rubrics in the classroom: Using performance criteria for assessing and improving student performance [M]. Thousand Oaks, CA:Corwin Press, 2001.

[55] Howard S. Barrows, MD, Robyn M. Tamblyn, BScN. Problem- Based Learning: An Approach to Medical Education:[M]. Berlin: Springer Publishing Company Inc, 1980.

[56] Bas, Beyhan. Effects of Multiple Intelligences Supported Project-Based Learning on Students' Achievement Levels and Attitudes towards English Lesson[J]. International Electronic Journal of Elementary Education, 2010, 2(3):365-386.

[57]Bell Stephanie. Project Based Learning for the 21st Century: Sills for the Future[J]. The Clearing House, 2010, 83(2):39-43.

[58]Bender, William N. Project-Based Laming: Differentiating Instruction for the 21st Century[M]. Thousand Oaks, Corwin Press, 2012.

[59]Beneke, Sallee, Ostrosky, Michaelene M. Teachers' Views of the Efficacy of Incorporating the Project Approach into Classroom Practice with Diverse Learners[J]. Early Childhood Research & Practice, 2009,11(1):1-9.

[60] Bloom, Benjamin Samuelr. Taxonomy of Educational Objectives: the Classification of Educational Goals[M]. New York:Longmans, Green,1956.

[61]Phyllis C, Blumenfeld, Elliot Soloway, Ronald W. Marx, Joseph S. Krajcik, Mark Guzdial, Annemarie Palincsar. Motivating Project-Based Learning:Sustaining the Doing, Supporting the Learning[J]. Educational Psychologist, 1991,26(3-4):369-398.

[62] Susan M. Brookhart, Anthony J. Nitko. Assessment and grading in classrooms[M]. University of Virginia:Pearson Merrill Prentice Hall, 2008.

[63] John Larmer. Gold Standard PBL: Essential Project Design Elements[EB/OL]. 2020.

[64] David C Geary. Principles of Evolutionary Educational Psychology [J]. Learning and Individual Differences, 2002,12(4):317-345.

[65] David A. Ross M. D., Ph. D. Andres Mertin M. D, M. P. H. The Origin of Mind:Evolution of Brain, Cognition and General Intelligence[J]. Genes Brain and

Behavior,2006 (1).

[66] Norman E. Gronlund. Assessment of student achievement (8th ed.)[M]. Boston,Allyn and Bacon,2006.

[67]Bryony Hoskins, Ruth Deakin Crick. Competences for Learning to Learn and Active Citizenship:Different Currencies or Two Sides of the Same Coin? [J]. European Journal of Education,2010,45(1):121-138.

[68] Woei Hung. Cultivating creative problem solvers:the PBL style[J]. Asia Pacific Education Review,2015,16(2).

[69] Robert J. Marzano, John S. Kendall. The new taxonomy of educational objectives (2nd ed.)[M]. Thousand Oaks, CA:Corwin Press,2007.

[70]Anthony J. Nitko, Susan M. Bookhart. Educational assessment of students(5th ed.)[M]. Upper Saddle River, N:Pearson Prentice Hall,2006.

[71] Jeffrey K. Smith, Lisa F. Smith, Richard De Lisi. Natural classroom assessment:Designing seamless instruction & assessment [M]. Thousand Oaks, CA: Corwin Press,2001.

[72]Johannes Strobel, Angela van Barneveld. When is PBL More Effective? A Meta-synthesis of Meta-analyses Comparing PBL to Conventional Classrooms[J]. Interdisciplinary Journal of Problem-Based Learning,2009,3(1).

[73]Fauziah Sulaiman, Richard K. Coll, Suriani Hassan. An Investigation of the Effectiveness of PBL Online on Students' Creative Thinking:A Case Study in Malaysia [J]. International Journal of Humanities and Social Studies Invention, 2014,3(8): 49-55.

[74] John Sweller, Richard Edward Clark, Paul Kirschner. Teaching General Problem Solving Does Not Lead to Mathematical Skills or Knowledge [J]. European Mathematical Society Newsletter,2011(3):41-42.

[75]Andrew Walker, Heather Leary. A Problem-Based Learning Meta Analysis: Difference Across Problem Types, Implementation Types, Disciplines, and Assessment Levels [J]. Interdisciplinary Journal of Problem-Based Learning, 2009, 3(1):12-43.